우리말과 영어의 제스처

모든 인간은 하나님의 형상을 닮은 존엄한 존재입니다. 전 세계의 모든 사람들은 인종, 민족, 피부색, 문화, 언어에 관계없이 존귀합니다. 예영커뮤니케이션은 이러한 정신에 근거해 모든 인간이 존귀한 삶을 사는 데 필요한 지식과 문화를 예수 그리스도의 사랑으로 보급함으로써 우리가 속한 사회에 기여하고자 합니다.

Korean and English Gesture: Contrastive Nonverbal Communication
ⓒ Leger Brosnahan 1998

Korean Translation Copyright ⓒ 2009 Jeyoung Communication Publishing House
179-56 Seongbuk 1dong, Seongbuk-gu, Seoul, Korea

우리말과 영어의 제스처

인쇄일 · 2009년 11월 18일 | 초판 1쇄 발행일 · 2009년 11월 23일
지은이 · 리거 브로스나한 | 옮긴이 · 신예니, 나금실 | 펴낸이 · 김승태
등록번호 · 제2-1349호(1992. 3. 31.) | 펴낸 곳 · 예영커뮤니케이션
주소 · (136-825) 서울 성북구 성북1동 179-56 | 홈페이지 www.jeyoung.com
출판사업부 · T. (02)766-8931 F. (02)766-8934 e-mail: edit1@jeyoung.com
출판유통사업부 · T. (02)766-7912 F. (02)766-8934 e-mail: sales@jeyoung.com
제작 예영 B&P · T. (02)2249-2506~7

ISBN 978-89-8350-730-3 (23370)

값 14,000원

- 잘못 만들어진 책은 교환해 드립니다.
- 본 저작물은 저작권법에 의하여 한국 내에서 보호를 받는 저작물이므로 무단 전재와 무단 복제를 금합니다.

우리말과 영어의 제스처

리거 브러스나한 지음
신예니, 나금실 옮김

예영커뮤니케이션

감사의 말

이 책의 대상자이신 선생님과 대학생, 이민자, 그리고 한국어와 영어를 배우는 다른 외국 분들께 모두 감사의 말을 전하고 싶습니다. 여러분은 대학을 마치신 선생님들이거나 소수의 고등학교 졸업생만이 들어갈 수 있는 대학에 입학한 대학생들입니다. 혹은 여러분은 고국의 익숙하고 친숙한 모든 것을 포기하고 미지의 땅으로 온 이민자들이거나 제2외국어로 한국어와 영어를 배우는 소수의 현명한 분들입니다. 여러분 모두는 대학을 마치지 않았거나 가지 않은 사람들보다, 그리고 고국을 떠나지 않은 사람들보다, 또한 제2외국어를 익히지 않은 사람들보다 더 지적이고 의욕이 넘치며 IQ도 더 높은, 똑똑하고 더 성실한 사람들이기 때문입니다.

책 머리에

이 책은 미국식 표준 영어를 마스터하고자 하는 한국인들과 표준 한국어를 마스터하고자 하는 영어권 사용자들에 초점을 맞추었다. 다시 말해 언어가 문자는 물론 소리와 제스처로 이루어져 있다는 사실을 알고, 한국어와 영어를 배울 때 이 세 가지 요소를 균형 있게 습득하고자 하는 선생님들과 학생들을 위해 쓰여진 것이다. 이 책의 첫 번째 목적은 한국어와 영어에서 나타나는 가장 중요하고도 흔한 제스처상의 차이를 보이는 데에 있다. 두 번째 목적은 의사 소통 시 제스처의 중요성과 한국어 화자와 영어 화자의 제스처가 상이함을 선생님과 학생들에게 알리는 데 있다. 그것은 인사나 악수와 같은 가장 중요한 제스처를 이해하고 이를 실생활에서 잘 사용할 수 있도록 하기 위함일 뿐만 아니라, 다른 많은 미묘한 차이를 지속적으로 관찰하여 적용할 수 있도록 하기 위함이다. 세 번째 목적은 외국어를 가르치거나 배울 때 비언어적인 요소가 얼마나 중요한지를 주지시키는 데 일조하는 것이다. 왜냐하면 제스처를 주고 받는 것이 6가지의 언어 기술 중 1, 2위를 차지하기 때문이다.

인간은 제스처와 말, 글이라는 세 가지 의사 소통 체계를 가지고 있다. 물론 각 체계는 수용적이고 풍부한 기술을 포함하고 있다. 제스처와 말이 결합하여 고유한 언어를 이루었고, 제스처와 소리는 둘 다 그 의미가 현실을 직접 가리키는 주요한 신호 체계로써 복잡한 상호 유기적인 조합으로 엄격히 정의 되어왔다. 세 번째 체계인 글은 고도로 발달된 현대 언어의 전적인 통제를 위해서는 필수적이지만 진정한 언어의 일부라기보다는 말의 그림, 즉 주요한 신호 체계로 현실을 직접 가리키는 말을 보여 주는 파생적인 신호 체계라고 할 수 있다. 그러므로 고도로 발달된 현대 언어의 전적인 통제는 말하기, 듣기 체계와 읽기, 쓰기 체계를 구사하는 것은 물론이고 비언어적인 신호를 보내고 받는 것을 포함하는 제스처 체계의 구사까지 요구한다. 게다가 현대 표준 언어를 마스터하려면 그 언어가 사용되는 문화권의 교육 받은 사람들의 지식과 관습, 그리고 가치관을 충분히 알아야 할 것이다.

외국어 교사나 학습자들은 늘 비표준적인 형식보다는 위신이 있는 표준어 형태의 외국어를 배우고자 한다. 왜냐하면 표준어가 보통 더 중요한 매개체이기도 하지만 외국어를 배우려는 시간과 노력을 기울일 것이라면 덜 중요한 사투리보다는 우위를 차지하는 표준어를 배우고자 하기 때문이다. 표준어란 현재 전 국민이 사용하는 수준 높은 형태의 언어이다. 즉, 전국적으로 사용되며 교육되는 현재의 언어를 말한다. 이 책은 교육 받은 한국인과 영어권 사람들의 표준적인 비언어 행동 방식, 즉 현재 전국민이 사용하는 바른 비언어적 행동에 대해 기술하려고 한다.

표준 한국어와 표준 미국식 영어의 구술법과 작문 체계에 대한 가이드는 이미 많이 나와 있다. 교육 받은 표준 한국어 사용자와 미국식 영어 사용자가 어떻게 말과 글을 사용하는지는 사전에서도 찾아볼 수 있다.

제2차 세계 대전까지 외국어 학습과 교습의 역시는 읽기와 쓰기 중심으로 외국어 의사 소통의 기본적인 수단에만 초점을 맞추었다. 국제적인 전쟁으로 인해 전세계와 접촉을 하게 되자 듣고 말하는 기술인 회술이 외국어 교과 과정에 재빨리 추가되었다. 하지만 말이란 당연히 얼굴을 직접 맞대고 하는 언어 상호 작용을 의미한다는 것을 많은 이들이 깨닫게 된 지는 최근 30년 정도에 불과하다. 이러한 상호 작용에는 자연히 제스처가 따른다. 비언어적인 상호 작용과 의사 소통을 이용하게 하는데 있어 제스처는 흔히 언어적인 대화 요소보다 더 많은 것을 전달해 준다.

언어의 비언어적인 요소는 외국어 교육 과정에서 가차없이 다루어졌다. 이 책은 한국어와 영어의 비언어적인 구성 요소를 독점적으로 다루어 그 불균형을 바로잡는 데 일조하려고 한다. 외국 문화에 대한 대부분의 정보와 마찬가지로 외국어의 비언어적인 구성 요소는 학습자가 그들의 모국어로 된 자료를 읽어야 가장 효과적인 학습이 된다고 저자는 확신한다. 물론 외국어 교육의 초기부터 제스처는 말의 구성 요소로서 소개되어야 할 것이다.

    이 책은 한국어와 영어의 제스처상의 차이를 중점적으로 다룰 것이지만 언어와 문화 간의 유사성이 항상 그 차이를 좁힌다는 사실과 처음부터 외국어나 외국 문화의 학습은 없었음을 기억해야 하겠다. 하지만 유사점은 상대적으로 눈에 잘 띄지 않는 특성이 있는데 비해 차이점은 대개 피상적이지만 쉽게 드러난다. 비록 이 책이 차이점에 주안점을 두고 있지만 우리로 하여금 그 차이점을 배우게 해 주고, 이러한 노력을 가치 있게 해 주는 것이 바로 유사점이라 하겠다.

★ 감사의 말 _ 5
★ 책 머리에 _ 7
★ 개요 _ 13

I. 신체 언어

1장   신체 접촉 _ 35
2장   영역 _ 59
3장   방향 _ 85
4장   바라보기 _ 110
5장   얼굴로 말하기 _ 126
6장   손으로 말하기 _ 148
7장   머리로 말하기 _ 180
8장   팔로 말하기 _ 187
9장   다리로 말하기 _ 190
10장   자세 _ 202
11장   몸으로 말하기 _ 226
12장   외모 _ 246
13장   소리와 침묵 _ 263

II. 소품 언어

14장   소품들 _ 305

III. 환경 언어

15장   환경 _ 341

개요

>> 행동은 말보다 더 분명한 의미를 전달한다

인간은 세 가지의 주요한 수단으로 의사 소통을 한다. 그것은 제스처와 말과 글을 통해서이다. 읽기와 쓰기 중심의 교육을 받았던 사람들은 이 세 가지 통로를 '글, 말, 제스처'의 순서로 중요성을 두는 경향이 있다. 그리고 질적으로 볼 때 이것이 올바른 순서처럼 보인다. 살펴보자면 문화적으로 아주 위대한 업적들은 글로 기록되고 보존된다. 반면 우리가 매일 사용하는 말이나 제스처는 기록되거나 보존이 거의 되지 않는다.

한편, 양적으로 볼 때 우리는 하루 24시간 제스처를 취한다는 것은 자명하다. 심지어 잠을 잘 때도 제스처를 취한다. 그리고 다른 사람들이 우리를 바라볼 때 그 시간이 얼마가 되든지 제스처를 취하며 의사 소통을 한다. 언어학자들의 보고에 따르면 대부분의 사람들은 하루에 11분 정도 이야기하는 것으로 나타났는데 듣기는 그보다 적으며, 읽기는 그보다 훨씬 더 적고, 쓰기는 거의 하지 않는다고 한다. 이러한 보고는 실생활에서의 중요도와는 정반대의 순서(제스처, 말, 글)임을 보여 준다. 기본적인 의사 소통의 세 가지 수단 중에서 글보다는 말이, 말보다는 제스처가 더 중요한 것으로 보인다. 이러한 사실은 언어 연구 방식에도 영향을 주어야 한다고 생각한다.

전형적인 의사 소통의 모델은 단순한 의사 소통의 모델이 아닌 대화, 즉 응답이 뒤따르는 의사 소통의 모델을 말한다. 하지만 특히 제스처와 비언어적 의사 소통에서는 전혀 응답이 없이도 의사 소통이 이루어질 수 있고 이 같은 경우가 흔히 있다는 사실을 기억하지 않으면 안 될 것이다. 바로 자동응답기에 남겨진 전화에 회답하지 않는다거나 텔레비전 프로그램을 보면서도 웃거나 싫어하는 반응을 보이지 않는 무언의 의사 소통이 존재하는 것이다. 따라서 의사 소통은 의사 소통이 이루어진 최초의 송신자에게 반응이 되돌아가지 않는 일방통행인 경우가 종종 있다. 이러한 사실 또한 언어 연구 방식에 영향을 주어야 한다고 생각한다.

의사 소통 체계의 시대

제스처란 가장 원시적인 살아 있는 세포들이 충돌할 때 최초로 생긴 것으로, 수백만 년의 역사를 가졌으며 더 낮은 모든 형태의 생물체와 더불어 우리 인간도 공유하는 것이다. 제스처는 명백히 인간에 앞선 것으로, 우리가 자궁에서 나오기 전부터 사용되었고 최후의 인간이 우리를 알아 볼 때까지 우리는 제스처를 계속해서 사용할 것이다. 우리는 신체가 있기 때문에 제스처를 계속해서 취할 수밖에 없고 타인이 우리를 주시하는 한 제스처로 의사 소통을 하게 될 것이다. 물론 인간에게 유일하며 명백히 우리를 인간이라고 구분 짓게 하는 말이란 당연히 인간의 것으로 간주된다. 말은 10만 년이나 5만 년쯤 전부터 사용된 것으로 추정되지만 우리는 그 말을 자궁에서부터 듣기 시작하여 18개월이 지나서야 구사할 수 있다. 하지만 성인이 되어서도 우리는 하루에 15분도 채안 되는 시간을 이야기하는 것으로 보인다. 약 6,000년쯤의 역사를 가진 글은 우리가 6살이 되기 전에는 거의 배우지 않는 것이며 아마도 오늘날 세계 인구의 절반쯤은 배운 적도 없을 것이다. 우리는 거의 읽고 쓰기를 잘 하지 않는 데다가 심지어 하루 종일 읽고 쓰기를 전혀 하지 않는 경우도 있다. 그러므로 글은 모든 인간이 자연적으로 익히게 되는 것이 아니기에 인간 이상의 것이라고 보아야 하겠다. 하지만 이 세 가지 의사 소통의 경로는 글을 깨우친 모든 사람들이 사용하는 것일 뿐만 아니라 교육 받은 사람들이 정교한 형식으로 사용하기도 한다.

일반적인 대화에서 비언어적인 의사 소통은 항상 존재하는데, 언어적인 의사 소통이 이루어지는 곳에서 이는 사회적이고 정서적인 환경에 놓이기 때문에 대화상 절반의 의미를 전달한다고 할 수 있다. 결국 사실상 모든 것이 표현되지만 신체로 전달하는 것이 더 분명하므로 신체 동작을 통한 표현은 말보다 더 크다고 하겠다.

우리는 제스처와 말이라는 언어의 첫 번째 기술을 너무 어릴 때 본능적이며 무의식적으로 습득해서 그에 대한 기억이 없기 때문에 이렇듯 명확한 사실들을 간과하는 경향이 있다. 한편 읽기와 쓰기는 항상 의식적으로 노력해서 배워야 했고, 제스처와 말처럼 본능적으로 자연스럽게 습득했다기보다는 배워서 아는 기술이었다. 그러므로 교육 받은 사람들이 제스처와 말을 오히려 간과하고, 언어를 보존하는 명백한 수단인 글을 언어의 핵심으로 보는 경향이 있는 것도 당연하다. 인위적인 글쓰기의 의식적인 학습은 선행된 무의식적인 제스처와 언어의 습득을 지배하고 감추는 것으로 보인다.

언어 능력

그러므로 언어 능력은 비언어적이고 언어적인 능력의 총체적인 결합이다. 문법적인 능력이나 관련성의 문제라기보다는 언제, 어디에서, 어떤 제스처가 수반되어 의사 소통이 이루어지는지에 대한 적절성의 문제이다. 완전한 언어 능력은 6가지 모든 언어 기술, 즉 비언어적인 신호를 보내고 받기, 듣기와 말하기, 쓰기와 읽기의 마스터를 요구한다. 우리는 비언어적인 신호의 전달과 수신, 듣기와 말하기라는 처음 4가지를 대부분 본능적으로, 무의식적으로 습득한다. 하지만 마지막 두 가지 읽기와 쓰기는 의식적인 교육을 통해 배우게 된다.

 제스처와 말을 전달하고 받아들이는 기술은 자연스럽게 습득되기 때문에 인위적인 코드인 문자와 숫자, 쓰기와 수학, 즉 읽기와 쓰기와 수학에 초점을 두어 가르치는 학교에서는 이것이 무시되는 경향이 있다. 학교에서의 이런 의사 소통 기술에 대한 불균형적인 강조는 외국어 교육에도 마찬가지로 적용되어 2차 세계 대전 전까지만 해도 외국어 교육은 외국어의 상호 작용에 가장 유용하다고 추정된 읽기와 쓰기에 완전히 집중되었다. 하지만 2차 세계 대전 이후로 다른 언어권 화자들 간의 상호 작용의 비중이 커짐에 따라 듣기와 말하기가 외국어 교육 과정에 추가되었다. 그러나 얼굴을 마주하고 말을 할 때 반드시 수행되는 비언어적인 의사 소통이 있다는 사실을 거의 주목하지 않았다. 외국어 교육에서는 일상적인 인간의 의사 소통에서 제스처가 말보다 앞선다는 사실을 다소 늦게 깨닫게 된 것이다. 물론 읽기와 쓰기가 마지막에 온다는 사실도.

 언어의 비언어적인 요소는 외국어 교육 과정에서 여전히 큰 비중 없이 다루어진다. 종족과 개인의 역사에서 제스처가 말과 글보다 선행된다는 사실이 나중에 알려졌듯이 언젠가는 균형 잡힌 외국어 학습에 제스처가 말과 글 이전에 학습이 되어야 할 것이다. 우리는 제1언어를 배울 때 제스처와 말을 동시에 무의식적인 방식으로 습득하였기에 모국어의 중요한 특징에만 민감한 반면, 모국어에서 중요하게 여겨지지 않는 제스처에 대해서는 불감증을 갖게 된다. 이러한 결과로 외국어 학습 시 제스처상의 차이가 거의 학습되지 않는다는 사실과 더불어 다른 언어권 화자와의 소통에서 자연스럽게 덫이 된다. 우리는 우연히, 그렇지만 사실상 우리가 하는 말과 모순된 비언어적인 행동을 할 수 있다. 우리는 외국어로 말할 때 무의식적으로 우리 모국어에서 비롯된 비언어적인 행동을 취함으로써 불쾌감을 느끼게 하거나 오해를 살 수도 있다. 외국어의 글과 말의 기술만을 알고서는 외국어를 효과적으로 구사하기는 불충분하다. 이 책의 목적은 대조가 되는 비언어적인 의사 소통을 알려주는 데 있다. 그것은 언어의 6가지 기술 중 처음 두 가지인 제스처를 전달하고 받아들이는 것이다. 이는 한국어와 영어를 균형 있게 배우고 가르치는 데 필수적이라 하겠다.

유사점과 차이점

한국어 화자와 영어 화자는 비언어적인 의사 소통의 많은 부분을 공유하지만, 두 언어와 문화 사이에는 상당한 차이가 존재한다. 외국어 학습자에게 주된 관심은 공통된 제스처도, 특정한 무역이나 직업상의 기술적인 제스처도 아니다. 그것은 그 언어를 말하는 모국인의 말에 자연스럽게 수반되는 보통 사람들이 쓰는 제스처의 차이이다. 하지만 일반적인 외국어 학습의 목표는 표준어이기 때문에, 이 책에서도 표준어를 말하고 쓰는 한국인과 영어권 사람들의 전형적인 제스처에 초점을 두었다. 그러나 표준어를 구사하는 사람들이 사용하지는 않지만 잘 알려진 비표준적인 제스처에 대해서도 경우에 따라 언급할 것이다. '표준' 이라는 의미는 여기에서 '현재 전국민이 사용하는 수준 있는' 의 의미로 사용한다. 즉 표준어는 '전국적으로 교육 받은 현대인' 이 사용하는 말을 지칭한다. 표준 한국어는 한국인의 40%를 차지하는 서울 지역의 교육 받은 주민들이 말하는 언어이고, 표준 영어는 약간의 차이는 있겠지만 모국어로 영어를 사용하는 80%의 사람들, 즉 호주, 캐나다, 아일랜드, 뉴질랜드, 남아프리카, 영국, 미국의 교육 받은 주민이 사용하는 언어를 말한다. 이 책의 주제는 바로 이 두 집단 사이에서 나타나는 대조적인 제스처이다.

독자층

만약 다양한 언어를 어렸을 때 별 어려움 없이 동시에 습득하게 된다면, 비록 한 언어의 제스처가 동시에 습득된 다른 언어의 언어적인 구성 요소와 갈등을 일으킬 수 있다 해도 대상 언어의 비언어적인 요소를 포함하여 습득할 수 있는 언어의 수는 이론적으로 제한이 없어 보인다. 예를 들자면, 미국에서 사는 이중 언어자인 한국계 미국인이 한국어를 할 때 미국적인 제스처를 취하는 것을 말한다.

하지만 제2외국어나 부차적인 언어는 보통 10살 정도에 배우게 되고, 그때는 이미 대부분의 사람들에게 언어를 습득할 수 있는 최적의 시기가 종료될 때이므로 타 언어는 자연스럽게 습득된다기보다는 보통 노력을 통해 학습된다. 대부분의 다양한 외국어 교육 과정의 대상자가 그렇듯, 노력 없이 언어를 습득할 수 있는 나이가 지난 사람들이 또한 이 책의 대상자이다. 이 책은 한국어와 영어를 배우는 대학 수준의 학생들과 교사, 그리고 한국어와 영어의 비언어적인 요소에 관심을 갖는 사람들을 위한 책이다.

언어

현대 언어학자들은 언어를 제스처와 소리가 복잡하게 얽힌 결합물이라고 정의하고, 글은 눈으로 볼 수 있는 소리라고 정의한다. 이것은 확실히 일반적인 언어의 정의가 아니다. 비록 언어 'language'의 어원이 라틴어의 '혀'라는 의미를 지닌 lingua로 거슬러 올라가지만, 흔히 언어는 글과 동일시된다. 언어의 언어학적 정의는 글을 포함하지 않는 것만큼이나 제스처를 포함하는 것이 이상하게 보일 수 있다. 왜냐하면 제스처는 언어가 아니라 눈에 보이는 언어의 형태로 정의되기 때문이다. 하지만 잠시 생각해 본다면 언어학자가 옳다는 것과, '언어'의 의미에 대한 일반적인 이해가 다소 불분명하고 부정확하다는 것을 알게 될 것이다.

두 번째로 주목할 수 있는 특이한 점은 언어에 대한 언어학적 정의가 제스처를 첫 번째로 보고 소리를 그 다음으로 본다는 것이다. 이상하게 보일 수 있지만 사실이다. 제스처와 말이 종족에 의해 먼저 습득되고 이후 개인에게 습득된 것과 같이, 의사 소통 시에 제스처와 말은 정확히 같은 순서로 반영된다. 게다가 눈에 보이는 소리로 글을 정의한 것은 글이 언어라고 불리는 의사 소통의 마지막 형태이며, 현실을 직접적으로 가리키는 첫 번째 신호 체계인 제스처와 말과는 달리 글은 부차적인 신호 체계임을 의미한다. 제스처와 마찬가지로 말은 자연스럽게 본능적으로 습득된다. 반면 글은 인위적이고 비본능적이어서 (어떤 이론가들은 '페이스 pace' 라고 부른다) 보통 노력을 통해 학습된다.

  언어의 언어학적 정의에 대해 세 번째로 주목할 것은 제스처와 소리가 불가분의 관계라는 점이다. 그렇다면 비로 사람들은 전화로 이야기하는 것은 말과 제스처가 분리된 것이 아니냐는 의문을 가질 것이다. 하지만 친구인지 낯선 사람인지는 목소리 자체가 이를 알 수 있게 해 준다. 속삭이는 것에서 소리지르는 것에 이르기까지 모든 비언어적인 준언어가 말과 분리될 수 있는 경우를 따지자면 오로지 감정이 없고 표현이 없는 단조로운 컴퓨터 소리 이외에는 없다고 할 수 있다. 이러한 소리는 모든 일상적인 준언어 신호를 억누른 결과물이다. 말이 인간의 것인 한, 최소한 준언어 내에서라도 제스처와 소리는 반드시 병행한다. 타인의 얼굴에서 읽을 수 있는 7가지의 감정은 사람들의 준언어에서도 거의 유사하게 읽혀진다. 속삭임이나 큰소리, 높고 낮은 소리, 크고 작은 소리, 콧소리, 울먹이거나 웃음 띤 목소리, 놀라움, 분노, 두려움 등을 생각해 보면 알 수 있다.

  언어적인 의미에서 문맥, 즉 상황의 중요성은 '꿋꿋이 서 있다

(standing fast)'와 '빨리 달린다(running fast)'의 차이만큼이나 명확하다. 문맥은 비언어적인 의사 소통의 의미를 아는 것만큼이나 중요하다. 앞으로 살펴 보겠지만, 가장 폭넓은 의미에서 비언어적인 의사 소통은 언어적인 표현을 둘러싼 통제 가능한 환경을 포함한다. 언어적인 표현에 필수적인 상황을 주는 비언어적인 환경은 목소리의 톤(말의 내용이 아니라 말하는 방식)과 같은 준언어로 시작해서 신체 언어(바디 랭귀지, 더 큰 신체 제스처), 소품 언어(신체 이외의 통제 가능한 대상), 환경 언어(개인이 통제할 수 있는 환경)에서 끝으로는 문화 환경(독창적이며 더 광범위한 문화의 일반적인 경험으로 통제되는 환경)까지 포함한다.

표현의 복잡성

이 정도면 중요한 제스처와 소리의 복잡한 결합에 대한 이해는 벌써 명확해졌겠지만 언어학자들은 한편 어떤 사람도 똑같은 소리를 두 번 내지 않는다고 말한다. 그리고 소리에 대한 이해는 어떤 상황에서도 결코 동일할 수 없으므로 모든 말이 독창적으로 들린다는 사실은 자명하다. 이런 사실을 고려하면 우리가 서로 의사 소통을 잘 하고 있을 뿐만이 아니라 잘 통제하고 있다는 사실이 참으로 놀랍다. 그리고 오해의 소지가 많을지라도 이는 결코 놀랍게 여겨지지 않을 것이다. 이것은 동일한 언어를 구사하는 화자 간에도 발생한다. 다른 언어를 구사하는 화자 간에 오해의 소지는 물론 증폭된다. 한편 누구든지 말을 한 마디도 하지 않고 외국에서 하루를 보내 본 사람이라면 비언어적인 의사 소통이 얼마나 많은 의미를 전달하는지, 또한 얼마나 많은 사람들이 기본적으로 비언어적인 의사 소통을 공유하는지를 알게 될 것이다. 사람은 물리학이나 철학과 같은 매듭 짓기 힘든 문제를 비언어적으로 토론하지는 않지만, 비언어적인 의사 소통만으로 외국에서 외국인들 사이에 섞여 놀랍게도 하루를 잘 지낼 수는 있다. 그렇지만 물론 사람들과의 접촉이 없는 완전한 고립 속에서도 사람은 어떠한 인간의 언어적이거나 비언어적인 의사 소통이 없이 하루를 보내는 것은 가능하다.

기술의 어려움

영어권 사람들의 행동을 묘사하고자 할 때는 젊은이와 노인, 시골 사람과 도시인, 교육받은 사람과 교육을 받지 못한 사람 간에 일반적인 차이를 쉽게 발견한다. 하지만 한국인들의 행동을 기술할 때는 그 차이가 훨씬 더 크다. 이는 교육 받은 중상위층의 도시인들에 국한시킨다 하더라도 그렇다. 한국은 산업화, 도시화, 현대화(때때로 편향적인 입장에서 미국화라고도 부른다)가 엄청나게 급속도로 진행되어 모든 일상적인 차이가 거의 극한에 가까울 정도로 벌어져 있다.

영어권 국가들이 지난 30년 동안 눈에 띌 만한 변화를 했다면 한국은 본질적인 혁명을 겪었다고 볼 수 있겠다. 다음과 같은 사실들을 생각해 보자. 비록 속담이 예견한 대로 부유한 사람들이 더 부유해지고 가난한 사람들은 더 가난해졌지만, 영어권 사람들 대부분은 이 30년 동안 경제적으로 정체되어 있던 반면 한국인들의 연간 1인당 소득은 1969년 162달러에서 1997년 13,000달러에까지 이르렀다. 그리고 경제적 잉여의 신호인 자가용 수도 약 4,000만 인구 중, 1985년 100만대에서 1997년 1,000만대로 증가했다. 일본인들처럼 한국인들도 민족 기원의 신비성에서부터 사계절을 가진 것에까지 모든 것에 한국인의 고유성을 강조한다. 하지만 이론의 여지 없이 그들은 이 고유성으로 산업화, 도시화, 현대화를 이루어냈다. 한국인들은 서구가 300년, 일본이 150년 걸렸던 것을 단 30년 만에 이루어냈고 이것은 실로 기적과도 같은 일이었다.

여기에서 행동의 묘사는 표준어를 사용하는 개인에게서 보여지는 것보다는 일반적으로 표준어를 쓰는 사람들의 특징이라는 점에서 일반적이다.

편견

서울 사람들과 미국 사람들을 묘사할 때 지녔던 편견이 위에서 드러났겠지만 그 대부분은 충분히 해명되지 않은 것 같다. 남한의 4,200만 인구 중 40%가 넘는 사람들이(이 책에서 기술하고 있는 대상이다) 현재 서울과 그 외곽에서 살고 있으며 표준 한국어를 구사하고 있다. 그리고 영어권 국가 사람들의 3억 5,000만 인구 중 80%가 미국인이고, 그

중 3/5은 한 가지 방언(Lower Northern)을 사용한다. 영어 원어민 중에서 미국인들이 큰 비중을 차지하지만 세계에서 영어를 쓰는 약 10억 명 중 1/5밖에 되지 않을 뿐더러, 이 중 2/5는 영어가 모국어가 아니다. 언어는 더 이상 자국에만 속한 게 아니어서 상상할 수 없는 재앙이 일어나 모든 원어민이 사라진다고 해도 아마 언어는 계속해서 번창할 것이다. 어떤 경우라도 표준 한국어와 표준 영어를 쓰고 말하는 사람은 이 언어의 원어민 중 15%를 넘지 않을 것이다.

다양성

행동을 기술하는 데 있어서의 어려움은 비록 표준어를 쓰고 말하는 계층만을 기술하더라도 여전히 수많은 비표준어들이 있다는 것이다. 첫 번째 어려움은 영어권 국가의 사람들(여기에도 충분히 많이 있지만) 사이에서보다 한국인들 사이에서 나이 차나 세대 차가 더 크다는 것이다. 물론 이러한 차이 중 일부는 순전히 행동 양식의 실제적인 변화 때문이지만 대개는 젊은이들에게 그 원인이 있다. 이것은 젊은이들이 아직 이전에 존재했던 행동 양식을 배우지 못했거나 받아들이지 못했기 때문이다. 하지만 신세대들은 결국 기성세대를 따라가게 마련이다.

두 번째 어려움은 사람들이 거주하는 위치상의 차이 때문이다. 도시와 시골 간의 대비는 심한 편인데 특히 영어권 국가들보다 한국이 더 심하다. 라디오, 텔레비전, 영화와 같이 통일성을 주는 영향력 있는 매체들은 두 언어권의 도시와 시골의 차이를 줄이고 있다. 그런데 이러한 매체들은 한국에서보다 영어권 국가에서 더 오랫동안 더 강하게 작용하고 있고, 그 차이를 완전히 없애지는 못했으나 거의 평준화를 이루었다.

세 번째 어려움은 교육의 차이, 아마 고등 교육을 받은 사람들과 그렇지 못한 사람 간의 계층 차이 때문에 발생하는 것으로 보인다. 현재 국가적으로 통용되는 훌륭한 말이라는 표준어의 정의를 되짚어 보면 문제를 해결하는 데 도움이 될 것 같다. '훌륭한'이란 말을 교육 받은, 대개는 대학을 졸업한, 표준어를 쓰고 말하는 사람들과 일치시킨다면 말이다.

한국어와 영어를 사용하는 사회의 상류층, 즉 표준어를 사용하는 그룹 내에서 한국인과 영어권 국가의 사람들 간의 차이는 상대적으로 미비하며 오히려 공유하는 행동이 지배적이다. 행동의 차이는 관찰되는 사회 속으로 깊이 들어가면 더 커지는 경향이 있다. 예를 들어 표준 영어를 사용하는 사람들은 낯선 사람들이나 일면식의 사람들의 등을 치지는 않지만, 비표준 영어를 사용하는 사람들은 보통 그렇게 한다. 표준 영어를 사용하는 사람들은 상대적으로 쉽게 머리를 숙여 인사를 하지만 비표준어 사람들은 그렇지 않은 예가 있을 수 있겠다.

기술할 때의 어려움이나 문제는 계층이나 종교, 성, 교육, 관습상의 차이로 생긴다. 표준어를 사용하는 그룹(총 인구 대비 15%를 넘지 않는다)으로 한정시키기는 했지만 시공간의 차이나 나이, 성, 계층, 교육, 관습 정도의 차이로 인해 행동이 다양하게 나타나기 때문에 문제는 아주 복잡해지고 다양해진다. 전통적인 행동은 젊은이보다는 노년층, 도시보다는 시골, 교육 받은 사람들보다는 아닌 사람들, 공식적인 양식보다는 비공식적인 양식을 사용하는 사람들에게서 발견된다.

구성

이 책의 구성은 신체 언어의 가장 친밀하고 구체적인 제스처로부터 이들 문화와 언어에 비추어지는 가장 멀고도 개인과는 관계가 없는 제스처(환경언어) 순으로 되어 있다. 앞부분은 이들 언어권의 학생들이 외국 문화권에서 부딪칠 수 있는 가장 직접적인 차이를 기술하는 데 할애되었고, 뒷부분은 대개의 경우 처음 만나게 되는 제스처상의 차이가 왜 발생하는지 그 일반적인 원인을 기술했다. 이러한 구성은 교사나 학생들이 일반적으로 경험해 본 차이점들을 반영한 것인데 대개는 그 원인을 나중에 알게 되는 것으로 새로운 언어와 문화를 알아가는 귀납적인 방법이다.

아마도 원인에서 비롯되는 많은 구체적인 차이를 기대하고, 인식하고, 기억하는 데 도움을 얻기 위해 그 원인을 먼저 알고 싶어하는 선생님이나 학생들이 있을 것이다. 이러한 선생님이나 학생들은 책을 뒷부분부터 반대 순으로 읽으면 될 것이다. 〈환경 언어〉에서 시작해서 〈소품 언어〉를 거쳐 〈신체 언어〉(바디 랭귀지)로 끝나거나, 문자 그대로 책을 장(chapter) 별로 거꾸로 읽는 방식을 택해 문화권과 언어 간의 차이에 대한 가장 광범위한 원인에서 시작해 〈신체 언어〉(바디 랭귀지) 제일 첫 부분에 있는 〈신체 접촉〉이라는 가장 구체적이고 직접적인 제스처 순으로 읽으면 될 것이다. 3부로 구성된 각 부의 소제목들은 대략 가까운 곳에서 먼 순서로 배열했는데, 〈신체 언어〉의 〈신체 접촉〉으로 시작하여 〈소품 언어〉, 그리고 〈환경 언어〉 순으로 진행된다.

주의할 사항

몇 가지 주지할 사항과 주의할 사항을 지적하기에 앞서 "친밀함이 모든 것을 말해 준다"는 까뮈(Camus)의 말을 상기해 보자. 친숙한 것이 옳게 보이고 그렇지 않은 것은 그르게 보이는 게 사실이나 객관적인 우위를 찾기는 힘들다. 상호적인 문화 충격에도 대비해야 한다. 모든 문화 충격은 그에 필적하는 상대방의 문화 충격이 수반된다(Newton). 당신의 기분이 상했다면 당신 또한 상대방의 기분을 상하게 했을 것이다. 이러한 충격 가운데에서도 주요한 충격은 아마도 '함께/따로'의 충격일 것이다. 한국인들이 함께하는 것을 좋아한다면 영어권 사람들은 개인적으로 행동하는 경향이 있다.

함께하는 집단주의적 성향은 아마도 이 책 전반에 걸쳐 주요한 주제가 될 것이다. 이 둘은 나름대로의 매력과 아픔이 있다. 함께라는 집단성이 주는 위안은 바로 소속감이다. 연대감이 있다면 외로움은 없겠지만 이와 더불어 사생활도 없을 수 있다. 순서는 있겠지만 당신은 조직

내에서 당신의 자리를 찾으려고 할 것이다. 의지 없이 행동하는 것에도 나름의 기쁨이 있지만 다음에 내려질 지시 사항에 의지하려 할 것이다. 한 무리의 군대가 행진할 때처럼 자아와 개인성에 대한 의식이 없을 때 느껴지는 의외의 편안함이 있다. 공동체의 안전함, 집단이나 대중의 강한 힘, 그리고 나 개인보다 더 큰 무언가에 속해 있다는 소속감, 즉 가족이나 종족 그리고 국가, 종교, 언어, 문화와 같은 것들이 존재할 것이다.

분리나 개인주의는 자유의 편안함과 동시에 고통을 수반한다. 사생활이 있지만 외로움도 있다. 자유의 무질서, 자기 자리를 찾아야 하는 불편함이 있다. 의지가 있고 자기 본위에 충실해야 한다. 당신이 자신의 운명의 주인이다. 하지만 공동체의 상실과 부수적인 불안감, 근심이 수반된다. 개인의 힘과 자신에게 속하는 기쁨을 발견하지만 어디에서든 더 큰 소속감을 가질 수 없고 '갈 때가 되어서 가는 곳은 바로 집'이 된다.

이제 몇 가지 주의 사항으로 마무리를 짓고자 한다. 대조적인 비언어 의사 소통을 공부한다고 해서 당신이 책처럼 어떤 사람을 읽어낼 능력을 갖추었다는 의미가 아니다. 하지만 외국어를 말하는 사람들과 상호 교류하는 데에 있어 당신은 분명 질적으로 향상될 것이다. 말처럼 제스처도 문맥에 의존하기 때문에 상황이 말의 의미를 바꾸거나 와전시키듯이 상황은 제스처의 의미를 와전시킬 수 있다. 또한 이따금 있는 의미 없는 제스처에도 마음의 준비를 해야 한다. 마지막으로 거의 무한한 다양성 중에 여기에 묘사된 것들은 일반적으로 보통 자주 발생하는 것에 초점을 두었다.

언어의 비언어적 체계는 구어나 문어 체계만큼이나 서로 다르다. 한 언어의 구어와 문어 체계를 알면서도 비언어적 체계를 모른다면 그 언어를 여전히 모르는 것과 다름없다.

우리가 말을 하든지 안 하든지는 우리의 선택이다. 글을 쓰든지 안 쓰든지는 우리의 선택이다. 그러나 비언어적으로 행동하지 않기를 선택할 수는 없다. 다른 사람과 마주하고 있는 한 우리는 의사 소통을 하지 않기를 선택할 수 없다.

우리는 우리가 보내고 있는 비언어적인 신호를 대개는 의식하지 못하고 있지만 우리가 다른 사람들에게서 받는 비언어적인 신호는 정확하게 인식하고 있다.

무엇이 필요한가?

학교에서 최소한 언어적 행동과 동등하게 비언어적 행동을 공부하고 배우는 것이 필요함은 명백해 보인다. 이 책의 목적은 바로 거기에 있다. 이 책에는 한국어와 영어의 표준 구어, 표준 문어와 동등하게 소위 한국어와 영어의 표준적인 비언어적 행동에 대한 체계적인 조사 내용이 실려 있다. 즉 현재 모든 국가에서 믿을 만한, 즉 교육 받은 사람들이 사용하는 비언어적인 행동에 관한 조사이다. 이는 교사와 학생들이 언어와 비언어적인 기술을 균형 있게 교육 받는 것뿐만이 아니라, 개인을 위한 공교육의 가장 중요한 기능인 균형을 맞추는 데에도 그 의의가 있다. 거의 모든 사람들이 그렇듯이, 태어나면서부터 다소 불이익을 가지고 있는 사람들을 위해 운동장을 평평하게 하는 데 일조를 하고자 함이다. 하지만 운동장을 고른다는 것은 경쟁의 장을 수평으로 맞춘다는 것이지 경쟁자들의 능력을 고르게 한다는 것은 아님을 명심하길 바란다.

I. 신체 언어

1장 신체 접촉

>> 몸에서 손을 떼지 마세요!

앞 부분에서 한국인과 영어권 사람 간에 신체 접촉 시 나타나는 대조적인 행동을 기술함에 있어 유념해야 할 것은 표준어를 사용하는 한국인과 영어권 사람들의 행동과 반응을 묘사하려 했다는 점이다. 표준어란 현재 전국민이 사용하는 수준 있는 언어를 뜻한다. 표준 구어와 문어를 사용하는 사람들의 비율은 전체 인구의 절반을 넘지 않을 것이다. 이렇게 표준어를 쓰는 사람들은 보통 행동에 있어서도 동등하게 표준이라 할 수 있을 것이다. 그렇다고 해서 비표준어를 쓰는 사람들이 비열하게 행동하고 또 좋은 집안 사람들이 아니라는 뜻은 아니다. 다만 여기에서 기술하는 표준적인 행동은 표준어를 쓰는 사람들에게 전형적으로 나타나고 비표준어 사용자들에게는 그렇지 않다는 것이다. 그러므로 이것은 지역적이고, 구식이고, 교육 받지 못한 것과는 다르다.

또한 주목할 점은 한국인과 영어권 사용자들의 행동은 사회의 상류층에서는 한 곳으로 집중되지만 점진적으로 하향 분산되는 경향이 있어 표준어를 쓰는 한국인과 영어권 사람들 간의 행동의 차이는, 비표준어를 쓰는 한국인과 영어권 사람들 간의 차이보다 현저하게 덜하다는 것이다. 하지만 표준어를 사용하는 대부분의 상류층 사람들은 대부분 하층 계급인 비표준어 사용자와 격리되어 있는 것이 아니므로 그 차이를 기술하는 문제는 국적의 차이는 물론 계층간의 차이를 포함하게 된다. 게다가 도시와 시골로 나뉘는 지역적 차이, 그리고 젊은 층과 연장자로 분류할 수 있는 연령 차이, 남자와 여자로 분류되는 성별 차이, 또한 형식적이거나 비형식적으로 나뉘는 형식성의 차이, 마지막으로 학교, 직업, 부와 같은 다양한 수직 관계도 등의 차이들은 행동을 기술하는 데 더 큰 어려움을 준다.

예를 들어 한국인들은 영어권 사람들이 등을 치는 것을 주제넘고 뻔뻔하고 무례한 것으로 생각하여 맹렬히 반대한다. 하지만 사실은 등을 때리는 것은 표준어를 쓰는 영어권 사람들의 행동이 아니라 사업가와 군인의 전형적인 형태이다. 따라서 한국인처럼 교육 받은 영어권 사람들도 분개한다. 하지만 덜 교육 받은 영어권 사람들에게는 널리 행해지는 행태이다. 한편 영어권 사람들은 한국인들이 부딪쳤을 때 아무런 사과가 없는 것에 불만을 자주 표한다. 다수가 그런 것은 아니지만 교육 받은 한국인들은 다른 사람과 부딪쳤을 때 반드시 사과를 한다.

한 나라 안의 차이에서도 계급, 지역, 나이, 성별, 형식성, 다양한 계층의 차이는 기술할 때 중요한 문제가 된다. 왜냐하면 여기에서 기술하려는 계층은 국민의 15% 정도를 차지하지만 우리가 직면하게 되는 85%의 행동은 표준어를 사용하는 교육 받은 사람들의 특징이 아니기 때문이다.

　기술상의 또 다른 어려움은 교육 받은 한국인이나 영어권 사람들이 공간을 욕실이나 침실 같은 개인적인 공간과 가족과 친한 친구들 사이에서는 집이라는 사적인 공간, 그리고 지인과 낯선 사람들 듬에서는 집 밖이라는 공적인 공간으로 조심스럽게 나누고, 이 세 공간에서는 조심스럽게 자신의 행동을 제한하기 때문이다. 하지만 덜 교육 받은 사람들은 이같이 공간을 나누지 않으며 종종 행동에 별다른 차이를 보이지 않는다. 예를 들어 모두가 종종 침을 뱉고 귀를 후비지만, 교육 받은 사람들은 이러한 행동을 욕실에서 하거나 혼자 있을 때 한다. 하지만 덜 교육 받은 사람들은 사적이거나 개인적인 공간에서뿐만 아니라 공적인 장소에서도 침을 뱉고 귀를 후비는 걸 볼 수 있다.

　나는 사과와 사과, 오렌지와 오렌지만을 비교하고 싶다. 하지만 흔히 교육 받은 소수의 사람들이 교육 받지 못한 다수의 사람들과 상호 작용을 하기 때문에 여기에서 기술되는 행동의 차이는 국가 간의 차이만이 아니라 실제적인 계층, 지역, 연령, 성별, 계급 간의 차이라고 할 수 있겠다. 이러한 점을 염두에 두고 한국인과 영어권 사람들 간의 신체 접촉 성향을 고려해 보자.

타인과의 신체 접촉

이 책에서 처음으로 다루어질 종류의 신체 접촉은 관계가 없는 사람들과의 접촉, 즉 타인과의 접촉이다. 신체 접촉의 또 다른 큰 부분인 자신과의 신체 접촉은 뒤에서 다룰 것이다. 신체 접촉에 대한 논의에 앞서 다음과 같은 사항을 상기하는 것이 좋겠다. 한국인은 세계에서 민족적으로나 인종적으로 유례없는 단일 국가이고 지상의 다른 곳과 거의 견주기 힘들 만큼 높은 인구 밀도 속에서 살고 있다. 반면 영어권 국가의 사람들은 가장 낮은 인구 밀도를 가지며 아주 다양한 그룹으로 구성되어 있다. 이것이 한국인들과 영어권 사람들이 상대방의 언어 환경에 속하게 될 때 주목하게 되는 연대감과 분리라는 첫 번째 대조가 될 것이다. 영어권 사람들은 최소한의 신체 접촉을 한다는 특징 때문에 '조류' 문화로 묘사한다면, 한국인들은 신체 접촉을 많이 하므로 '물개' 문화로 묘사하는 것이 좋겠다. 그러므로 한국인들은 처음 보는 사람이라도 가족처럼 대하는 것에 반해 영어권 사람들은 가족이라도 종종 낯선 사람을 대하듯 행동하는 것을 보면 그리 놀랄 일이 아닐 것이다.

영어권 사람들은 만나고 헤어질 때 공적으로는 서로 신체 접촉을 많이 하는데 반해 한국인들은 그렇지 않기 때문에 영어권 사람들이 다소 살갑게 행동하기만 하면 보통 한국인들은 자신들이 무뚝뚝하다는 인상을 갖게 된다. 우리가 앞으로 살펴보겠지만 사실은 거의 정반대이다. 여러 국가의 농담 가운데 영어권 사람들은 싸우고, 사랑을 나누고, 악수할 때만 신체 접촉을 한다는 농담이 있다. 다소 과장되긴 했지만 이 관찰에는 많은 진실이 숨어 있다. 영어권 사람들이 신체 접촉을 거의 하지 않는다는 것은 다양한 국가, 민족 집단에 대한 연구를 보더라도 명확히 알 수 있다. 공공 장소에서의 애정 표현을 극도로 자제하는 한국인들에게는 영어권 사람들이 만나고 헤어질 때 공공 장소에서 툭하면 안고 키스하는 것이 공적인 장소에서는 하지 말아야 하는, 양식에서 벗어난 행동이라고 생각할 것이다. 하지만 자세히 살펴보면 영어권 사람들이 상대적으로 접촉을 덜하는 문화를 가지고 있고, 한구인들은 상대저으로 신체 접촉을 더 많이 하는 문화를 가지고 있음을 알게 될 것이다.

   한국의 기차에서 목격한 일이 이러한 대조의 한 예가 될 수 있다. 아기를 팔에 안은 한 여인과 8살 난 소년이 두 자리에 함께 앉아 있었다. 조금 후에 팔에 아기를 안은 다른 여인이 와서 소년이 앉아 있던 자리에 앉았다. 그 소년은 자신의 어머니와 아기와 함께 한 자리에 앉게 된다. 이 두 여인은 서로 모르는 사이지만 즉시 의례적인 인사말을 나눈 것은 물론이고 아기도 서로 돌려 보았다. 한편 소년은 두 자리의 바닥에 앉았다. 아마 그 뒤 몇 시간 동안 열의 다섯 명은 지나가다가 잠시 쉬면서 아기와 그 어머니에게 칭찬을 잔뜩 늘어 놓고 간 것 같다. 그리고 그 소년은 차례로 어머니의 무릎에, 의자에, 바닥에 또는 다른 여인의 무릎에 앉았다. 이러한 다소 강한 연대감은 비록 소년이 불편하게 이리저리 움직여야 했지만 명백하게 많은 사람들에게 즐거움을 주었다. 영어권 사람들이 같은 상황이었다면 아마도 이렇게 진한 연대감을 견뎌낼 수는 있겠지만 그것에 대해 즐거워하는 기색은 전혀 하지 않을 것이다. 그들은 새들처럼, 선택할 수 있다면 그런 연대감 대신 차라리 싸우거나 날아가려 할 것이다.

아기와 어린이

처음에 영어권 국가에서의 한국인들이나 한국에서의 영어권 사람들이 주목한 신체 접촉의 차이는 아이와 어린이를 대할 때의 차이였다. 한국 아기들은 태어나면 엄마와 함께 병원에 나란히 눕혀지고, 보통 수유가 길면 길수록 좋다고 생각한다. 반면 영어권 아기들은 태어날 때부터 따로 분리된 침대에 눕혀지고 보통 간호 받는 시간도 더 적다. 한국 아기들은 이후에 엄마의 앞 보자기에 단단히 묶이거나 보통은 등에 업히게 된다. 반면 영어권 아기들은 엄마의 팔에 안기거나 보통은 유모차를 탄다. 한국 아기들은 3-4살이 될 때까지 엄마의 등에 업혀 있지만, 영어권 아기들은 더 나이가 들면 유모차를 타거나 엄마의 허리에 안기게 된다. 영어권 아기들은 엄마나 아빠의 등에 업히는 경우가 거의 없는데, 업힐 때는 신체 접촉을 최소화하는 다소 정교한 배낭을 이용해 업힌다.

약 3-7살의 한국 어린이가 육체적으로나 정신적으로 상처를 입게 되면 보통 등에 업히지만 영어권 아이들은 팔에 안기게 된다. 영어에 "내 등에서 떨어져"라는 속담이 있는데, 이는 "귀찮게 하지 마"라는 의미이다. 그리고 "내 등에 원숭이가 있다"라는 속담은 등에 물건이나 사람을 업는 것을 꺼리는 표현이다. 영어권 아버지들은(어머니들은 거의 그렇지 않다) 아이를 어깨에 태우거나 '무등' 놀이를 한다. 하지만 등에 업는 법은 거의 없다. 영어권 사람들이 키스하거나 안고 악수할 때는 철저히 세균을 의식해서 낯선 사람의 아기를 만지는 것을 꺼려하고 또한 낯선 사람이 자신의 아이를 만지는 것도 꺼려한다. 이는 아기에게 세균이 감염되는 걸 의심해서이다.

한국인들은 일반적으로 세균에 훨씬 덜 민감해서 낯선 사람의 아기를 기꺼이 만지는데 그러한 신체 접촉은 보통 엄마들이 좋아한다. 버스에서 젊은 한국 엄마들은 앞자리에 앉은 아이를 안아 보려고도 한다. 한국에서는 버스에서 가방을 대신 들어 달라거나 길을 물어 본다

거나 하는 등 낯선 사람들에게 하는 부탁은 좋지 않게 여겨지지만, 낯선 사람이 아기나 어린이를 만져 보는 것은 일반적으로는 잘 받아들여지며 심지어 칭찬으로 환영 받기까지 한다.

손 잡기

엄마나 나이가 더 많은 형제와의 신체 접촉을 유지하려는 점은 모든 어린이의 특징이지만, 손을 잡거나 팔짱을 끼는 것은 영어권 아이들보다는 한국 아이들 사이에서 더 흔해 보인다. 한국 어린이들은 학교 갈 때 보통 손을 잡고 가는데 영어권 아이들은 그렇지 않다. 한국의 어린 학생들이 거리에서 친구들과 손을 잡고 가거나 앞서가는 아이의 옷이나 줄 등을 잡아 빽빽하게 종대로 걷는 모습이 눈에 자주 띈다. 영어권 아이들은 그렇게 큰 그룹으로 움직이는 경우가 많지 않고 눈에 띄는 신체적 접촉도 거의 없다. 어린이나 어른들이 동요에 맞춰 손바닥을 마주치는 놀이는 라임이나 박수 치는 순서를 제외하고는 거의 유사하다.

더 나이가 든 아이들도 대조를 이룬다. 한국 여학생들은 보통 손을 잡거나 팔을 자연스럽게 낀다. 때로는 그 수가 12명까지나 되어 교통 문제를 일으키기도 한다. 영어권 여학생들은 급우들과 손을 잡거나 팔짱을 끼는 경우가 훨씬 덜하다. 이들은 신체 접촉이 없이 같이 걷는 성향이 있다. 한국 여학생들은 손을 잡을 뿐만 아니라 팔을 끼기까지 하는데, 공공 장소에서 예기치 않게 낯선 사람들 틈에서 아는 이를 만났을 때는 안도감에 종종 포옹을 하기도 한다. 영어권 여학생들은 공공 장소에서 만날 때 소리지르며 안기로 아주 유명하다. 한국이나 영어권 국가에서 젊은 사람들은 특히 또래들끼리 나이든 사람들이나 낯선 사람들보다 훨씬 더 자주 서로 신체적인 접촉을 하는 것 같다. 한국 엄마들과 딸들은 항상 팔짱을 끼고 걷는 것 같다. 영어권 엄마들과 딸들 또한 팔짱을 끼지만 한국의 경우보다는 훨씬 덜하다.

한국에서는 동성끼리 길을 걸을 때 손을 잡거나 팔짱을 끼거나 또는 어깨나 엉덩이를 부딪치며 자주 걷는다. 하지만 영어권에서는 아주 어린 이이들을 제외하고는 함께 걸을 때 어떠한 신체 접촉도 피하는 편이다. 동성 간에 손을 잡는 것이 한국에서는 큰 문제가 되지 않지만 보통 영어권 방문자들에게는 오해를 사기도 한다. 왜냐하면 그러한 신체 접촉은 영어권 사람들에게는 보통 동성애를 나타내기 때문이다. 영어권 국가에서는 이성 간에 손을 잡는 것이 일반적인 행동이다. 그러나 한국인들의 경우 어른들의 시선에 아랑곳하지 않고 일부 도시 청년들이 그렇게 하지만 보통은 금기시된다. 영어권 사람들에게 그런 행동은 아이들보다는 모든 어른들에게 공공연한 자랑이나 소유욕을 드러내는 것으로 좋지 않게 여겨진다. 어른들이나 연장자들이 그렇게 한다면 영어권 사람들에게 특히나 무례하게 여겨질 것이다. 또한 동성끼리의 춤은 보통 영어권에서 금기시되지만 한국인들에게는 중립적인 행동이다.

한국의 젊은이들은 서로 팔이나 어깨를 종종 정감 있게 치거나 장난스럽게 때리기도 하는데 때로는 정도를 지나치기도 한다. 영어권의 젊은이들도 이런 다소 거친 행동을 자주 하지는 않지만 한국의 젊은이들보다 더 심각해 보인다. 이러한 행동은 아이들에게 있어서는 성별과는 관련이 없어 보인다. 가끔 상대가 부모님이 되기도 하는데 영어권보다는 한국에서 더 자주 일어난다.

장년층

나이 든 한국인, 특히 여자들은 여기에 자주 묘사되는 그룹은 아니지만 가끔 낯선 사람의 아이들을 사랑스럽게 어루만지는데, 머리나 머리카락을 쓰다듬거나 목과 팔, 심지어 엉덩이를 토닥거리기도 하고 '고추'를 보여 달라고까지 한다. 이런 모든 행동은 악의가 없는 다정한 행동이지만 영어권 사람들에게는 심각한 문제가 된다. 미국에 사는 한국인들은 이러한 행동으로 인해 비록 어떤 학대도 이루어지거나 의도되지 않았지만 아동 학대로 기소를 당하기도 한다. 사랑스럽게 머리와 어깨를 어루만지는 것이 나이 든 여자들로부터 지금은 20대 정도의 젊은 영어권 여자들에게까지 확대되었는데, 아마도 머리나 어깨 외에 더 어루만지는 곳이 있더라도 이는 단순히 우정 어린 사랑스러움의 표출일 뿐이다.

나이 든 한국인이 손을 잡는 행동 중에 눈에 띄는 예는 전두환, 노태우 전 대통령이었다. 이 둘은 반역죄로 기소되어 법정에 나란히 손을 잡고 섰다. 하지만 영어권 사람들은 다른 종족, 다른 성이 공적인 장소에서 손을 잡는 것은 보통 한국인들에게 '성적인 관계'와 혼혈을 내포하는 관계로 심하게 눈초리를 받는다는 사실을 알아야 할 것이다. 그러한 인종 간의 관계는 영어권에서도 때로는 거슬리는 모습이다.

한국인들은 여자건 남자건 보통 친구들과 걸을 때 어깨나 팔, 손을 잡는다. 영어권 사람들은 어느 정도의 거리를 유지하는데 한국인의 이런 행동을 다정하다기보다는 비위에 거슬리는 행동으로 여긴다. 한국인 보행자와 거리를 비꾼다고 해서 문제를 해결할 수 있는 것은 아니다. 중립적인 행동으로 거리를 두려는 영어권 사람들은 쌀쌀맞고 냉정해 보이는 반면, 접촉을 유지하려는 한국인들은 뻔뻔하거나 방해를 입산는 것으로 보여진다. 이것과 유사한 여러 문제에 대한 명확한 해결은 로마에 가면 로마의 법을 따르라는 것이고 그 때까지 끈기 있게 융통성을 가지라는 것이다.

한국인이나 영어권 사람들 모두 젊은 남녀 친구들은 보통 서로 팔짱을 끼거나 허리를 감싸고 걷지만, 자라고 나면 영어권 사람들은 더 이상 그런 제스처를 취하지 않는데 한국인들은 그렇게 한다. 한국 친구들은 이야기할 때 종종 쉽게 서로의 팔과 손을 잡는다. 영어권 내의 친구들은 이야기할 때 서로 접촉하지 않는다. 대화 시 신체 접촉에 대한 연구에서 영어권 사람들은 국제적으로 접촉을 안 하는 극단의 위치에 있고, 라틴어권 사람들은 그 반대의 극단에 있다. 한국인들은 신체 접촉 행동에 있어 영어권 사람들보다는 라틴어권 사람들에 더 가까운 것 같다. 이야기할 때 친한 친구와의 신체적 접촉은 한국인들에게 전적으로 수용 가능하지만 영어권 사람들에게는 자신의 이야기를 방해하는 것으로 여길 것이다. 한국 소녀들과 여인들은 종종 공공 장소에서 팔이나 다리로 메시지를 전달하듯이 사적인 장소뿐만 아니라 심지어 공적인 환경에서도 남자건 여자건 친구나 친척에게 종종 등을 긁어 달라고 한다. 이런 행동은 분명 친근한 제스처이겠지만, 영어권 사람들에게는 쉽사리 이해가 되지 않는 난처한 동작이 될 수 있다.

영어권 사람들은 보통 한국인들이 이야기할 때 자신의 팔이나 어깨를 가볍게 치거나 만진다고 불평한다. 한국인들은 영어권 사람들이 친근하고 축하하는 의미로 등을 찰싹 치는 것을 크게 불평한다. 한국인들은 이런 행동을 지나치거나 무례한 것으로 여겨 화를 낸다. 등을 찰싹 치는 것은 여기에 묘사된 대로 표준 영어권의 행동은 아니지만 불행히도 명백히 영어권 사람들이 흔히 하는 행동이다. 등을 때리거나 어깨를 치는 것은 한국의 어른들 사이에서 행해지는 제스처가 아니다.

영어권 사람들은 신체 접촉을 통해 다양한 친밀감을 쌓는 경향이 있지만 한국인들은 친숙함이 느리게 형성되기 때문에 그러한 신체 접촉은

좀 더 무거운 의무와 책임을 의미하기도 한다. 그래서 그러한 제스처를 미성숙하다거나 지나치게 친한 척 한다거나 아니면 주제 넘은 행동으로 생각하는 경향이 있다. 양쪽의 불평 사항들은 관계가 얼마나 친숙해지느냐에 따른 의견의 차이 때문인 것 같다. 한국인들과 영어권 사람들은 환대와 예의를 우정과 친밀감으로 혼동하지 말라는 경고를 듣는다.

이러한 차이를 보여 주는 또 다른 예는 영어권 사람들은 자기 스스로 자신을 남들에게 살 소개하지만, 한국인들은 보통 삼자에게 그 일을 맡겨 삼자에게 소개될 사람의 성격을 부분적으로 책임지고 말하게 하려는 경향이 있다. 영어권 사람들은 한국인의 예의 비름과 환대를 우정이라고 혼동해서는 안 된다. 한국인들은 영어권 사람들이 쉽게 우정 관계를 맺지만 보통 맹목적이지 않다는 것을 이해해야 한다.

부딪침

한국인의 행동 중에 영어권 사람들이 가장 많은 불평을 하는 것으로는 아마도 걸어가다가 서로 부딪치거나 신발 굽에 밟혀도 보통 사과를 받지 못하는 일일 것이다. 이런 행동은 영어권 사람들에게 개인 공간의 침범이자 자신의 고결함을 공격하는 것으로 여겨진다. 〈영역〉에 대한 논의에서는 영어권 사람들은 자신 주위에 일종의 보이지 않는 개인적인 공간을 두고 걸으며, 다른 사람이 가까이 올 때 부딪치기도 전부터 이를 자신의 공간을 침입하는 행위로 인식한다. 이런 영어권 사람들의 태도가 한국인의 관점에서는 낯선 사람과 부딪치는 것에 그들이 극도로 민감하다는 생각을 갖게 한다. 영어권 사람들은 또한 조그마한 친절과 무례함에도 '감사합니다'와 '죄송합니다'를 한국인들보다 훨씬 자주 한다. 하지만 한국인은 특히 '감사합니다'라는 말은 그 상황에서 말로까지 할 필요가 없다고 생각하며, 때로는 고맙다는 말을 함으로써 오히려 친근함을 앗아간다고 여긴다. 한국인들은 미안함을 전할 때도 목소리보다는 얼굴 표정으로 그 마음을 전하지만 순전히 격렬하게 부딪치는 때를 제외하고는 이런 일을 어쩔 수 없는 것으로 보기 때문에 말이 필요 없고 따라서 주시하기보다는 무시하는 편을 택한다. 하지만 영어권 사람들은 말로 된 사과를 기대하기 때문에 말이 아닌 얼굴에 드러난 미안한 표정을 흔히 간과하게 된다.

    한국인들은 영어권 사람들보다 얼굴 표정, 자세, 목소리 톤, 제스처와 같은 비언어적인 의사 소통에 상당히 민감한 것으로 보인다. 이것은 때론 육감과도 같다. 이것은 아마 말로 된 의사 소통을 덜 필요하게 하고 비언어적 의사 소통을 더 효율적으로 만드는 한국 문화의 단일성 때문인 것 같다. 반대로 영어권 사람들은 공감대가 덜해서 모든 것을 말로 설명해야 하고 따라서 한국인에게는 불필요하게 말이 많은 것으로 비춰지는 경향이 있다. 영어권 사람들은 타인과 부딪치거나 신발을 밟게 되면 보통 '실례합니다' 나 '죄송합니다' 라고 말로 사과한다. 한국에서는 붐비는 거리와 지하철에서 부딪치는 일이 너무 흔해서 부딪친 사람이나 당한 사람이나 의식하지 못할 때가 많다. 이런 류의 질문을 받으면 한국인들은 그런 행동은 가족적인 정서로서, 이것은 이후에 다시 언급되겠지만 계속되는 사과를 하지 않게 하기 위한 것이고 일종의 민족성 때문이라고 설명한다. 한국에서 군중 틈에 떠밀려 다니는 모습은 영어권 사람들에게는 상황에 따라 걸을 필요 없이 단순히 힘을 쭉 빼고 군중 틈에 휩쓸려 가는 것으로 상상될 수 있겠다.

지하철이나 기차 혹은 버스에서 잠이 든다면 한국인들은 간혹 옆 사람의 어깨에 머리를 기대는 경우가 생기는데 이때 상대방의 성이 달라도 잠든 사람이 심하게 굴지 않는 이상 밀어내기를 보통 주저한다. 이로 인해 다시 한번 가족이어도 낯선 사람처럼 행동하는 영어권 사람들에게 이러한 태도는, 한국인이 낯선 사람과도 가족처럼 행동한다는 인상을 갖게 한다. 그런 상황에서 영어권 사람들은 거의 항상 자는 사람을 깨우고, 긴 여행이 아닌 한 대중 교통 수단을 이용할 때는 잠을 자지 않는다. 영어권 사람들은 대중 교통 수단을 이용할 때 잠을 자는 것을 피하지만 한국인들은 보통 즉시 잠에 빠지는 것 같다.

한국인들은 주의를 끌려고 다른 사람의 옷깃이나 재킷을 잡아 당기지만 영어권 사람들은 말을 건네며 주의를 끌려고 한다. 한 유명한 일화에 미국 부통령인 허버트 험프리(Hubert Humphrey)가 프랭크 쉬나트라(Frank Sinatra)의 옷깃을 당기자, 쉬나트라는 "내 옷에서 손을 떼요!"

라고 말했다고 한다. 영어권 사람들은 보통 옷깃을 당기는 것을 사생활과 개인 영역의 침해로 여긴다. 한국인들은 그런 제스처에 더 관대한 것 같다.

악수

한국인들은 지나치게 외향적인 성격에 찬사를 보내지 않으므로 직접적인 신체 접촉을 피하여 보통 낯선 사람, 특히 외국인에게는 예의 바른 악수로 행동을 제한한다. 영어권 사람들은 신체 접촉을 거의 하지 않기 때문에 악수에 다소 심하게 민감해서 악수를 통해 상대방에 대한 정보를 읽어낸다. 한국인은, 〈자세〉 파트에서 이후에 논의하겠지만, 머리를 숙여 인사하는 문화이기 때문에 악수에 보통 익숙하지 않아서 예의 바른 차원에서 악수를 죽은 물고기처럼 아주 가볍게 하는 경향이 있다. 하지만 이것 또한 영어권 사람들에게는 보통 좋지 못하거나 억지로 한 악수라고 생각된다.

영어권에서는 남자들간의 좋은 악수란 활짝 손을 펴서 엄지 손가락의 파진 부분끼리 맞닿게 해서 꼭 거머쥐고 상대방의 손을 테니스 라켓을 가로로 잡듯이 충분히 세게 쥐어 두세 번 흔들어 말끔히 마무리하는 것이다. 좋지 않은 경우가 적어도 네 가지 정도가 있을 수 있는데, 둘은 너무 약할 경우이고 또 둘은 너무 셀 경우이다. 너무 센 악수는 뼈가 부딪칠 정도로 손을 너무 꽉 쥐어서 상대방의 반지가 손가락에 끼게 되는 경우이다. 이는 정치가나 사업가의 악수로 사진 촬영을 위해 악수가 길어지다 보면 생길 수 있는 경우이다. 너무 약한 악수는 손가락 악수로 손이 다 펴 있지 않아서 손가락만 겨우 흔드는 악수이다. 즉 상대방에게 손을 내밀지만 꽉 쥐지 않는 악수이다. 이것은 악수하고 싶지 않은 상태를 보여 주는 악수 중 최악의 악수이다. 이런 악수를 받은 사람은 부당하게 박탈 당한 듯한 기분으로 바로 불쾌해진다. 마지막 경우는 한국 남자들이 영어권 남자들과 악수할 때 가장 흔히게 저지르는 실수이다. 또 손님을 맞을 때 줄지어 서 있는 손님을 끌어 당기며 급하게 순서대로 하는 악수는 나쁜 악수의 본보기이다. 상대방을 기분 상하게 할 목적이 아니라면 이런 악수는 반드시 피해야 한다.

한국인들은 보통 영어권 사람들이 악수를 너무 세게 한다고 불평하고 영어권 사람들은 한국인들이 충분히 세지 않게 악수한다고 불평한다. 악수할 때의 이런 차이는 순전히 문화적인 충돌이고, 모든 문화 충격은 상대방에게 동등한 문화 충격을 준다는 사실의 본보기이다. 해결책은 또 다시 로마에 있으면 로마의 법을 따르라는 것이다. 한국인들이 영어권 사람들과 악수를 하게 된다면 영어권 사람들의 방식대로 바르게 하도록 하고, 영어권 사람들이 한국인들에게 좋은 인상을 주길 원한다면 한국에서는 한국인들의 방식대로 (고개를 숙여) 인사를 바르게 해야 한다. 한편 영어권 사람들은 한국인들과 악수를 할 때 덜 세게 쥐는 게 좋고, 한국인들은 영어권 사람들과 악수할 때 조금 더 세게 하면 될 것이다. 통상적인 상호 문화적인 만남에서 악수는 (고개를 숙이면서 하는) 인사와 함께 하는 것이 좋겠다. 악수를 할 때는 계속 눈을 마주봐야 하는데 이것 때문에 고개 숙여 인사하는 것을 힘들게 만드는 것이다.

한국 남자들이 영어권 남자들과 악수할 때 저지를 수 있는 다른 실수는 악수를 가볍게 끝냈지만 손을 놓지 않고 계속해서 잡고 있는 경우다. 대부분의 영어권 사람들은 이것을 어떻게 처리해야 할지 모르는 상태가 된다. 보통 영어권 사람들은 손을 계속 세게 잡아서 깔끔하게 마무리 지으려고 하지만 한국인들은 계속해서 붙잡고 있으려 한다. 보통 영어권 사람들에게 동성끼리 손을 잡는 것은 동성애적인 행동이기 때문에 그들의 당혹감은 극도로 심해진다. 영어권 사람들은, 한국인들이 동성끼리 손을 잡는 것에는 어떠한 성적인 의미도 없음을 기억해야 한다. 또한 한국 남자가 악수를 한 뒤에 자리에 앉아서 다른 사람의 무릎에 손을 얹는 것은 성적인 제스처가 아니라 단순한 친근함의 표시이다.

또 다른 문제는 한국인들이 악수를 하면서 상대방에게 다가가는 경향이 있는데, 이는 영어권 사람들이 악수를 끝내고 대화할 때 (한걸음 물러서서) 개인적인 거리를 두는 것과 상반된 행동이다.

물론 남자와 여자가 악수할 때는 여자가 손을 먼저 내밀 때만 남자는 악수를 하고 살짝 손을 쥐어 가볍게 한 번 정도만 흔드는 손가락 악수를 하는 게 좋다. 악수는 실제로 남자들의 제스처이다. 여자들은 보통 당연히 악수를 하지는 않는다. 아이들도 마찬가지이다. "남자와 악수하라!" 여자들은 보통 전혀 접촉을 하지 않거나 가볍게 두 손을 맞잡는다.

공공 장소에서의 애정 표현

조화를 추구하는 유교 사상에서 비롯된 한국의 예의 범절은 공적인 장소에서 감정을 드러내는 것을 극도로 자제하는 것이다. 그래서 모든 웃음, 울음, 사랑, 미움, 고통, 즐거움 등은 대중 앞에서는 다소 억제된다. 교육 받은 영어권 사람들 또한 이런 감정의 표현이 분명히 타인에게 고통을 줄 때는 표현을 억제한다. 하지만 상대적으로 이런 감정을 표출하는 것에 상당히 자유로워서 공공연히 감정을 표현하는 것이 한국인들에게 다소 유치하고 철없고 점잖지 못하게 보인다. 이러한 제약은 특히 공공 장소에서의 애정 표현에도 적용된다. 교육 받은 영어권 사람들에게 그러한 표현은 창피스러운 모습이지만 한국인들에게는 말 그대로 충격을 준다. 예를 들어 한국 어머니는 어른들이나 낯선 사람 앞에서 자신의 아이에게 애정을 표현하지 않도록 자제해야 하는데, 이는 자신과 자신의 배우자, 아이들, 가정을 스스로 칭찬하지 않는 아량이나 미덕의 차원에서 기대되는 행동이다. 아마도 영어권 사람들이 신체적인 접촉을 하는 것에 대한 가장 흔한 한국인들의 불평거리는 영어권 사람들이 자기들끼리 특히 만나고 헤어질 때 특히 연인끼리 공공연히 키스하고 안는 것일 것이다. 한국인들은 공적인 장소에서만이 아니라 사적인 장소에서도, 또 부부는 아이들 앞에서, 젊은이들은 어른들 앞에서 키스하고 안는 것을 모두 피한다. 그들은 그들만이 있는 극히 개인적인 장소에서만 애정 표현을 한다. 한국인들은 공적인 장소에서의 행동이 엄격하기로 유명한 중국인들보다 더 성적으로는 보수적이다. 한국인들은 영어권 사람들의 공공연한 애정 표현을 다소 보기 흉하고, 무례하고 점잖지 못하다고 생각한다. 영어권 사람들은 무례하게 보이고 싶지 않다면 공공연한 애정 표현을 자제하여 그 장소를 개인적인 곳으로만 국한시키는 것이 좋을 것이다.

 교육 받은 영어권 사람들 사이에서의 공공연한 애정 표현은 계층의 제한이 없다. 하지만 한국인들에게 그러한 표현은 실제로 난리를 일으킨다. 한국 사람에게 안고 키스하는 것은 매우 친밀하고 에로틱한 제스처로, 만약 공적인 장소에서 그렇게 한다면 그건 외설이 된다. 한국 사람에게 키스까지는 몇 천 미터, 침대까지는 몇 십 센티미터가 필요하다. 영어권 사람들에게 키스까지는 몇 십 센티미터, 침대까지는 몇 천 미터가 필요하다. 비록 한국인들에게 영어권 사람들이 키스하는 데는 몇 십 센티미터, 침대까지 몇 센티미터밖에 필요 없는 것처럼 비춰지고 또 최근 들어 그 말이 사실이 되고 있지만 말이다.

 영어권 사람들은 만나고 헤어질 때 공공연히 안고 키스하지만 보통

하체는 조심스레 멀리한 채 의식적으로 최소한의 행동을 하므로 거의 항상 별 감정이 없다. 영어권 하류층의 연인들은 때로는 공공연히, 특히 만나고 헤어질 때 정열적으로 키스하며 안곤 하지만 우리가 이 책에서 논의의 대상으로 삼고 있는 집단에게는 예의 범절로 여겨지지 않는다. 모든 세상이 사랑하고 사랑 받고 싶어하지만, 보통 사랑하지 않고 사랑 받지 못하기 때문에 정열적인 공공연한 애정 표현은 특히나 부러움을 사고 욕을 먹는 큰 부와 비교기 되지만 교육 받은 한국인이나 영어권 사람들은 모두 회피하는 행동이다.

치근대기

출퇴근 시간 붐비는 만원 상태의 지하철에서는 은근히 쓰다듬거나 신체 접촉을 하는 경우가 많은데 대부분의 경우 여자들이 남자들에게 당한다고 한다. 한국인이나 영어권 여자들은 대중 교통 수단을 이용할 때 치근대는 사람들에 대해 불평을 늘어 놓기도 하고, 보호와 복수의 차원에서 뾰족한 우산이나 머리핀을 가지고 다닌다고들 한다. 여기에서 이것은 기술하고 있는 집단의 전형적인 제스처가 아니기 때문에 더 이상 논할 필요는 없겠다. 이 책에서 논의하는 대상은 보통 환영 받지 못하는 사람 간에는 신체 접촉을 하지 않는다는 기본 규칙에 따라 행동하기 때문이다.

자기 신체 접촉

자신과의 신체 접촉은 코나 귀, 이 등을 후비기, 머리 손질하기, 닦기, 광내기 등과 같은 개인적인 관리가 주를 이룬다. 자기 과시를 위한 자신과의 신체 접촉의 제스처도 상당히 많다. 아마도 한국인 사이에서 관찰되는 자기 터치의 가장 흔한 형태는 밥 먹은 뒤 이쑤시개를 사용하는 것이겠다. 이것은 한국에서는 전적으로 수용된다. 최고급 레스토랑에도 정식 테이블 세팅의 일부로 탁자 위에 이쑤시개가 놓여 있는 것에서도 확인되는 일이다. 이쑤시개로 이를 정리할 때 다른 한 손으로 가리는 것은 한국의 예의 범절이다. 하지만 어떤 사람들은 이렇게 하는 것이 더 눈에 띄는 행동이라고도 한다. 한편 영어권 사람들은 한 세기가 넘도록 탁자에 이쑤시개를 두는 것을 금지해서 다른 사람이 볼 때 교육 받은 영어권 사람들은 이쑤시개를 사용하지 않는다. 이것은 개인적인 공간, 즉 화장실에서나 심지어는 개인 화장실에만 할 수 있는 행동 중의 하나이다. 이것은 아주 눈에 띄는 행동이기 때문에 흡연이나 껌을 씹는 것처럼 하류층임을 보여 주는 행동으로 간주된다. 영어권 환경에서는 피해야 하는 행동이다. 반대로 영어권 사람들은 한국어 환경에서는 자유롭게 이를 손질해도 괜찮을 것 같다.

영어권 사람들은 모든 종류의 손질을 자질구레한 일의 하위로 여겨 피하며 이 모든 일은 개인적인 공간, 즉 화장실로 국한한다. 그래서 두피, 눈, 귀, 코, 입, 피부, 여드름, 손톱, 배꼽, 가랑이, 등, 발, 발톱 등을 후비거나 긁고 문지르는 것은 다 공공 장소에서는 금기된다. 이런 것들 중에서, 한국인들의 경우, 아마 우리가 묘사하는 계층의 사람들은 아니겠지만, 귀를 후비는 행동은 아주 공공연히 목격된다. 한국 남자들은 종종 이 자질구레한 일을 하려고 새끼 손톱을 길게 기르는 경우가 있다. 한국 사람이나 영어권 사람들 사이에 그렇게 긴 손톱은 하류층의 표시로 간주된다.

친구의 등을 긁어 주는 것 외에도 한국인들은 남자보다는 여자들이 더 어느 장소에서나 서슴지 않고 마사지를 한다. 이것은 영어권 사람들도 때론 갑작스럽게 아픈 경험이 일어날 때 그렇게 자신들의 팔과 다리를 때리는 것이 목격된다. 한국인들은 별다른 고통이 수반되지 않아도 단순히 피곤하다는 이유로 마사지를 한다. 영어권 사람들이 마사지를 할 때 보이는 고통스러운 경련이 있다는 표시는 없다.

한국인들은 손가락을 빨거나 입에 넣는 것에 특히나 비판적이어서 손톱을 물거나 손가락을 빨거나 이를 손가락으로 후비는 것은 거의 보기 힘들다. 물론 여기서 기술하고 있는 계층은 아니지만 영어권 사람들 사이에서는 흔한 모습이다. 한국인들이 손으로 집어 먹는 경우는 거의 드물지만 콜로넬(Colonel)이나 KFC는 '손가락을 빨기에 좋은' 치킨을 먹도록 유도하고 있는 것 같다. 비록 한국인들이 영어권 사람들만큼 자주 손가락을 빠는 것 같지는 않지만 보통 냅킨이 없을 때 손가락이나 손등으로 입을 닦아서 손을 문지르거나 옷에 문지르는 경우가 있다. 이 모든 것은 교육 받은 영어권 사람들에게는 금기되는 행동이다. 그리고 이들은 손수건을 안 가지고 다니는 일이 없으며 냅킨 없이는 거의 밥을 먹지 않는다.

탁자 위에 팔꿈치를 올려 놓고 턱을 손에 괸다든가 다른 손으로 팔꿈치를 지탱한 채로 턱이나 뺨을 잡는 것과 같은 다양한 자기 신체 접촉은 편안한 사적인 공간에서 적절한 제스처로서 보통 공적이거나 공식적인 상황에서는 피한다. 가랑이나 등을 긁는 제스처는 보통 우리가 논하는 계층의 경우 공공 장소에서는 피하는 행위이지만 다른 계층들은 자주 행한다. 가랑이를 긁는 것과 같은 과도하게 의도적으로 불쾌감을 주는 자기 터치를 더 이상 기술할 필요는 없는 것 같다. 왜냐하면 그러한 제스처는 비록 확실히 계층을 나타내주지만 우리가 논의하는 계층의 제스처는 아니기 때문이다.

마지막으로, 공공 장소에서 만나고 헤어질 때 멀리서 머리 숙여 인사하는 것과 같이 공적인 상황에서 다양한 자기 절제를 하는 한국인들은 사적인 환경에서는 다소 빈도 높은 신체 접촉을 하는 문화이고, 만나고 헤어질 때 키스하고 안는 영어권 사람들은 사적인 공간에서는 다소 낮은 접촉을 하는 문화이다.

2장 영역

〉〉잔디를 밟지 마세요!

　영역이란 개인적인 움직임이나 사회적인 활동과 안전에 필요한 공간을 말한다. 국가가 지닌 서로 다른 공간의 비율은 일상 생활에서 공간의 구분과 사용에 영향을 끼친다. 우리의 행동은 공간에 맞춰진다. 공간은 모든 문화에서 조심스럽게 제한되고 나라마다 그 정의가 크게 다르다. 공간에 대한 관심은 자아감으로부터 다른 사람과의 거리에 이르기까지 생활전반을 관통하는데 늘어나는 사람 수 때문에 공간은 전 세계, 심지어 우주로까지 확장된다. 이들은 공기 오염, 열대 우림, 인구 과잉, 쓰레기 재활용 등을 걱정하는 사람들이다.

　한국은 매우 많은 인구에 비해 상대적으로 활용할 수 있는 공간의 적은 국가이다. 70-80%가 산이다. 농업을 위해 평지를, 숲을 위해 산을, 그 결과 아름다움을 보존하려고 최선을 다하고 있다. 이들의 삶은 산과 평지의 교차점에 국한되는 경향이 있다. 이것은 이미 높은 인구 밀도를 두드러지게 했다. 한국은 방글라데시 다음으로 세계에서 인구 밀도가 두 번째로 높다. 한편, 영어권 국가들은 공간이 넓은 편이어서 인구 밀도가 더 낮다. 하지만 도시는 시골만큼 인구 밀도가 그렇게 낮지도 않다. 영어권 사람들은 보통 목초지의 한계가 있는데 한국인들은 그렇지 않아서 두 그룹 간의 행동에 중요한 부차적인 영향을 미친다. 특징적인 행동으로는 한국인들은 보통 감정을 억제하지만 영어권 사람들은 다소 개방적이라는 점이다. 신체 접촉 행동에서 발견되는 연대감/분리의 대조가 공간을 다르게 처리하는 것과 같은 선상에 있다.

　사회적이고 정신적인 공간은 보통 몸이 혼자 있을 때 필요한 물리적인 공간보다 훨씬 크다. 하지만 인간은 최소한 적당히 짧은 시간 내에는 하급 동물보다 아주 협소한 공간도 잘 참아낼 수 있는 것 같다. 개인뿐만 아니라 문화마다 참아낼 수 있는 거리는 달라진다. 한국인들은 다소 평화롭게 살지만 영어권 사람들은 보통 움직이거나 싸워야 한다. 공간이 상대적으로 시골에는 많고 도시에서는 아주 한정적이기 때문에 문화마다 도시/시골 간의 대비가 발견된다. 문명에 대한 기본적인 생각은 도시의 풍습을 배우는 것이고, 그 풍습이란 아주 제한된 공간에서 평화롭게 공존하기 위해 필요한 태도를 뜻한다. 한 사람이 "불이야!" 하고 탁 트인 들판에서 소리를 칠 수 있지만 사람이 많은 극장에서는 그렇게 할 수 없듯이, 시골 풍습은 도시 풍습보다 덜 제한되어 있다. 공간이 바로 차이를 내는 중요한 요소이다.

영어권 사람들은 상대적으로 덜 접촉하고 개인끼리 상대적으로 상당한 공간을 유지하는 조류문화라고 이미 기술한 바 있다. 한국인들은 상대적으로 접촉이 잦고 개인 간 최소한의 공간이 아니라면 제한적인 공간을 갖는 물개문화라고 했다. 한국인이나 영어권 사람이나 모두가 더 많은 공간을 원하는 것 같다. 그리고 사람들은 모두 가능한 한 공간을 확장하려 한다. 사람들이 성장하고, 더 교육 받고, 더 부유해질수록 거의 항상 더 많은 공간을 필요로 하고 얻게 된다. 그 과정 중에 익숙하지 않은 더 넓은 공간에서 다양한 불편함을 겪게 되지만 이내 더 넓은 공간에 금새 적응해서 더 좁은 공간에 있으려고 하지 않는다. 친숙함이라는 규칙이 여기에 적용되는데, 한국인의 관습상의 공간은 명백히 영어권의 그것보다 여유롭지 못하다. 둘 다 일시적으로 서로의 통례적인 공간에 불편해 할 것이다. 한국에서 영어권 사람들은 갇히고 억제되고 붐비고 짓밟히는 느낌을 갖는 경향이 있다. 영어권에서 한국인들은 느슨하고 메이지 않고 고립되고 외롭다고 느낄 것이다. 영어권 사람들은 그들이 충분한 공간을 가지지 못한 것으로 느끼고 한국인들은 너무 많이 가졌다고 느끼는 것 같다.

개인

공간에 대한 인식은 개인의 자아감으로부터 시작되고, 거기에서 자아가 시작되고 끝이 난다. 한국인들은 자신의 몸만큼의, 혹은 훨씬 더 작은 자아를 가지고 있는 것처럼 보인다. 마치 몸 표면 바깥으로부터 보호되어 묻혀 있듯이 말이다. 한편 영어권 사람들은 상대적으로 넘쳐 흐르는 자아를 가진 듯 자신의 신체를 훨씬 뛰어넘어 마치 앞으로는 몇 센티미터, 뒤로는 몇 십 센티미터만큼 널찍한 우주복이라도 입은 것 같다. 만약 그들의 자아가 보인다면 그들은 미쉐린 맨(Michelin Man)이나 우주인처럼 보일 것이다. 앞장에서 언급한 대로 영어권 사람들은 몸이 닿는 것을 아주 예민하게 여긴다. 사실 면밀히 관찰해 보면 그들은 아주 가까이에 있을 때에도 몸이 닿게 되면 기분을 상해하는 것을 볼 수 있다. 반면 이 책에서 초점을 두고 있는 계층의 대부분이 그렇진 않겠지만, 비슷한 상황에서 한국인들은 아주 가까이 있어 실제로 몸이 닿거나 심하게 부딪치기도 한다. 그리고 사람들이 많은 곳이나 공공 장소에서 그런 일이 있어도 불쾌해하거나 때로는 몸이 닿는지 인식조차 하지 못한다. 그들은 서로 자주 부딪혀서 그것을 어쩔 수 없는 것으로 보고 무시한다. 그것을 봤든 안 봤든, 그것이 상관 있든 없든 말이다.

이런 자아 확장에 대한 감각의 대비는 한국인들에게는 영어권 사람들이 과도하게 공간을 필요로 하고, 몸이 닿거나 부딪히고 밟히는 것에 지나치게 민감한 것으로 보일 것이다. 한국인들은 가까이 다가갈 때 감각도 없고 다른 사람과 부딪혀도 사과하지 않는 무례한 사람들로 보일 것이다. 이것은 실제로 문화적인 대비이다. 왜냐하면 영어권 사람들은 한국인들이 부딪힐 때 다른 사람과 부딪혔는지조차도 의식하지 못해 사과하지 않는 것으로 여겨 크게 불평한다. 마찬가지로 한국인들은 영어권 사람들이 과한 행동을 하고, 과도하게 예민하고, 사소한 것도 크게 만든다고 불평한다. 부딪히거나 밟히는 것에 대한 중요한 해석의 차이는 한 개인이 간섭을 받았다고 느낄 때와 자기를 보호하는 데 필요한 적절한 공간에 대한 해석의 차이를 내포한다. 이것은 또한 계층간 다양한 측면을 가지고 있을 것이고 자아와 자기가 필요로 하는 공간에 대한 정의의 더 깊은 차이를 가리키는 것일 것이다.

상대방의 불평 사항들이 특정한 행동에 대해 이런 식으로 집중될 때는 실제적인 문화 가치 차이가 작용하고 있음이 분명하다. 우리가 〈환경〉에서 보게 되겠지만 대비를 가져오는 뿌리 깊은 원인은 타인, 특히 낯선 사람을 대하는 상대적인 중요성에 대한 한국인과 영어권 사람들의 현저한 인식 차이 때문이다. 경제가 우선시될 때에는 흔한 것은 가치가 떨어지고 희귀하면 가치가 오르게 된다. 이것은 공간에서뿐만 아니라 사람들에게도 적용되는 문제인 것 같다.

자아의 크기를 정의하는 차이에 대한 또 다른 증거는 한국인과 영어권 사람이 물건과 사람 사이에 두는 거리에 관한 행동을 조금만 관찰해도 찾을 수 있다. 지하철에서 한국인은 손잡이를 잡으려다가 다른 사람의 얼굴 바로 앞을 스쳐도 사과하지 않고 상대방도 역시 아무런 반응이 없다.
그리고 그는 문에 아주 가까이에 서 있기 때문에 자기 앞에서 문이 열리고 닿혀도 더 거리를 두려 하지 않는다. 이것은 영어권 사람들과는 달리 한국인이 가까움을 더 잘 받아들인다는 것을 보여 준다. 테니스 라켓의 손잡이가 무릎 위에 놓인 가방에서 삐죽이 나와 옆에 앉아 있는 사람의 뺨 몇 센티미터 이내를 왔다갔다 해도 그 사람은 전혀 자신의 뺨을 손잡이에서 떼려 하지도, 손잡이를 뺨에서

밀어내려 하지도 않는다. 버스에서 의자와 창 사이에 빗자루가 자신의 얼굴에 가까이 있지만 얼굴이나 빗자루를 움직이려는 노력을 기울이지 않는다. 공공 장소에서 거리를 둔다는 것은 한국인에게는 최소한의 것으로 보여진다. 영어권 사람들은 더 넓은 공간에 익숙해서 그것을 지키기 위해 상당한 고통을 감수해야 한다.

담화 거리

개인간의 공간과 거리는 나이, 교육, 사회 성장에 따라 확장된다. 아기들은 절대적인 접근을 허용하지만, 성장하면서 사람들이 타인에게 내어주는 접근 정도는 점진적으로 제한된다. 사회적인 거리 또한 친밀함이나 매력, 사랑의 정도에 따라 좁혀지고, 연인들은 아기들만큼이나 많은 접근을 허용한다. 하지만 낯선 사람이나 증오나 미움에 따라 눈에 가

시처럼 멀어지려 하기도 한다. 사람들은 하급 동물들처럼 자신을 보호하려고 자신 주위에 다양한 동심원을 갖는 것 같다. 그리고 필요하면 방어할 준비가 되어 있다. 심각할 정도로 환경에 적응하지 못하는 사람들은 전형적으로 훨씬 많은 거리를 두려고 한다. 이러한 거리는 여자들보다는 아이들끼리, 남자들보다는 여자들끼리, 남녀 사이보다는 남자들끼리 더 좁고, 낯선 사람과는 가장 멀다.

  개인간의 거리가 상황에 따라 달라지는 것처럼 문화에 따라서도 다르다. 그리고 이종 문화간의 접촉 시 다양한 오해의 소지를 제공한다. 왜냐하면 이러한 거리는 어려서 무의식적으로 학습되기 때문이다. 이러한 거리는 개인에 대해 많은 것을 이야기해 주지는 않지만 서로 간에 두는 거리에 따른 사람간의 관계에 대해서는 상당히 많은 것을 보여 준다. 실질적으로 이러한 개인적인 거리에서 한국인과 영어권 사람 간의 모든 차이는 한국인들이 더 짧은 거리를, 영어권 사람들이 더 먼 거리를 취한다는 것을 보여 준다. 한국인과 영어권 사람이 대화를 할 때는 두 사람다 관례적인 거리를 두려고 하는데, 이때 한국인들은 악수를 하려고 가까이 다가가려 함으로써 영어권 사람들에게 과하게 친한 척 간섭을 한다는 인상을 준다. 그리고 영어권 사람은 한국 사람에게 더 먼 거리 때문에 차갑고 쌀쌀 맞은 인상을 심어 준다.

  영어권 사람들은 타인과의 신체 접촉을 의도적으로 피하고 한국인들보다 더 먼 거리를 유지한다. 이것은 지하철과 같이 가장 붐비는 상황에서부터 넓은 사적인 사무실이나 거실과 같은 가장 한산한 공간에서까지 마찬가지이다. 영어권 사람은 전철이 꽉 차서 신체 접촉을 피할 수 없는 상황이 오면 가능한 한 신체 접촉을 피하려 하고, 접촉이 생기면 사과하고 가운데를 응시하며 자신을 상관 없는 사람인 것처럼 타인과 말하지 않으려 한다. 그들은 아주 사람이 많은 상황에서 남보다 빨리 빠져나가려고 할 것이다. 같은 상황에서 한국인들은 접촉을 피하려는 노력도 덜 하고, 그렇게 되더라도 보통 사과도 하지 않고, 사이를 밀고 들어온 사람과 계속해서 대화를 나누며, 상대적으로 아주 붐비는 상황에서도 느리게 빠져 나온다. 예를 들어 한국인들이 승강기에 들어설 때 그들은 승강기에 다른 사람들이 있어도 가능한 문 가까이 서려고 한다. 영어권 사람들은 다른 사람과 최대한의 거리를 두기 위해 승강기의 저쪽 모퉁이나 반대편에 설 것이다. 남자 화장실에서 한국인 남자들은 다른 사람이 있어도 첫 번째 칸에 서지만 영어권 사람들은 타인과 가장 먼 곳으로 이동한다.

 개인적인 거리는 통상 네 가지로 분류되는데, 주로 이는 악수하는 거리로 결정된다. '악수할 수 있는 거리', 즉 문자 그대로 팔 길이 내의 거리로서 1피트 정도의 거리이며 속삭일 수 있는 친밀한 거리를 말하고, 4피트에 달하는 거리는 '개인적인 대화의 거리'가 된다. 악수할 수 있는 범위를 넘어서 4에서 12피트 내의 거리가 되면 이는 '사회적 혹은 집단적인 거리'가 되며, 그 이상은 '공적인 강의를 하는 거리'가 된다. 각각의 거리에는 적당한 목소리와 대화의 주제가 있다. 친밀한 거리에서는 아주 사적인 주제에 대해 속삭이는 비밀 이야기가 있는가 하면, 대화의 거리에서는 대화의 목소리에 덜 친밀한 개인적인 주제가 있고, 사회적인 거리에서는 큰 목소리의 대중적인 주제가 있으며, 마지막으로 공적인 거리에서는 다소 수동적인 청중들에게 강의하는 목소리로 전달하는 공식적이고 비개인적인 주제 등이 있다.

한국인들과 영어권 사람 간의 이러한 차이에서 두드러지는 대조는 주로 친밀하고 개인적인 거리에서 나타나고, 영어권 사람들보다는 한국 사람끼리 눈에 띄게 더 가까운 것으로 보인다. 악수할 때 한 발 앞으로 다가오는 한국 사람의 경향은 이미 언급했다. 비밀 이야기와 사적인 대화의 거리가 가까운 경향과 일맥 상통한다. 한국의 친밀 거리는 통상직으로 영어권의 I피트 내의 절반만큼이나 가깝고, 영어권 사람들의 뒷걸음질은 한국인들에게 야박한 인상과 거부감을 주게 된다. 한국인은 사적인 거리와 대화 시 거리가 동일하기 때문에 영어권 사람들에게는 무슨 음모를 꾸미는 듯한 인상을 주게 된다.

한국은 공적인 환경에서 두 거리의 예외적인 가까움을 표시하는 것이 필요한 것 같다. 평범한 영어권의 대중적인 환경에서는 개인적이고 대화하는 거리가 낯설긴 하지만 어떤 한국인들도 자유롭게 대화에 참여할 수 있게 하고, 이러한 영어권의 대화의 거리는 상대적으로 개방적이고 사교적인 관계를 보여 준다. 예를 들어, 한국인 가이드와 한 영어권 사람이 여행하는 도중에 붐비는 버스 정류장 가운데서 티켓 얘기를 하며 잠시 쉬고 있다. 그들이 티켓에 대한 얘기를 할 때 완전히 낯선 사람이 그들과 합류하여 그 티켓을 궁금한 듯이 바라본다. 그는 아무런 코멘

트도 하지 않은 채로 그들과 그 티켓을 계속 쳐다본다. 버스 정류장은 물론 아주 공적인 장소이지만 그러한 낯선 사람의 행동은 보통 영어권 사람에게는 방해하는 것으로 여겨질 것이다. 하지만 일종의 가족 감정을 일으키는 일부의 한국인들은 심지어 외국인에게까지 그런 행동을 한다. 이러한 대조는 공공 장소에서 낯선 사람인 한국인들이 가족의 구성원인 양 행동하고, 반면 영어권의 가족 구성원들은 낯선 사람인 양 자주 행동한다는 것을 보여 준다. 그러한 동지애를 설명할 때 한국인들은 단순히 종족 문제를 언급하는데, 한국인이 세계에서 가장 순수한 단일민족이기 때문일 것이다. 인구 4,400만 명의 한국에서 가장 작은 공동체는 혁명 때 중국에서 한국으로 도망 온 3만 명의 중국인들인데, 비록 시민권은 없으나 그들도 완전히 동화되었다. 이런 점에서 한국은 대가족인 셈이다.

이종 문화간의 거리

이종 문화간의 상호 교류에서 양쪽 모두 낯선 사람에게는 가까운 거리보다는 먼 거리가 적당하다고 생각하는 것 같다. 차이에 대한 적응은 빨리 이루어지는 것 같지만 종종 머지 않아 감정적인 반응이 일어나는데, 한국인들은 다소 거부 당했다고 느끼고 영어권 사람들은 강요 받는다고 생각한다. 여기에서 유일한 해결책은 발생하는 차이에 대비하는 것이다. 그리고 적절한 거리에 대한 상반되는 생각이 어릴 때부터 무의식적으로 학습되었기 때문에 당연해 보이므로, 제멋대로 하려는 의식에서 비롯되는 감정적인 대응을 미리 예상하는 것이다. 물론 토착문화를 이해하는 데 일종의 융통성은 유용하다.

사회적인 거리에서 관찰되는 가장 중요한 차이는, 사회적인 집단 내의 한국인들은 서 있거나 앉아 있을 때 영어권 사람들보다 눈에 띄게 가까운 거리인 6-8피트 정도에서도 소외되었다고 느끼는 것이다. 영어권 사람들은 한국 손님들과는 평소보다 더 가까이 함께 서거나 앉아 줌으로써 사람 사이의 거리를 잘 조절해야 할 것이다. 한편 한국인들은 영어권 사람들이 보통 마지노선이라고 느끼기 시작하기 전인 12피트 내의 거리에서는 편안함을 느낄 거라고 기대하면 될 것이다. 공적인 거리에서는 어떤 눈에 띄는 대비도 지금껏 관찰된 바가 없고, 교실이나 강의 상황도 매우 비슷하다.

두 문화에서 가장 비슷한 모습을 보이는 곳은 붐비는 승강기나 지하철, 차, 비행기, 기차, 감옥, 기숙사, 군대 막사이다. 앞에 기술된 공간에 있는 사람들은 질서와 편의를 유지하려는 점에서 극도로 조심스러운 자기 절제가 요구된다. 예의 바른 시민이 도시의 예절을 반영하고 무례한 농부가 보통 시골의 예절을 그려 주듯이, 비좁은 공간은 사람들에게 최선의 행동을 하게 한다. 도시/시골 간의 대비는 두 지역 간의 다른 공간 조건을 반영하는 점에서 아주 보편적이다.

버스 승객들이 짐 꾸러미나 코트를 자신의 옆 자리에 두거나 그 옆에 다른 승객이 앉지 못하게 하려고 의자 옆에 두어서 한 명의 비용으로 두 자리를 즐기는 모습은 비슷하다. 여기에서의 차이는 한국인과 영어권 사람 간의 차이가 아니라 상류층이냐 하류층이냐의 차이이다. 낯선 사람을 대하는 태도와도 많은 관련이 있다. 어떤 경우에도 이것은 아주 야박하고 이기적인 행동으로 양심이 있는 사람이라면 그렇게 해서는 안 된다. 지하철에서 젊은 남자나 여자가 자리를 잡고 앉아서는 노약자나 짐을 든 사람에게 자리를 양보해야 하는 상황을 피하려고 자거나 책을 읽는 척하는 것과 매우 유사한 행동이다. 다시 말하자면 이것은 국가 간의 대조가 아니라 계층 간 행동상의 대비이다.

줄서기

한국인들은 줄을 매우 빽빽하게 서고 종종 서로가 부딪친다. 그리고 지나가는 통행자가 있을 때 줄을 천천히 열어 준다. 영어권 사람들은 한국인들보다 훨씬 더 헐겁게 줄을 서고 서로 터치하지 않으며 통행자가 지나가는데 더 용이하지만 새치기하는 사람들에 대해서는 집요하다. 반면 한국인들은 새치기하는 사람들과 앞줄에 스무 명의 친구들이 합류하는 것을 훨씬 잘 눈감아 주는 것 같다.

물건이 차지하는 공간

자아감의 범위를 지나서 혹은 자아감 내에서, 개인에게 속하는 사적인 소유권과 관련된 물건의 세력권이 시작된다. 여기에서 영역으로만 여겨지는 소품은 화장 용품, 머리 손질 용품, 옷, 액세서리, 소지품과 같은 물건으로 시작한다. 이 때문에 사람들은 다섯 개의 '피부'를 가지고 있다고들 한다. 문자 그대로의 피부, 옷, 차, 직장, 가정이 여기에 속하는 것이고, 우리는 이 모든 것에서 영역적 소유감을 느낀다. 영어권 사람들은 옷을 또 다른 자아로 인식해서 거의 완전히 가까운 곳에 두기 때문에 옷에 높은 소유 의식과 사생활을 연관시킨다. 반면 한국인들에게 옷은 자아의 외부에 두고 훨씬 덜 소유적이며 덜 사적이라고들 한다. 이러한 차이는 궁극적으로는 영어권 사람 사이의 개인주의와 경쟁, 한국인 사이의 집합주의와 협력이라는 차이에서 비롯된다. 이것은 연대감과 분리의 또 다른 면이다. 어떤 경우라도 한국인들은 서로의 머리와 옷과 액세서리를 영어권 사람들보다 훨씬 자유롭게 만지는데, 이는 소유와 사생활에 대한 아주 다른 견해를 보여 준다.

예를 들어, 영어권 사람들은 다른 사람의 머리나 옷을 말로 칭찬하지만, 한국인들은 종종 다른 사람의 머리나 옷을 만지고 심지어는 어디서 옷을 샀느냐, 얼마에 구입했느냐고 묻는다. 반면 영어권 사람들은 언어적인 칭찬으로 멈추고 그런 질문은 하지 않는다. 한국인들은 이런 습관을 일종의 정보를 알려 주는 소비자 보호 전략이라고 설명한다. 이것을 통해 어느 정도 가격과 품질이 유지되는데, 이것은 영어권에서는 소비자 출판물에서 더 흔하게 볼 수 있는 것이다. 한국인의 매너는 상대적으로 낯선 사람이어도 가족 같은 분위기로, 영어권 사람들의 행동은 가족

이어도 낯선 사람인 것처럼 행동한다.

 이러한 대조는 옷보다는 개인과 훨씬 덜 관계된 책, 지갑, 우산, 신문, 잡지, 사진기 등과 같은 액세서리로 확장된다. 한국인들은 비슷한 상황에서 영어권 사람들이 하는 것보다 더 자유롭게 타인에게 속한 인공물을 만지고 다루고 관찰한다. 예를 들어, 그러한 물건에 호기심을 갖는 영어권 사람들에게는 "제가 당신의 책을 봐도 될까요?"라고 묻는 것이 당연하다. 영어권 사람들은 그러한 질문을 부인하는 것을 아주 무례하다고 여긴다. 하지만 그런 질문은 주인의 소유권을 효과적으로 인정해 주는 것이다. 한국인들은 훨씬 자주 타인의 책을 관찰하려고 하는 것 같고, 그래서 칭찬하거나 가끔 흠을 잡거나 아무 말도 하지 않지만, 허락은 구하지 않는다. 소유권이 덜 강하거나 소유물과 소유주 간의 관계가 영어권 사람들보다 한국인들이 더 약해서 그런 것 같다. 영어권 사람들은 한국인이 보여 주는 친구 사이의 태도를 소유 개념을 최소화시킨 사이로 본다. 하지만 한국인들은 낯선 사람에게는 재산 권리를 경계하는 것 같다. 자동차, 사무실, 집과 같은 더 큰 품목의 재산 권리에 대한 태도는 덜 대조적인 것 같다. 예기치 않은 방문에 대해 갖는 다른 태도는 가족 같은 한국적인 태도와 더 낯설게 대하는 영어권의 차이로 나타난다.

방문객

 비슷한 대조는 초대 받지 않은 방문이나 방문객들 혹은 손님과도 관련이 있겠다. 영어권 사람들은 일반적으로 친구를 방문하거나 잠깐 들르기 전에 그 사람이 집에 있는지, 방문이 편한지를 확인하려고 먼저 조심스럽게 전화를 한다. 한국인들은 방문에 대한 예고에 다소 느긋해 보이고, 예고 없이 친구나 친척을 방문한다. 이것은 한국에서 일상적이고 친근한 행동으로 한국인들을 크게 불편하게 생각하지는 않는다. 영어권 사람들은 불편하지 않을 때조차도 예기치 않은 방문을 사려 깊지 못한 행동으로 여기는 경향이 있다. 유사하게 한국 사람은 자신이 초대를 받으면 그는 자유롭게 초대 받은 곳에 초대 받지 않은 자신의 친구를 데리고 간다. 반면 영어권 사람들은 친구를 데리고 오라고 요청하지 않는 한 초대 받은 사람만 초대에 응할 수 있다고 생각한다. 이 차이 때문에 일어날 수 있는 문제는 즉각 드러난다. 한국 친구들에게 작별 인사를 하려고 파티를 연 대사관 부인에 대한 일화가 있다. 한국 친구는 엄청난 수의 친구를 데리고 왔는데 이들 중 대부분은 그 대사 부인을 전에 한번도 본 적이 없는 사람이었고, 이 예기치 못한 손님으로 파티 준비가 혼선을 빚게 되었다.

신분에 따라 명확히 구분된 영역에 대한 한국 사람과 영어권 사람들의 태도는 아주 비슷하다. 둘 다 손아랫사람의 영역은 자유롭게 침입하지만 손윗사람의 영역은 조심스럽게 침입한다. 사장은 머뭇거림이나 사과 없이 고용인의 공간에 들어가는 것은 당연하지만, 고용인이 사장의 영역에 들어갈 때는 허락을 구하거나 머뭇거릴 것이다.

주택

주택에서 처음으로 눈에 띄는 차이점은 받쳐 주는 구조물 없이 서 있는 한국의 집들은 보통 소유 주택 용지 경계선에 따라 지어진 반면, 영어권 주택들은 주위에 뜰이 둘러싸고 있다. 이것은 공간에 대한 압력이 다르다는 것을 보여 준다. 물론 도시 중심부나 아파트에서 목격되는 차이점은 미비하지만 솟아 있는 높이가 다르다. 이 또한 공간에 대한 압력의 척도가 된다. 일반적으로 공간이 빽빽하고 주택 배열이 빽빽할 것으로 예측한 바대로, 한국의 주택과 지배적인 주택 형태인 아파트는 영어권의 주요 도시 중심부를 제외하고는 영어권 사람들이 기대하는 것보다 더 작고 훨씬 더 비싸다.

수많은 관찰자들이, 한국 주택들은 다소 위압적인 벽과 문으로 둘러싸여 있지만, 일단 사람이 집안으로 들어가면 다양한 가족 구성원을 분리해 주는 개인적인 공간이 상대적으로 거의 없다고 말한다. 반면 영어권의 주택에는 전형적으로 담이 없어서 외부에서 들어오는 것이 훨씬 쉬워 보이지만 내부는 가족 구성원들의 사생활을 지켜줄 수 있도록 잘 닫히고 잠기는 문이 미로처럼 놓여 있다. 이것은 연대감과 분리, 한국에서의 가족의 중요성, 가족과 외부인과의 차이에 대해 말해 주는 것 이외에도 한국 주택의 내부 공간을 다양한 기능, 즉 똑같은 방을 침실, 거실, 때로는 식당으로 사용한다는 것을 보여 준다. 반면 영어권 주택들은 전형적으로 다양한 방에 대해 분리된 가구와 기능이 있다. 기본적인 차이는 한국 주택의 유동성, 공유, 평등과 영어권 주택의 엄격함, 분리, 수직 관계의 차이로 보인다.

사생활

한국어에는 '사생활'이라는 단어가 없다고 한다. 물론 사생활과 그 침해에 대한 감각은 확실이 있다. 한국인들은 영어권 사람들처럼 사람이 있는 전화 부스에 걸어 들어가지는 않는다. 하지만 한국인들은 그 사람이 완전히 빠져 나오기 전에 들어가는 경향이 있기는 하다. 이것은 공중 화장실이나 개인 화장실에서도 마찬가지이다. 한국인들은 자신들이 있다거나 다가가는 신호로 목소리를 가다듬거나 기침을 하지만, 영어권 사람들은 주로 개인 방에 들어가기 전에 노크를 한다. 목소리를 가다듬거나 기침하는 것은 당신의 존재를 알리는 데 적절할 수 있지만 닫힌 문 사이로 쉽게 들릴 것 같지는 않다.

사용 가능한 공간과 밀접한 사생활의 또 다른 면은 화장실 배열에서도 발견된다. 한국의 클럽, 바, 호프집, 식당 등에 있는 화장실은 종종 남녀로 구분되어 있지 않고 딱 한 개의 화장실 부스만 있다. 화장실은 보통 부스 안에 있지만 남자용 소변기는 그냥 벽에 붙어 있을 뿐으로, 남자들의 등으로 충분히 가려진다고 생각하는 것 같다. 이것은 프랑스의 모습을 떠올리게 하는데, 프랑스의 '르 쁘띠 꾸엥'(Le petit coin; 작은 모통이)은 영어권에서는 보통 그렇지 않은 방식으로 남녀가 한 데 어울러져 있을 때의 비슷한 배열을 말하는 속어적인 표현이다. 대조적으로 영어권 사람들은 화장실에 대해서는 심하게 점잖은 편이어서 한국의 공중화장실이 보여 주는 이러한 연대감에 다소 충격을 받는다. 한국인들은 영어권 사람들이 너무 점잖다고 생각할 것이다. 영어권 사람들은 한국인들의 이런 배열이 다소 아슬아슬하다고 여길 것이다. 한국의 버스 정류장과 기차역의 화장실 또한 상대적으로 대중에게 볼 수 있도록 열려 있지만 영어권에서는 조심스럽게 막혀 있다.

사생활에 대한 영어권 사람들의 생각은 그들의 분리와 개인주의를 보여 주고, 부족한 한국인의 사생활은 대가족이라는 느낌의 연대감과 집단주의를 가리킨다. 이러한 차이는 대화할 때의 양상으로 이어진다. 한국인들은 아주 사적인 질문을 해서 영어권 사람들을 종종 놀라게 한다. 이러한 질문은 상대적인 계급적 지위를 설정하는 데 필요할지 모르지만 때때로 아주 단순한 호기심에서 비롯된 나이에 관한 질문도 있다. 이는 너무 정확하게 나이가 계산되는 걸 싫어하는 영어권 숙녀들에게는 특히 충격적이다. 결혼했는지, 아이가 있는지, 결혼을 안 했거나 아이가 없으면 이유가 뭔지, 옷을 어디서 샀으며 옷 가격은 얼마인지와 같은 질문들도 한다. 반대로 영어권의 칵테일 파티의 기술은 돌아다니면서 원하는 만큼의 사람들을 만나 직접적인 질문 없이도 많은 것을 아는 게 가능하다. "어디 출신이에요?", "직업이 뭐예요?"와 같은 질문들은 일반적으로 너무 직선적이어서 실제로 예의 바르게 여겨지지 않는다. 반대로 한국인들은 말로 다소 공격적이고 심지어 간섭하는 인상을 준다. 한국인들은 어떤 경우라도 겁을 주려고 한 것은 아니나 영어권 사람들이 첫 만남에서 약간 위압적으로 느낄 것은 당연하다. 대부분 그들의 호기심은 단순히 상대적인 사회적 신분을 설정하기 위해서이다. 이 상대적인 사회적 신분은 한국의 사회적이고 언어적인 양식의 고유한 부분이다.

한편 한국인들은 식사 초대를 받아 온 친구들이나 방문객들에게 그들의 침실을 보여 주려는 생각을 하지 않는 것 같다. 반면 영어권 사람들은 제대로 정리되어 있다면 거실처럼 침실을 기꺼이 보여 주려고 한다. 한국인들은 영어권 사람들이 사생활에 대해 그렇듯이 옷을 갈아 입거나 공공연한 노출에 다소 더 보수적이다. 한국인들은 완전히 허리를 드러낸 채로 조깅하는 모습을 절대로 볼 수 없다. 영어권 사람들이 한국에서 그렇게 하면 아주 종종 눈살을 찌푸리게 할 것이다.

외로움

한국 사회는 너무 함께 해서 사람들이 홀로 있으면 외로울 거라고 생각하는 것 같다. 상당수의 영어권 사람들이 영어권 환경에서도 고독한 사람들로 여겨진다. 하지만 어느 정도는 혼자 있으려고 하는 대부분의 영어권 사람들도 한국인들에게는 외로운 것으로 여겨질 것이다. 한국인들은 영어권 사람들이 실제로는 혼자 있고 싶어할 때도 외롭다고 생각하여 영어권 사람들에게 친절하게 친구가 되어 주려고 한다. 이것은 두 사회권 내에서 줄곧 발견되는 사생활과 연대감/분리라는 차이의 연장선상에 있는 것 같다. 현지 파견 근무를 하는 영어권 사람들이 때로는 그런 염려가 잘못되었고 간섭을 당하는 것이라고 느끼는데도 아주 친절한 걱정의 말을 건네는 많은 일화가 발견된다. 물론 상상할 수 있는 가장 자애로운 방식으로 그렇게 벗을 해 줄 때 거부하기는 힘들다. 하지만 그들은 한국인들보다 훨씬 자주 실제로 혼자 있고 싶어하고, 그러한 고독을 상상할 수 없는 것처럼 보이는 한국인들은 영어권 사람들의 이러한 행동을 받아들여야 한다.

공(公)과 사(私)

한국과 영어권 문화에서 사람들은 그들의 공적인 공간보다 사적인 공간에 더 신경을 쓴다. 하지만 공적인 장소를 다루는 데에도 두 문화 간에 상당한 차이가 있다. 공적인 장소와 사적인 장소에 대한 차이는 한국에서 벽이나 문, 현관 입구 등으로 주로 구분된다. 한국 가정의 바닥은 앉거나 서 있는 생활권으로 신발을 집에서 신으면 안 된다. 공적인 공간과의 이런 다소 강한 구분은 사적인 공간을 매우 신경 쓴다는 뜻이기도 하고, 상대적으로 공적인 공간에 무관심하다는 것을 반영한다. 집 안에 쓰레기를 버리는 건 생각조차 못하는 한국인들이 공공 장소에서는 빈번하게 쓰레기를 버린다. 이러한 공간적인 구분은 한국인들이 전형적으로 그들의 사회에서 내부인과 외부인을 대우하는 방식에서 크게 차이가 난다는 점과 같은 맥락에 있다. 가까운 지인이나 친구, 친한 사람인 내부인에게 보통 아주 살가운 관심을 표하지만, 특히나 도시에서 낯선 사람들에게는 인식도 못할 정도로 무례하거나 무관심한 태도를 보인다.

영어권 사람들 또한 공적인 공간에서는 사적인 공간에서보다 훨씬 많은 쓰레기를 버리지만 한국인들보다는 훨씬 적다. 입석 문화의 영어권 사람들은 바닥에서 생활하지 않기 때문에 바닥이 완전히 깨끗하지 않아도 된다. 그들은 보통 자택과 아파트에서 실외화를 신고 공적인 공간과 사적인 공간 간에 특별한 건축적인 장애물이 없다. 신발은 아니지만 코트 등을 갈아입는 로비는 있다. 한국 사람처럼 영어권 사람들은 공적인 장소보다 사적인 장소를 더 잘 돌보지만, 영어권 사람들의 관심은 사적인 공간에서 공적인 공간으로 한국인들보다 폭이 덜한 것 같다. 영어권 사람들이 친구와 낯선 사람을 대하는 방식이 한국인보다 많이 다르지 않은 것처럼 말이다. 공적인 장소에서의 한국인의 행동은 '다다미에서 떨어진' 공간을 대하는 일본 사람들의 방식과 견줄 만하다.

사무실

한국과 영어권의 사무실은 문화 표준으로, 연대감과 분리라는 차이와 공간 이용의 차이를 반영한다. 영어권 사람들이 책상에서 일하는 사람들을 위해 분리된 오피스나 부스를 사용한 반면, 한국인들은 보통 교실처럼 많은 책상이 있는 탁 트인 공간을 쓴다. 영어권 사람들은 감독관들에게 분리된 사무실을 주지만, 한국인들은 보통 같은 방향을 바라보면서 감독관은 부하 뒤에 앉는다. 영어권의 감독관들은 교실에서 선생님처럼 부하들 앞에 앉아 있을 수 있지만, 한국 감독관들은 부하들 사이나 뒤에 앉는 경향이 있다. 한국에서 책상에 앉아 일하는 사람들의 책상은 서로 마주 보고 있지만 영어권 사람들은 같은 방향을 보거나 아니면 등과 등을 마주하고 있다. 한국 노동자들은 하나의 책상을 마주하여 같이 쓰기도 한다.

거리와 보도

한국과 영어권 나라에서의 영역을 다루는 기본적인 차이는 그들이 사용하는 주소 시스템이다. 한국 주소는 동심원 구조로 나라, 지방, 도시, 구, 동, 단지, 건물 순이지만 영어권은 나라, 지방이나 주, 도시 순으로 쓰고 도시 안에서는 주로 정확한 각도에서 교차하는 거리를 보여 주는 바둑판식을 사용한다. 한국은 지역 내에서 주요 도로의 분할을 '가'로 하고 번호가 순차적으로 붙지만, 건물들을 구역이나 동으로 건설된 날짜에 따라 숫자를 붙여서 한 거리에 있는 건물의 숫자들은 연결이 없다. 영어권에서는 거리에 있는 건물들은 숫자 순서에 따라 정렬된다. 그 결과 영어권의 주소는 찾기가 상대적으로 쉽지만 한국은 거리 이름이 보통 붙어 있지 않고 건물 주소는 불규칙해서 우편을 배달하는 집배원 아저씨들만 잘 알고 있는 것 같다.

한국 주택 내부의 유동성, 공유, 동등성이라는 특징은 거리와 보도에서도 발견된다. 공간에 대한 압력의 차이가 확실히 난다. 일반적인 차이는 한국은 아주 제한적인 공간을 융통성 있게 쓰고, 영어권에서는 훨씬 덜 좁은 공간을 엄격하게 사용한다는 점이다. 한국의 보도는 경쟁을 해야 하는 전쟁터 같다. 첫째, 좁은 도로 옆에 페인트로 줄만 그어져 있거나 연석으로 확실히 나뉘어져 있어도 보행자는 물론 나무, 전화 부스, 보도로 들어올 수 있는 모든 교통수단, 온갖 노점상이 다 있다. 한국인들은 영어권 사람들보다 보도에서 온갖 종류의 교통수단을 훨씬 더 빨리 운전한다. 보도에서 한국인들은 모든 다른 사용자들과 경쟁한다. 가장 좋은 예로는, 화환을 높이 싼 오토바이가 새로 개점한 가게로 가는 도중 서울 도심의 넓은 보도 중간에서 경적을 울리자 보행자들이 마치 액션 영화의 추격 장면에서 보듯 좌우로 나뉘었다. 영어권의 보도는 반대로 보행자에게만 제한되어 있고, 어떤 종류의 탈 것이나 노점상들도 주차로나 통행로로 들어올 수 없으며 위반 시에는 바로 티켓을 받아 벌금을 낸다.

차량

역사적으로 파란만장했던 한국의 생활 환경은 지난 15년 동안 1,000만 대의 자동차가 들어오게 했다. 이것은 엄청난 수의 운전자들이 상대적으로 초보운전자들이며 한국의 거리와 고속도로는 위협적임을 의미하는데, 이 때문에 때론 교통이 마비된다. 이러한 차들이 도시 거리와 고속도로 공간에 주는 많은 부정적인 영향은 한국인이 참아야 한다는 것을 의미한다. 영어권의 도시와 고속도로 또한 상황이 비슷하지만 양적으로는 한국의 상황이 훨씬 더 안 좋다. 왜냐하면 사용 가능한 공간의 절대적 차이와 차 사용 훈련에 차이가 있기 때문이다. 미국에서는 자동차 정체로 인한 분노의 총기 사건이 점차 증가한다는 보도가 들리는데, 다행히도 한국 운전자들에게는 총기 사용의 철저한 제한으로 아마도 발발하지 않는 것 같다.

찻길에서도 차이는 쉽게 발견된다. 한국인들은 종종 통행이 가능한 거리에 침을 뱉는다. 그리고 심하게 차선을 변경한다. 영어권 사람들에게 차선 변경은 위험하고 보통 많은 공간을 차지하지 못한다. 한국인들은 또한 차선을 쉽게 포기하고 길목에서 줄을 심하게 바꿔서 정체를 더 부채질한다. 한국 버스들은 이러한 교묘한 운전 조작으로 유명하다.

경험 부족이건 이기적인 발로에서건, 한국의 운전자들은 아무렇지도 않게 도로와 보도에 불법 주차를 하고 통행을 막는다. 그리고 전체 상황을 인식하지 못하거나 단순한 이기심에서 차 길이를 확보하려고 종종 교차로를 막는다. 영어권 운전자들 역시 이러한 행동에 자책감을 느낀다. 하지만 한국에 비해 육안상 영어권 국가에서는 다른 운전자들로부터 질책을 당하는 경우는 흔치 않아 보이나 훨씬 큰 비난을 받게 된다. 너무 많은 차, 너무 적은 공간, 너무 모자란 경험과 속도의 조합이 한국을 세계에서 세 번째로 교통 사고율이 높은 나라로 만들었다. 문화 전체에 걸쳐 한국은 공간에 대한 관용이 영어권 국가에서보다 더 좁고 가깝고 빽빽하다. 그래서 영어권 사람들에게 붐빈다는 것이 어떤 것인지 알게 해 주지만 때로는 충격을 준다. 차들과 버스가 서로 너무 가까이 높은 속도로 교묘한 술책을 써 가며 운전할 때 영어권 사람들은 추돌이 일어날까봐 주춤하기까지 한다. 하지만 신기하게도 거의 그런 일은 일어나지 않는다.

일시적인 영역

한국인들과 영어권 사람들은 또한 좌석과 탁자에 자신의 소지품이나 코트를 얹어 두거나 탁자쪽에 의자를 기울여서 일시적인 영역 표시를 한다. 여기에서 눈에 띄는 차이는 영어권 사람들은 테이블에 단 한 사람이 있어도 전체 테이블에 대한 권리를 가지는 것으로 여겨 다른 사람이 와서 "자리 있지요?"라고 물으면 그 테이블에 대한 권리는 인정되는 것이다. 반면 한국인들은 의자가 기울어져 있지 않거나 코트 등이 덮여 있지 않으면 딱 하나의 자리에만 소유권을 인정하여 허락도 구하지 않고 자유롭게 앉는다. 이것은 두 문화 간에 사용 가능한 공간의 차이를 보여 주는 또 다른 예이다.

일시적인 영역은 사람들이 움직이고 걷고 달리고 운전하고 비행할 때를 포함한다. 속도가 증가할수록 안전에 필요한 공간은 증가한다. 이런 모든 활동에서 영어권 사람들의 허용치는 한국인들보다 더 크고 더 넓다. 비록 안전 운전이나 안전 비행에 필요한 공간이 물리 법칙에 따라 결정되어 모든 사람에게 비슷할 것 같지만 말이다. 한국인과 영어권 사람은 보통 제동거리를 넘어선 속도로 종종 차에 바짝 붙여 운전한다. 모든 운전자들은 이렇게 운전하는 사람들을 비난한다. 비슷한 공간이 보행자들의 앞뒤나 옆에도 적용된다. 여기서도 전에 종종 그랬듯이 한국의 공간 크기가 영어권보다 훨씬 작다. 그래서 이들은 붐비는 한국 거리의 다른 보행자들이나 도로의 운전자가 앞뒤로 계속해서 밀착되어 달린다고 느끼게 된다.

3장 방향

〉〉 나이가 먼저랍니다!

여기에서 논의되는 방향은 좌우, 위아래, 앞뒤, 다양한 형태의 방향으로 누가 먼저 갈 건지, 나중에 갈 건지의 서열과 관련된다. 방향은 개인과 그와 관련된 가족, 사회, 세계의 순이다. 대화할 때는 두 사람에서 집단으로, 다음은 소품으로부터 환경으로 향하는 방향을 포함한다. 가장 중요한 방향의 차이는 한국은 군대 조직처럼 계급의 순이고, 영어권은 그런 계급이 없는 동일한 권리를 중심으로 하는 민주적인 평등주의에 기초한다. 명백하건 가장되어 있건 수직 관계는 군대 조직만큼이나 사회 조직에서도 필요한 것 같지만 도시 사회와 실제적인 군대 간에는 눈에 띄게 다른 형태를 보인다. 영어권의 평등주의는 달성되었다기보다는 열망하는 것으로, 피할 수 없는 수직 관계를 잠재우려 하는 최소한의 노력이 보임으로써 한국인의 행동과는 흥미로운 차이를 보인다.

📄 개인

  방향에서 한국과 영어권의 일반화된 차이를 첫 번째로 꼽는 것이 개인간의 대조로서, 이는 서양의 개인주의와 동양의 집단주의로 대변된다. 즉각적으로, 그리고 여기저기서 너무나 단결된 집단으로 유지되고 국한되는 것으로 보이는 개인으로서의 한국인들은 영어권보다 보통 더 단단히 집단 중심, 즉 가족, 종족, 나라의 형태로 유지된다. 한국인 개개인의 가족 관계는 한국인들이 이름을 부르는 걸 보아도 명백하다. 그들은 가족 성을 앞에 두고 개인 이름을 뒤에 둔다. 영어권 사람들은 개인의 이름을 앞에 두고 가족 이름을 나중에 둔다.

  한국 가족 집단의 연대는 '우리는, 우리를, 우리의(심지어 남편이나 부인에게도)' 라는 언어의 사용에 반영된다. 한편 영어권에서는 '나는, 나를, 나의, 내 것' 을 사용하는 것에서 개인주의가 드러난다. 물론 결혼이 여전히 매우 엄격한 한국과, 결혼이 갈수록 일시적이고 연속적으로 비춰지는 영어권에서 대조적인 이혼율을 보이는 것은 말할 것도 없다. 나라와 가족과 개인으로서의 한국인의 관계는 한국인의 주소 기록 방식을 보면 알 수 있다. 한국인들은 나라에서 시작해 지방, 도시, 구, 자택, 가족 순으로 이어지고 개인 이름은 마지막에 기록된다. 하지만 영어권의 편지 주소는 개인의 이름에서 반대 순으로 가족, 집, 구, 도시, 지역 그리고 나라가 끝에 온다. 한국인의 연대감을 보여 주는 또 다른 예는 거의 한국인 절반이 세 가지 성을 쓴다는 사실이다. 즉, 김, 이, 박이다. 반면 영어권의 이름은 수천 가지로 가장 흔한 이름인 '스미스(Smith)'와 '존스(Jones)'마저도 조그마한 가족의 성일 뿐이다.

이런 차이의 또 다른 예는 한국인들이 묘사하는 것이 전체 국가에 모두 해당된다는 자신감으로 '우리 한국인'이라고 말하는 자세이다. 다양한 한국인의 행동에 대해 설명할 때 한국인들은 자주 있는 모습 그대로 단순히 자신들을 단일 민족이라는 사실로 설명을 시도한다. 반면 영어권에서는 전체 국가에 대해 말하려고 하는 경우가 거의 드물지만 한국인과 비교하자면 마구 섞인 가방과도 같다. 즉, 특정한 행동의 원인을 종족과는 다른, 상대적으로 뒤섞인 가방이라는 전체 집단으로 돌린다. 다른 곳보다 한국인들은 단일 민족으로 반만 년 동안 상대적으로 안정되고 지속적인 집단을 유지해 오고 있다. 한국인들은 주요 국가들 중 그 크기 면에서 인구 4,500만 명에 소수민족 3만 명으로, 이는 일본보다 더 혼혈이 적은 집단이다.

개인주의와 집단주의라는 이런 기본적인 대비 때문에 자연스레 한국인은 영어권 사람을 개인주의, 이기주의, 자아 중심주의, 혹은 응집성이나 공동체 정신이 부족한 사람들로 비난한다. 그리고 영어권 사람들은 한국인을 혈연주의, 민족주의, 내성적, 내향적이라며 흠을 잡는다. 비난은 쌍방적이고 동등해서 문화 간의 차이는 실제적이고 대부분의 경우 가치 판단과 방향성의 기본적인 차이를 보여 주는데, 개인이 자신과 자신이 속한 집단과 관련된 책임 소지의 여부를 보면 잘 드러난다.

커플

서로 얼굴을 마주하는 두 사람은 극도의 사랑이나 미움에 대해 상대적으로 강하게 경계하는 작용을 하고 있다. 연인에게나 적에게나 여자들은 보통 대화할 때 서로 얼굴을 마주하지만 남자들은 나란히 앉는다. 나란히 앉아 있는 것은 우정과 안정감이 덜 강한 관계를 보여 준다. 오래된 부부는 행동의 방향이 흡사 낯선 사람과도 비슷하다고들 한다. 한국/영어권 사람들의 차이는 여기에서는 거의 보이지 않지만 한국인들은 서로 얼굴을 더 많이 보지만 영어권 사람들보다는 덜 서로를 응시하는 것 같다.

좁은 통로를 지나가는 남녀가 섞인 무리는 거의 차이가 없어 보인다. 여자들은 서로 등을 돌리고 남자들은 상대방의 얼굴을 본다. 극장이라면 한국인과 영어권 사람들은 앉아 있는 사람 앞을 지나갈 때 그 사람들과 같은 방향을 본다. 앉아 있는 사람에게 등을 보이는 것이 발을 밟는 것보다 차라리 더 낫다고 생각한다. 앞 줄에 있는 사람의 머리에 닿을지도 모르기 때문인 것 같다. 사람들이 걸어오는 상황에서 한국의 연인들은 지나갈 때 서로 더 가까이 있기를 택하지만 영어권 사람들은 보통 일렬 종대로 걷는다. 남녀가 섞여 있다면 남자가 여자를 뒤따른다. 이런 한국인의 패턴은 커플보다 더 큰 집단에도 이어지는데, 가장 심한 경우는 12명의 여중생들이 팔짱을 끼고 거리에서 교통을 막은 걸 본 것이었다. 걷고, 자전거를 타고, 운전할 때, 한국인들은 일렬 종대로 나뉘어지기보다는 나란히 가는 경향을 보인다. 일렬 종대는 영어권에서는 흔한 풍조이다. 이것은 다소 무의식적으로 표출되며 흔히 보여지는 연대감/분리라는 대조의 또 다른 증거가 된다.

서 있기

영어권 사람들은 보통 아주 줄을 잘 서고, 새치기를 하거나 부딪치는 사람들을 못 견뎌 한다. '선착순'은 일상적인 말이다. 한국인들은 보통 기계 앞에서는 줄을 잘 서지만, 사람들이 서비스를 해 주는 창구에서는 줄을 잘 못 선다. 사람이 있는 창구에서 한국인들은 관행처럼 줄 여기저기서 특히 앞줄로 교묘히 들어간다. 그래서 매우 붐비는 경향이 있다. 줄을 설 때 한국인들은 때론 많은 수의 친구들을 잘 끌어들이는 것 같다. 가끔은 여러 그룹 때문에 줄이 망가지기도 한다. 영어권 사람들은 줄을 못 선 한두 명의 친구를 위해서는 당연히 표를 사 주겠지만 여러 명을 위해서는 좀처럼 줄을 맡아 주지 않는다. 이런 한국인의 행동은, 한국인들이 자신이 개인적으로 아는 사람들을 대하는 것과는 정반대로 낯선 사람에게는 상대적으로 보통 무관심하게 대하는 것을 반영해 주는 것 같다.

보행

한국인과 영어권 사람 사이에 흔하게 발견되는 가장 흥미로운 차이점은 두 집단이 걸을 때의 행동이다. 캐나다에서 괌에 이르는 영어권의 절반이 오른쪽으로 운전하고 걷는다. 아일랜드에서 홍콩에 이르는 나머지 절반은 왼쪽으로 운전하고 걷는다. 어느 국가를 선택하든 영어권 사람들은 똑같은 쪽에서 운전하고 걷는다. 한편 한국인들은 오른쪽에서 운전하고 대부분 왼쪽으로 걷는다. 한국에서 걷는 방향 표시로 페인트 칠 된 화살표는 일관성이 없다. 지하철과 박물관의 화살표는 종종 "왼쪽으로 걸으세요"라고 되어 있지만 거리 건널목의 표시는 "오른쪽으로 걸으세요"라고 보통 표시되어 있다. 어떤 관찰자들은 한국인들이 어느 쪽으로 걷느냐에 대한 의무감이 없어서 원하는 대로 보도에서 왼쪽이나 오른쪽으로 걷는다고 말한다. 이것은 영어권 사람들이 가벼운 비판의 말을 하게 하는 원인이다. 왜냐하면 운전할 때나 걸을 때 잘못된 방향으로 지나가면 방향을 잘못 잡았다거나 타인의 영역을 침범했다고 여겨지기 때문이다.

한국인들과 오른쪽으로 운전하는 영어권 사람들은 보통 왼편으로 향한다. 영어권 사람들은 걸을 때 자연스럽게 운전하는 쪽을 유지하려고 할 것이지만 한국인은 걸을 때 양쪽으로 다 기우는 경향이 있다. 이것은 영어권 사람이 예상하지 못한 것이어서 당황하게 만든다. 걸을 때나 운전할 때, 한국인들은 보통 통로 질서가 영어권 사람들만큼 잘 갖춰져 있지 못하다. 운전할 때 보행자 횡단보도를 무시하기도 한다. 그러므로 한국인들은 영어권에서 건널목을 건너기 전에 차가 멈출 때까지 기다리고, 영어권 사람들은 한국에서 건널목을 건너기 전에 차가 없는지 확인하고 건너는 것이 바람직하다.

문

영어권의 개인 주택과 아파트의 문은 보통 안쪽으로 열리지만 한국은 반대다. 영어권의 공공 건물의 문은 바깥쪽으로 열리지만 한국은 종종 반대이다. 바깥으로 열리는 문이 들어가기가 더 힘들고, 또한 열리는 쪽의 복도나 통로를 방해할 수 있는 것은 명확한 논리이다. 안으로 열리는 문은 들어가기가 쉽고 복도나 통로를 방해하지는 않는다. 공공 건물의 문이 안으로 열리게 되면 화재의 위험이 있을 경우 문가에 사람만 잔뜩 모이게 되고, 한편 바깥으로 열리는 문이 잠겨 있지 않다면 사람들이 힘을 합쳐 부딪치면 열 수 있을 것이다. 논리는 모든 문이 통로나 복도에 통행을 방해하지 않는 한 바깥으로 열려야 하고 많은 수의 사람이 사용하지 않게 해야 한다는 것이다. 모든 외부의 문은 통행량이 많지 않으면 바깥으로 열려야 하고, 내부의 문은 안으로 열려 복도의 좁은 공간이 혼잡해지지 않게 해야 한다. 많은 수의 사람이 사용하는 모든 문은 아마도 바깥으로 열려야 할 것이다.

공공 건물은 보통 사람들이 동시에 나가고 들어올 수 있게 이중 문으로 되어 있다. 영어권의 공공 건물의 문은 보통 양쪽에서 열리지만 한국인들은 바깥에서 보이는 문의 왼쪽이 열린다. 이것은 출입을 어느 정도 제한하지만 왼쪽으로 들어가는 한국인들을 위한 것이다. 영어권 사람들은 보통 출입문이 오른쪽인데 오른쪽이 종종 잠겨 있는 것을 보고 좌절하게 된다.

방이나 승강기, 기차, 버스에서 나오는 사람들과 문으로 다가서는 사람들이 동시에 있을 때 영어권의 예절은 떠나는 사람에게 공간을 양보하는 것이다. 떠나는 사람들이 도착하는 사람들을 위해 내부의 공간이나 자리를 비워 줄 것이라는 가정이나 논리 때문인 것 같다. 한국인들에게 이러한 양보 패턴은 확실히 더 부족한 것 같다. 문에 사람들이 몰리는 경우는 거의 없지만 지하철 문에서는 종종 발생하는데, 떠나려는 사람들을 밀고 종종 도착한 사람들이 별로 없는 자리를 차지하려고 들어온다. 이러한 상황은 충분히 가능한 습관이지만 우리가 집중하고 있는 계층의 행동이 아닐 것이다.

우리가 논하고 있는 계층의 구성원이 아닐 수 있지만, 어떤 한국인들은 전철이나 승강기를 다른 사람들이 문을 빠져 나가기도 전에 타려고 한다. 대부분의 영어권 사람들은 나가는 사람이 떠날 때까지 기다린다. 그리고 자리를 차지하려고 다투듯이 들어가는 것을 품격이 떨어지는 것으로 여긴다. 특히 남자들이 여자에게 자리를 양보하지 않을 때 그렇다. 두 문화권 내에서 여자들을 다른 위치로 놓고 보는 것은 다음과 같은 일을 생기게 한다. 한 여자가 어린 아이를 데리고 기차에 들어선다. 영어권 남자는 그녀에게 자신의 자리를 양보한다. 그녀는 아이를 자리에 앉히고 자신은 그냥 서 있는다. 한 부부가 들어온다. 영어권 남자는 자신의 자리를 여자에게 양보하지만 남자가 그 자리를 차지하고 여자는 서게 둔다. 만약 영어권 사람들에게 영향을 미치는 규칙이 여자, 아이들, 노약자 혹은 짐을 든 사람 순으로 자리를 내어 준다면, 한국인의 규칙은 성보다는 나이를 중요한 요소라고 생각하는 것 같다. 물론 많은 한국과 영어권의 젊은이들은 '나 먼저'라는 규칙을 따르는 것 같다. 그래서 여자, 심지어 임산부, 노약자가 있어도 종종 자는 척하면서 자리를 지킨다. 아마도 이런 젊은이들은 우리가 보통 묘사하고 있는 계층의 사람들이 아닐 것이다.

연공 서열

한국과 영어권에 가장 만연한 방향의 차이는 나이에 따른 체계의 중요성이다. 한국은 보통 세상에서 가장 유교적인 나라로 그려진다. 발생지인 중국보다도 더 유교적이다. 더 정확하게 말하자면, 한국 사람은 세상에서 가장 신유교주의적인 국가이다. 신유교주의는 원래 유교의 충성과 복종의 5가지 관계(군신, 주종, 부부, 부자, 붕우)에 장자권, 조상 숭배, 부가적인 위계 질서를 추가한 것이다. 이것은 젊은이보다는 노인, 여자보다는 남자를 더 유력하게 키웠다.

젊은이보다 나이든 사람을 우선하는 것은 단순히 부모/자식 관계를 반영하는 차원에서 영어권 사람들과 크게 공유된다. 한국인에게 이는 더 구체적으로 신유교주의에서 비롯되었다. 신유교주의는 연장자들에 대해 모든 손아랫사람들의 충성과 복종을 요구한다. 아들은 아버지에게 복종하고, 아버지는 할아버지에게 복종한다. 이러한 차이는 한국인의 삶을 관통한다. 나이는 남녀의 성이나 젊음을 뛰어넘어 한국 회사에서 일하는 영어권 사람들의 말에 따르면 경쟁보다도 종종 우선시된다. 한국인 경쟁자 간에 동점이 나올 경우 보통은 나이가 더 많은 쪽에 손을 들어준다. 한국인들 사이에 노년은 낭만적으로 그려지는 경향이 있지만 영어권의 '황혼기'라는 언급은 최소한 반어적으로 해석되진 않는다.

젊은이나 장년층조차 나이가 그들에게 가져다 주는 인정된 권위에서 이득을 취하려고 자기 실제 나이를 속이는 경우가 있다. 반면 영어권의 젊은이들은 보통 운전이나 담배/술을 사거나 합법적인 나이 제한으로 통제되는 활동을 하려고 단지 21살로만 속이는 일 외에 나이를 속이는 일은 없다. 영어권의 모든 남녀는 나이를 단지 21살로만 속이는 것 같다. 거의 모든 영어권 사람들이 나이를 속이는 경우는 여자가 좀 더 심각한데, 29살을 넘겼는데 29살이라고 한다거나 남자들은 39살이라고 하는 열 살 터울을 넘어설 때인데, 젊음이 아직 그들을 떠나지 않았다는 것을 말하고 싶은 마음에서다. 영어권의 사람들은 보통 젊음을 낭만적으로 생각하여 나이는 점점 손해를 가져다 주는 요소로 여긴다. 한국인들은 봄보다 가을을 좋아하고 영어권 사람들은 가을보다 봄을 더 좋아한다고들 한다. 하지만 이것은 한국에서는 우기인 7월과 가장 더운 날씨를 자랑하는 8월 때문에 가을이 되면 상당한 여유가 생기기 때문인 것 같다.

나이는 한국에서 모두 중요한 것 같다. 그렇다고 영어권 사회에서 중요하지 않다고 말하는 것은 아니다. 영어권에서도 부모들은 여전히 아이를 통제하고 남편이 대부분 아내를 통제하지만 한국의 연공은 영어권 사람들 사이에서 발견되는 것을 초월해 형제간에도 서얼이 매겨진다. 세상에서 가장 유교적인 나라에서 사회 조화를 중시하는 일반적인 신유교주의는 영어권 문화에서 장려되는 능력이나 생산성이라는 좀 더 객관적인 능력 위주보다는 조직/판단의 도구로서 사업에서도 '나이'를 그 기준으로 택했다. 한국에서 일하는 영어권 사람들은 승진이 능력이나 생산성보다는 나이에 따라 더 많이 이루어진다는 사실을 보고하고 또 비난한다. 한국인이 선배를 비판하기를 주저하는 것은 영어권보다 더 강하다. 왜냐하면 아무도 회사 사장의 실수를 꼬집어내고 싶어하지 않기 때문이다.

인생의 모든 단계에서 한국의 주니어는 시니어의 바람을 존중하고 따른다. 젊은 엄마들은 연장자와 부모님들 앞에서 아이에 대한 사랑을 보통 표현하지 않는다. 젊은이들은 높은 사람 앞에서 먹거나 담배를 피우면 안 되고 때로는 안경도 벗어야 한다. 이러한 부분은 당연히 자랑을 금하는 겸손의 일반적인 요구 때문이다. 물론 나이는 자식/부모라는 관계의 지속선상에서 사회의 자연스러운 질서를 형성한다. 하지만 영어권 국가에서보다 한국에서 더 큰 부담이 된다. 예를 들어 한국에서는 종종 대화하는 상대방의 나이를 알아야 한다. 영어는 그러한 구분이 '응'과 '네'라고 답하는 차이와 같이 별로 남아 있지 않지만, 한국어는 여러 면에서 언어에도 유교가 녹아 있다. 일례로, 영어는 형제와 자매에 대해 중립적인 명사를 쓴다. 반면 한국어는 나이에 따라 형제 자매를 구분한다. 수직적인 질서를 상기시키는 모든 언어적인 형태가 왜 한국인들이 영어권 사람들의 나이를 그렇게나 알고 싶어하는지를 설명해 줄 것이다. 그리고 한국에서의 적은 나이 차이는 존경의 차이를 가져온다. 한국인들에게 우위는 며칠 먼저인지, 심지어 쌍둥이 중 누가 먼저 태어났는지도 문제가 되는데 나이가 많고 적음을 분리하여 질서를 잡는 데 사용한다.

전통적으로 한국인들은 나이에 우위를 인정한다. 하지만 많은 이들이 지금은 옛 질서가 사라져 일부 젊은이들의 존경심 부족을 개탄한다. 경쟁이 일상적인 행동에서 나이가 기초가 되는 질서와 계급을 어느 정도까지 바꾸고 있기 때문인 것 같다. 예를 들어, 지하철이나 버스에서 자리를 잡는 젊은이들은 공손하다기보다는 경쟁적이다. 가끔은 젊은이들이 아주 늙은 사람들이나 임신했거나 아이가 있는 여인들에게 자리를 내어 주기도 하지만 말이다. 하지만 영어권 사람들에게서도 거의 비슷한 빈도수로 일어나는 일인 것 같다. 두 문화권의 이러한 행동은 작은 마을로부터 크고 비인간적인 도시로 대거 이동하는데, 도시에서는 상대적으로 정중하지 못한 행동도 그 결과를 더 쉽게 피해갈 수 있다.

보통 한국 사회만큼이나 영어권 사회에서도 나이가 주로 사회 질서를 잡아 주는 것이라는 점을 알게 되면, 피상적으로 보았을 때보단 충격을 덜 받을 것이다. 하지만 영어권에서는 나이가 적은 사람이 중심이다. '먼저 혼자 나중 된다' 는 속담에도 보이듯이 노동자가 해고 당해야 하는 상황에서 주로 적용되는 규칙이다. 인력 시장에서는 나이 든 사람이 젊은 사람보다 더 비싸기 때문에 현재 서서히 사라지고 있고, 사실 재임 자격은 나이가 들어감에 따라 줄어든다. 인력 축소는 최근 높은 임금을 받는, 특히 나이 든 직장인에게 충격을 주고 있지만 영어권 환경에서 중요한 결정 요소로 연공을 영구히 없앨 것 같지는 않다. 한국과 마찬가지로 현재 영어권 환경에서도 전통적인 위계 질서는 더 치열한 경쟁에 그 자리를 내어 주고 있다.

서서히 변화하지만 연공 서열은 한국에서 여전히 매우 중요하고 영어권 국가에서는 눈에 띄게 덜 중요하다. 예를 들어, 한국에서 근무하는 영어권 사람들은 한국 회사의 승진이 영어권 국가에서보다 나이에 더 많은 존중을 두어 능력이나 생산성보다 연령에 따라 이루어짐을 불평한다. 이것은 일반적으로 위계 질서를 지키는 한국이 보다 평등한 영어권의 사회 질서와 대비되는 또 다른 면이다. 물론 모든 사회 조직은 어느 정도의 위계 질서를 요하지만 적용되는 엄격한 정도는 한국인들과 영어권 사람들 간에 크게 다르다.

숙녀부터

'나이 든 사람부터'라는 영어권의 흔한 표현은 또한 젊은이들이 나이 든 사람을 존중해야 함을 시사한다. 하지만 영어권 사람들은 또한 '숙녀와 아이부터'라는 규칙을 따른다. 아마도 약한 사람이 먼저이고 힘으로 보호되어야 한다는 상황의 논리 때문일 것이다. 하지만 그렇다고 해서 항상 지켜지는 것은 아니다. 영어권 사람은 '숙녀와 아이부터'라는 규칙을 따르지만 한국인은 '남자 먼저'라는 규칙을 따른다는 한국인과 영어권 사람 간의 주요한 방향의 차이가 있다. 자주 듣는 농담 중에, 어느 영어권 사람이 전쟁 전에 한 한국 남자가 자신은 노새의 등에 타고 부인은 몇 미터 뒤에서 걸어서 오는 모습을 목격하고 황당했다는 기록이 있다. 전쟁 이후 그 영어권 사람이 그 똑같은 부부를 다시 보았는데 그 한국 남자는 여전히 노새 등에 타고 부인은 앞에서 걸어가고 있었다. 그 영어권 사람이 이제 '숙녀부터'의 문화로 바뀌었냐며 그 한국 남자를 치하했는데, 그 대답은 변한 건 없지만 다만 전쟁 이후로 지뢰가 묻혀 있어서 그렇다고 대답했다. 이 이야기는 확실히 전거가 의심스럽고 과장되게 웃기려고 한 이야기인 것 같지만 이 이야기의 요점은 가장 신유교적인 국가인 한국은 '남자들의 천국'이라고 해도 과언이 아니라는 것이다. 한국 남자들은 먼저 걷고, 먼저 앉고, 먼저 먹고, 태어나면서 죽을 때까지 가능한 모든 면에서 여자보다 나은 대접을 받는다.

영어권 사람들이 붐비는 군중 틈을 비집고 지나가는 경우처럼 길이 명확하지 않은 경우를 제외하고 '숙녀나 아이부터'라는 규칙을 따르고, 한국인들은 '남자 먼저' 그리고 여자와 아이들이라는 규칙을 따른다. 하지만 한국인과 영어권 사람들 대부분이 공간이 허락된다면 이제는 나란히 걸으려고 한다. 나란히 걸을 때, 영어권 남자들은 아이와 여자들은 안쪽에 두고 자신이 바깥쪽에서 걷는다. 중세시대에 더 깨끗하고 더 안전한 장소인 '벽 쪽 자리를 양보한다'는 기억 때문인 것 같다.

비행기나 기차에서 창가 쪽 자리를 주거나 앉게 할 때, 또는 우산을 받쳐들 때와 같은 조그마한 호의를 베풀 수 있는 상황에서도 한국인들은 남자들에게 더 우호적이다. 반면 영어권 사람들은 여자와 아이에게 먼저 우선권을 준다. 한국에서 대중 교통수단을 이용할 때 부부가 들어오면 남자가 앉고 여자는 그 옆에 서는 일이 흔하다. 반면 영어권 사람들은 여자가 앉고 남자가 선다. 한국 여자들은 때로 지하철에 급하게 들어가 없는 자리를 잡아 자기 남자에게 주고 자기는 서 있다. 영어권 사람들에게는 보통 반대의 풍경이 벌어진다. 한국 여자들은 붐비는 지하철에서 빈 자리에 보통 잘 앉지 않고, 나이 든 사람에게나 아이와 동승한 여자들에게 남자보다는 빨리 자리를 양보하는 것이 목격된다. 영어권 남자들은 자신의 자리를 양보하도록 기대되지만, 영어권 여자들은 자리를 지키고 자신의 자리를 제공치 않아도 괜찮다. 자리에 앉은 많은 한국인들과 영어권 사람들이 자리를 양보해야 한다는 기대에 어긋나게 책을 읽는 척하거나 자는 척을 한다. 보통 한국에서는 젊은이들이 어른들에게 자리를 양보하고 영어권에서는 남자들이 여자에게 자리를 양보해야 하는 것이 상례다.

　한국 가족이 유교의 남아, 특히나 장자 선호사상으로 딸보다 아들을 더 좋아하는 것은 가족의 대를 이어야 하고 조상을 숭배해야 하는 이유로, 한국에서는 남자와 여자의 비율이 114:100이라는 놀라운 상황을 낳았다. 보통 인구 분포는 영어권 국가에서는 대부분 거의 반대로 나타난다. 이러한 방향은 부인들이 한국에서 남편의 이름을 취할 수 없는 사실에서도 드러난다. 이것은 영어권 사람들에게 개화하고 진보적인 것으로 비춰질 수 있지만 사실 부인들이 실제로는 남편의 가족에 참여하지 못하고 원래 친정 가족과 친척 구성원으로 남는다는 것을 보여 준다. 이것은 겨우 100년 전, 부인을 단순히 아이를 낳는 기계로 보아 낳지 못할 경우 이혼의 사유로 삼았던 현대식 축소판 종속이라 할 수 있겠다.

　한국에서 남자들은 하늘이고 여자들은 땅이다. 이것은 남자 아이와 여자 아이를 대하는 부모의 태도에서 명확해진다. 부인이 여자 아이를 낳았을 때보다 남자 아이를 낳으면 큰 칭찬을 받고 더 긴 산후조리 기간을 갖는다. 남자 아이는 최대한 좋은 음식, 잠자리, 옷, 사랑, 선물, 장난감, 기념일, 자동차, 교육 등 모든 면에서 더 대접을 받는다. 남자 아이는 버릇이 없다 하고 여자 아이는 심하게 꾸중을 듣는다. 대학 등록금도 여자 아이보다는 남자 아이에게 더 베풀어진다. 영어권에서도 여자 아이보다 남자 아이에게 명백히 더 잘 대접해 주지만 한국인들의 남자 아이에 대한 우호사상만큼은 아니다. 영어권 부모들은 가족이 균형을 맞출 수 있는 한 아이들에게 형평성을 가지고 대하려고 노력한다. 교육에 대해서는 둘 다를 보낼 수 없는 상황이라면 여자 아이보다는 남자 아이를 보통 대학에 보낸다.

이러한 편견의 이유는 약간 다르다. 한국인의 남아 선호사상은 위에서 논의되었고 〈환경〉에서 충분히 더 다루어지겠지만 이것은 신유교주의와 직결된다. 영어권 사람들의 남아 선호는 전통적인 가부장 제도로 가족의 이름을 영속시키고 남자들은 전통적인 가장의 역할을, 여자들은 가정주부의 역할을 하는 바람에서이다. 두 가지 편견은 다 전통적이라는 점에서 비슷한데 다소 빠른 속도로 씨리지고 있지만 둘 다 여전히 관찰되고 있다. 많은 위계 질서의 경우에서처럼 한국인들에게 위계 질서는 더 명확하고, 상대적으로 영어권 사람들에게는 약해지고 위장되었다.

식사 예절

전통적인 식사 예절은 가장 나이든 사람이 먼저 앉고 먼저 먹고 먼저 떠나고, 더 젊은 사람은 앉고 먹고 떠나는 것을 기다려야 한다. 어른이 숟가락을 들면 먹어도 좋다는 신호이다. 젊은이들이 먼저 앉고 먹고 떠나는 것은 어른의 허락을 꼭 받아야 한다. 하지만 한국의 부유층 가정에서는 좀 더 평등한 관습이 도래해서 가족들은 아주 아이 중심적이며 아이들은 다소 고삐가 풀려 그 결과 명백한 허락을 구하지 않고도 어른들보다 먼저 앉고 먹고 떠난다. 이것은 현재 한국인들에 전통적인 신유교주의가 일반적으로 느슨해지는 일면을 보여 주는 것뿐이다.

영어권의 식사 예절은 아이와 여자가 먼저 앉아 대접 받고 먼저 일어서게 한다. 안주인이 포크를 들면 그것이 식사의 시작을 알리는 신호이다. 하지만 영어권의 부유층 가정에서도 좀 더 평등한 관습이 도래하고 가족들은 아주 아이 중심적이어서 아이들은 다소 고삐가 풀려 그 결과 아이들이 명백한 허락을 구하지도 않고 어른들보다 먼저 앉아 먹고 떠난다. 이것은 현재 영어권 사람들의 전통적인 위계 질서가 일반적으로 느슨해지는 일면을 보여 준 것뿐이다. 어떤 사람들은 모든 예의범절이 사라지고 있다고 생각한다.

전통적인 한국 식사 예절은 손님들은 북쪽에 등을 대고 앉고 남자 주인은 서쪽으로 등을 둔다. 여자들은 보통 초대받은 것이 아니라서 앉지 못하고 손님 대접을 하는데, 이 풍경은 아직도 흔히 벌어지는 풍경이다. 현대 한국인들은 식탁에 여자들도 같이 하지만 보통 손님 대접을 여전히 계속한다. 공식적인 만찬에서 한국인 부부는 함께 앉고 주빈은 전통적으로 온돌의 가장 따뜻한 쪽에, 현재는 가장 편안한 자리에 앉게 되고, 주빈으로부터 덜 중요한 손님들이 점차적으로 주빈 맞은 편에 앉은 주인 부부 쪽으로 앉는다. 한국의 정식 차림은 국을 오른쪽에 밥을 왼쪽에 두고 제사 시에는 반대로 둔다. 숟가락과 젓가락은 밥의 오른쪽에 둔다. 마실 것은 밥 위 오른쪽에 둔다.

전통적인 영어권 식사 예절은 주빈이 테이블 한쪽 끝에 앉은 안주인의 오른쪽에 앉고, 주빈의 부인은 맞은편 끝에 앉은 남자 주인의 오른쪽에 앉는다. 두 번째로 중요한 손님은 안주인의 왼편에, 그 부인은 맞은편의 남자 주인의 왼편에, 그런 식으로 테이블 아래로 진행되는데 가능한 남자와 그 부인은 멀리 앉는다. 테이블 자체의 방향은 그다지 중요하지 않다. 이러한 행동은 정식 만찬에서 여전히 행해진다. 영어권의 정식 차림은 큰 접시 위에 왼쪽으로 포크와 나이프를, 오른쪽에 스푼을 둔다. 마실 것은 나이프와 스푼 오른쪽 위에 둔다.

비록 이 관습이 현대 도시 계획과 건축의 영향으로 '풍수 지리' 사상의 다른 면들과 함께 사라지고 있는 것 같지만 한국인들은 전통적으로 머리를 동쪽에 두고 자려 한다.

성의 방향

방향의 또 다른 면은 성의 분리로서 두 문화 모두에서 발견되지만, 공중 화장실의 예를 제외하고 영어권 문화에서보다 한국 문화에서 더 자주 발견된다. 옛날 한국에서 부인들은 남편들 뒤에서 몇 발자국 물러나 걸었고 남편의 사회적인 삶에 관여해서는 안 되었다. 그리고 사회 생활도 남자들에게만 국한되었다. 하지만 오늘날에도 한국 부인들이 남편을 따라 사교 행사에 가는 것을 종종 어색해하고, 남자들은 보통 부인들보다 더 크고 자유로운 사회 생활을 즐긴다. 이러한 분리는 교육에만 국한된 것이 아니다. 학교에서의 성의 분리는 한국에서 아직도 널리 퍼져 있다. 하지만 영어권 문화에서는 그 마지막 보루도 사라지고 있다.

영어권 사람들에게 남녀 공학은 학교와 사교 행사에서 표준이다. 성은 초등이나 중등 학교에서 자유롭게 혼합된다. 대학의 혼합 기숙사는 현재 어느 정도 단계를 거치고 있지만 표준이 되어가고 있다. 일부 사람들은 이것이 성도덕과 건강에 위협을 가한다고도 한다. 한국의 학생들은 아주 저학년에서 혼합되어 7살이 되면 나뉘어지고 중학교와 고등학교에서는 남녀 공학이 많지 않다. 한국 대학들은 거의 기숙사 시설이 없지만 대학들은 조심스럽게 여전히 남녀를 분리해 놓았다. 영어권 규정은 민주적인 평등을 반영한다. 만약 남녀 공학의 가정이 없다면 아마 비현실적일 것이다. 한편 천천히 변하고는 있지만 한국의 규범은 보수적이며 오히려 이성적이라 할 수 있는 문제나 성의 문제와 관련이 있는데, 이는 여자가 일반적으로 하위에 있는 신유교주의적 위계 질서를 반영한다.

이러한 복종은 남자가 먼저 가고 먼저 앉고 먼저 먹는, 일반적으로 더 우호적인 대우를 받는 남자들의 행동의 우선권이라는 결과를 낳는다. 반면 이것은 영어권 군중 속을 지나갈 때 길을 내어 주는 예외적인 경우를 제외하고는 남자가 뒤따라가는 '숙녀부터'라는 이상주의와는 다소 뚜렷하게 대조를 이룬다. 영어권 사람들은 여전히 여자를 위해서 문을 열고, 의자를 당겨 주고, 코트를 들어 준다. 한국인들에게 있어서 이러한 서비스는 남자가 여자에게 하기보다는 여자들이 남자들을 위해서 하는 경향이 있다. 이러한 대조는 한국 남자들이, 영어권 남자들은 공처가에 요리나 집안일이나 아이 돌보기, 그리고 부인이나 여자에게 음식을 대접하는 것과 같은 '여자가 할 일'이나 하는 자존심이 없는 사람들이라고 비난하는 점에서 보면 실제임을 알 수 있다.

성의 분리는 부인과 남편이 함께 파티에 오는 변화된 한국인들의 사회 생활에까지 확장된다. 과거에는 부부동반이 없었다. 하지만 두 성은 어떤 특별한 방향이 없이도 조용히 나뉘어져서 재빨리 두 그룹을 형성한다. 이 두 그룹은 서로 관여도 하지만 내부분은 수로 나뉘어져 있다. 비슷한 타입의 영어권 파티는 두 성이 부엌에서조차 행사 내내 섞여 있는 걸 볼 수 있다. 영어권 남자들은 요리를 자주 하지만 한국 남자들은 그것을 엄격하게 여자의 일이라고 생각한다. 영어권 남자들과 영어권 여자들은 물론 각자의 관심 분야를 공유하는 경우도 있어서 어느 정도의 자기 분리를 가져온다. 하지만 한국의 상황보다는 훨씬 덜하다. 식사할 때도 영어권은 만찬에서 남녀가 아주 잘 섞여 있지만, 상대적으로 한국인은 만찬에서 남자와 여자가 이쪽 저쪽으로 분리되는 경우가 많다. 물론 커플이 나란히 앉아야 하는 공식석상을 제외하고는 말이다. 이러한 분리나 혼합의 행동 양식은 한국인의 위계 질서와 영어권의 상대적인 평등주의의 또 다른 신호이다.

한국의 사무실에서는 상사가 부하들 앞이 아닌 뒤에 있고, 교실 같은 분위기로 여자들이 여전히 커피나 차를 탄다. 영어권의 사무실에서는 종종 상사는 분리된 사무실에 있거나 분리대로 나뉘어져 있고 여자들은 여전히 커피를 탄다. 집에서 여자들은 여전히 요리하고 대접하고 식사

시에 남자들과 같이 하려고 하지 않는다. 한국 부인들은 여전히 남편이 옷 입는 것과 벗는 것을 도와 준다. 이런 것을 영어권 사람들은 불평등이라고 생각한다. 비록 영어권 커플들이 서로 옷 벗는 것은 기꺼이 도와주려 하지만 말이다.

하지만 두 문화에서 여자들은 직장에서 남자들과 함께 일하기 때문에 여자들은 또 다른 감투를 쓴 것처럼 보인다. 바깥일 말고도 아이 양육이나 집안 살림, 집안 정리 등의 모든 전통적인 일들을 또 해야 한다. 영어권 남자들은 청소나 요리, 세탁을 더 자주 쉽게 함께 한다. 오래 전의 영어권 남자들처럼 한국 남자들은 설거지를 해 본 적도, 기저귀를 갈아 본적도 없다고 자랑하곤 한다. 한국 여자들이 남자들에게 종속되는 것은 너무나 눈에 띄어서 영어권 사람들은 그것을 종종 무례하고 심지어 학대라고까지 생각한다. 예를 들어, 한국 남자들은 여자를 위해서 문을 열어 주는 것은 고사하고 자신이 먼저 지나가면서 문조차 잡아 주지 않는다. 그들은 여자를 위해서 차문을 열어 주지도, 의자를 당겨 주지도, 짐을 들어 주지도 않으며 '숙녀부터' 라는 제스처를 어느 것 하나 취하지 않는다. '숙녀부터' 가 영어권 남자들이 여자들에 대해 여전히 가지고 있는 종속적인 관계를 가장하고 있지만 말이다.

한국과 대비되는 영어권 남자와 여자들의 더 큰 동등함이 낳은 효과는 예측 가능하다. 한국 여자들은 영어권의 동등한 제스처를 더 높이 살 것이고, 한국 남자들은 이구동성으로 영어권 남자들이 남자답지 못하고 변변치 못한 공처가라고 생각할 것이다. 싫든 좋든 영어권 남자들은 여전히 여자들을 보통 지배하고 있고, 여자들이 동등한 제스처라도 취하면, 한국 남자들은 선을 지키지 못한다거나 여자가 참하지 못하다는 인상을 받는다. 하지만 싫든 좋든 이것은 사실이 아니다. 그리고 한국 남자들의 지배로 대조가 되어 보이는 것뿐이다. 차례로 영어권 여자들에게는 물론이고 영어권 남자들에게도 한국 남자는 심한 마초(터프가이)로 보인다.

통행

한국에서는 걸을 때나 운전할 때 추월한다거나 단순히 차에 오르면서도 사소한 싸움이 벌어지는 걸 비슷한 영어권 상황에서보다 더 많이 보게 된다. 한국인들은 보행자나 운전자나 상대적으로 공격적인데, 걸을 때나 운전할 때 너무 자주 부딪치는 군중들 때문에 이런 행동이 필요하다고 변명한다. 그들은 일반적으로 재촉하는 것처럼 보이고 아마 그럴 것이다. 이런 종류의 경쟁은 영어권에서는 아주 큰 대도시의 중심부에서만 발견된다. 그곳에서의 사람 수에 의한 압력은 한국의 훨씬 더 작은 도시에서 발견되는 것과 흡사하다. 한국의 일반적인 경향은 운전할 때 새치기를 하는가 하면 지름길로 가려고 저돌적으로 들어온다. 이것도 아마 우리가 관심 있는 계층의 전형적인 모습은 아닐 것이다. 끼어들기는 한국에서 운전할 때 빚어지는 문제의 절반을 차지하는데, 끼어든 후에는 손으로 고마움을 표시하는 일종의 예의 범절이 있다. 그렇게 손을 흔드는 것만으로 뒤쳐진 운전자들에게 적절한 보상이 되는 것 같지는 않지만 말이다. 끼어들기의 무례한 운전 습관의 양상은 영어권 내에서는 잘 알려지지 않은 모습으로 비교적 많지 않고 더 높은 저항과 처벌이 수반된다. 운전하는 양상은 보통 계층에 따라 다른 것 같다.

   한국인들은 또한 비행기나 기차, 버스 등 모든 종류의 줄을 설 때 마치 중요한 약속에 늦기라도 한 듯 급하게 서두르는 것 같다. 이런 분주함은 분명히 소용이 없는 상황에서도 계속되고 역효과를 내서 전체적인 움직임을 느리게 하는 상황에서조차 계속된다. 이런 행동에 영향을 주는 것은 아마도 한국인이 개인적으로 잘 모르는 낯선 사람에게는 무관심하게 행동하는 것에서 비롯되는 것 같다. 영어권 사람들은 자신들이 잘 아는 사람이거나 모르는 낯선 사람이거나 간에 상대적으로 동등하게 대하는 것 같다. 이것은 결국 단순히 많은 숫자 때문일 수 있겠다. 사람이 너무 많으면 낯선 사람들은 다른 사람들이 달성하고자 하는 목표에 걸림돌이 될 수 있기 때문이다.

결혼 여부

   한국 생활에서 위계 질서의 또 다른 측면은 결혼이 개인의 사회적 위치를 향상시켜 준다는 것이다. 어떤 면에서 영어권에서도 결혼 자체를 독신 상태보다 더 높이 대우한다. 이것 역시 영어권 사람들에게는 훨씬 중요성이나 의미가 덜하다. 한국 독신남들은 기혼 남성들보다 회사 내의 승진이 더디다고들 한다. 결혼 여부는 이런 상황에서 영어권 사람들에게는 전적으로 무시되는 경향이 있다. 능력이나 생산성이 더 중요하다. 동등한 일에 동등한 임금은 영어권의 일반적인 슬로건이고 그것은 나이와 성, 기혼 등에도 똑같이 적용된다. 물론 모든 연령에서, 그리고 거의 모든 사회 위치에서 여자보다 남성을 가장으로서 더 우위에 두는 것은 일반적이다. 비록 이러한 상황도 직장 내 여성 인력의 향상과 성차별 금지법에 의해 서서히 변화되고 있지만 말이다.

한국인들과 영어권 사람들의 사회적 위치와 권력은 그 개인의 직업적인 위치, 학력 정도, 부, 태생, 재능, 외모로 결정된다 제퍼슨(Jefferson)의 탄생, 부, 지능, 능력, 외모라는 계층 체제는 상대적으로 일반적인 것 같다. 두 문화권 내에서의 사회적 위치는 졸업한 대학의 위치로 반영되는 개인의 교육 정도와 특히 연관이 있다. 어떤 영어권에서는 고등학교도 중요한 요소라고 한다. 하지만 한국의 사회적 서열 차이는 개인의 유치원까지 기준이 된다고들 한다. 이것은 대부분의 영어권에서는 별로 중요하지 않은 것 같다.

4장 바라보기

《 보더라도 노려보진 마세요!

여기서는 다루지 않겠지만 우리는 얼굴 표정이 보통 눈에 의해 만들어진다고 생각하는데 실제로는 눈 주위 부분 때문에 얼굴 표정이 생기는 것이다. 이것은 다음 장 〈얼굴 제스처〉에서 다룰 것이다. 여기에서는 눈의 마주침이나 회피 같은 중요한 주제를 포함하여 응시하는 방향에 초점을 둘 것이다. 물론 눈은 비언어적인 의사 소통을 수용하는 가장 중요한 감각이다. 만약 눈을 아주 가까이에서 관찰할 수 있다면 비언어적인 의사 소통을 할 수 있는 풍부한 수단이 있음을 알 수 있을 것이다.

눈은 초점을 맞춘 대상을 문자 그대로 표현하는 역할을 한다. 우리가 대화를 나눌 때 누군가 벽시계나 손목시계를 쳐다본다면, 그건 아마 상대방이 초조해하거나 지루해하고 있음을 알아 차릴 수 있다. 우리는 상대방이 머리와 얼굴, 눈으로 가리키는 방향을 읽어내는 데 아주 예민하고 거의 정확하다. 하지만 눈 자체는 거의 전적으로 비표현적이다. 눈동자만이 표현을 한다. 기쁠 때는 확장되고 불쾌할 때는 수축된다. 타인의 눈동자를 읽을 수 있을 만큼 가까운 거리를 허락하는 아랍인들은 이런 확장과 수축을 관찰함으로써 자신이 말하는 것에 상대방이 어떻게 반응하는지 볼 수 있다. 하지만 한국인과 영어권의 근접공간학을 고려할 때 아주 친밀한 사이에서만 가까이 눈동자를 볼 수 있다.

사람의 시선은 물체에 초점을 맞춘 응시자의 감정이나 태도를 직접적으로 말해 주지는 않는다. 하지만 응시자가 어디를 언제 얼마나 오랫동안 주시하는지를 통해 간접적으로 응시자의 감정이나 태도를 판단할 수 있다. 그것은 하나나 더 많은 대상에 대한 크고 작은 감정과 관심의 표현을 나타내며, 관심의 표현으로서의 감정이나 태도를 보여 준다. 전화번호부를 바라보느라 미간을 좁히는 사람은 단순히 조그마한 활자를 읽으려고 집중하는 것일 것이다. 같은 사람이 방에서 지나가는 사람을 향해 미간을 좁힌다면 아마도 그는 단순히 근시이거나, 초점을 맞추고 있거나, 혹은 상대방에게 화가 났거나 의심스러운 눈초리를 보내는 것일 수 있다.

물론 여느 다른 의사 소통의 방식처럼 바라보는 것도 거짓말을 할 수 있다. 어떤 사람이 한 사물을 마주하고 있어도 곁눈질로는 또 다른 것을 쳐다보고 있을 수 있다. 하지만 다른 의사 소통 방식처럼 바라보는 것은 종종 진실을 말한다. 운전자가 다른 운전자를 보지 않는 척 앞을 보고 운전하면서도 곁눈질로 계속 옆의 통행을 지켜보는 것처럼 말이다. 다른 운전자들은 그에게 우선권을 줄 것이지만 그가 그들 모르게 곁눈질하는 것은, 다른 운전자들이 그에게 우선권을 주지 않을 경우의 충돌을 대비하게 한다. 자신의 눈 앞에 책을 잡고 있는 사람이 있다면 그 사람이 책을 읽고 있다고 생각할 수 있지만, 책이 거꾸로 들려 있다면 그는 단지 책을 읽는 척하고 있는 것이다.

눈 마주침

한국인들과 영어권 사람들 간의 중요한 문화 차이는 눈의 마주침과 관계가 있다. 한국인들은 영어권 사람들이 눈을 너무 자주 맞춰서 그들이 자신들을 노려보고 심문하는 것 같다거나 겁을 준다고 종종 말한다. 영어권 사람들은 반대로 한국인들이 충분히 눈을 마주치지 않아서 저항이나 거부, 부주의나 흥미가 없음을 느끼게 한다고 말한다. 보통 한국인들과 영어권 사람들이 너무 많이 그리고 너무 적게 눈을 마주치는 것에 대해 직접적으로 불평을 하면, 우리는 이것이 순전히 문화적 차이에서 비롯된 것이라고 설명을 해야 할 입장이다.

눈 마주침은 영어권 사람들에게는 보통 개방적이고 진지하며 정직하고, 주의를 기울이거나 관심을 가지는 것이며 또한 자신감이 있는 것으로 해석된다. 눈을 마주칠 때 자주 움직인다거나 피하는 것은 폐쇄적이고, 성의 없고, 부정하고, 주의 깊지 못하고, 관심이 없으며 자신감이 부족한 것으로 해석된다. 눈의 마주침은 특히나 상사와 어른, 여자가 남자에게 눈을 마주치는 것이 보통 한국인들에게는 간섭적이고, 예의 없고, 무례하고, 공격적인 것으로 해석된다. 그래서 영어권 사람들이 한국인들에게 공격적이고 간섭하는 것으로 보이는 한편, 한국인들이 영어권 사람들에게는 소심하고 주의 깊지 않으며 저항적이거나 그들에게 관심이 없는 것처럼 보인다. 각각은 단순히 관례에 따른 중립적이고 예의 바른 눈 마주침을 하는 상황인데도 말이다.

각 집단의 중립적인 눈 마주침의 양상을 한 가지 설명으로 시작하면 될 듯하다. 한국인들은 오래 눈을 마주치면 참견을 한다거나 예의가 없다고 생각해서 영어권 사람들보다 눈을 더 낮추거나 눈을 더 빨리 돌려 버린다. 영어권 사람들도 노려 보는 것에 분개한다. 영어권 사람들은 노려 보는 것을 한국인들보다 더 길게 보는 것 같다. 한국인들은 오래 지속되는 눈 마주침을 대립적이고 저항적이며 과도하게 캐묻기 좋아하는 것으로 해석한다. 심지어는 성적이고 달갑지 않은 말을 하고 있다고까지 생각한다. 물론 한국인들도 눈을 마주치지만 영어권 사람들보다 더 짧고 더 흘려 보내는 특징이 있다.

영어권 사람들은 눈 마주침을, 심지어 아주 지속적인 눈 마주침을 진지함과 정직, 주의 깊음, 관심 등의 가치를 두어 눈 마주침을 피하는 것을 의문스럽고, 마음이 내키지 않거나 성의 없고, 심지어 부정하다고까지 해석한다. 반면 한국인들은 눈 마주침에 유사한 가치를 두는 것 같지만, 훨씬 더 짧은 눈 마주침을 하고, 눈 마주침이 끊기거나 회피하는 것에 덜 부정적인 가치를 두는 것 같다. 사실상 눈을 아래로 향하는 것은 한국인들에게는 칭찬할 만한 겸손의 신호로 읽혀지는 것 같다. 바라보는 것에 한국인들이 예민하다는 생각은 "앞으로 도둑질할 집을 표시한다"는 뜻의 "강도는 눈의 독으로 집을 오염시킨다"는 속담에서도 찾을 수 있다. 이러한 가치가 진실에 가깝다면 오해의 소지는 상당할 것이다.

도시와 시골

도시 사람들은 조그마한 시골에 사는 사람들보다 눈을 덜 마주친다. 왜냐하면 눈 마주침을 피하는 것에 익숙한 웨이터들의 눈길을 잡으려는 경우처럼 눈 마주침은 인간의 반응을 요하기 때문에 큰 도시에서는 단순히 강압적일 수가 있다. 부딪치는 경우처럼 눈 마주침이 빈번해서 눈을 마주치는 일이 부담이 될 때, 사람들은 눈 마주침을 줄이거나 피하려고 할 것이다. 이것은 무엇보다 작은 마을에서 온 방문객들에게 대도시가 가지고 있는 차갑고 박정해 보이는 많은 요소들 가운데 포함된다. 한국보다는 덜하지만 몇몇 국가의 높은 인구밀도는 똑같은 방식으로 영향을 주고, 한국인들은 보통 더 낮은 인구 밀도에 사는 영어권 사람들보다 눈을 마주치는 정도를 줄인다. 보통 신체 접촉을 잘 하지 않는 영어권 사람들은 타인과의 공식적인 접촉인 악수에 특별히 민감하게 되고, 또한 타인과의 관계를 형성하고 유지할 때 눈의 마주침과 말에 의존하게 된다. 접촉을 많이 하는 다른 문화권처럼 한국인들은 그러한 관계를 형성하고 유지하기 위해 실제적인 신체 접촉에 의존하는 것 같다.

게다가 영어권 사람들에게 타인의 눈을 바라보는 것은 보통 지인으로서 미래에 다시 알아 보려는 신호이고 미래에 관계를 맺으려는 개방성을 보여 주지만 앞으로의 관계에 대한 책임감을 의미하지는 않는다. 하지만 많은 한국인들에게 타인의 눈을 깊이 바라보는 것은 공식적인 소개를 할 때처럼, 우정으로 헌신하겠다는 다소 짐스러운 헌신을 내포한다. 영어권에서의 우정은 미래에 좋은 행동을 조건으로 하는 것이지만 한국인들에게 우정은 종종 타인에게 맹목적인 헌신을 의미한다. 이것만으로도 한국인들이 오랜 눈 마주침에 더 부끄러워할 것이다. 특히 외국인과의 그렇게 긴 눈 마주침을 부끄러워할 것이다. 우정이라는 이 무에 대해 다른 견해를 가지고 있다고도 생각할 수 있다.

대화할 때 영어권 사람들의 일반적인 눈 마주침의 패턴은 한국인들에게는 당연히 성가실 정도로 길어 보이겠지만 실제론 짧다. 발화자는 대화의 시작에 청자를 흘끔 보며 자신이 청자의 주의를 끌고 있는지 확인하지만, 그리고 나서 이야기할 때는 눈길을 돌린다. 그리고 자신이 말하고 있는 것에 대한 청자의 반응을 읽으려고 청자의 얼굴을 이따금씩 쳐다본다. 이것은 발화자가 말하는 것을 이해하는 데 도움을 얻기 위해 청자가 발화자의 입술에 시선을 고정시킬 수 있게 한다. 발화자가 청자와 역할을 교환할 때가 오면 발화자는 침묵이 흐르는 동안 청자를 다소 길게 응시하는 경향이 있다. 역할이 바뀌면 원래 발화자는 이제 청자가 되어 새로운 발화자의 입에 초점을 맞추고 새로운 발화자는 눈길을 돌려 자신이 말하는 것에 대한 청자의 반응을 살피려 이따금씩 새로운 청자를 쳐다볼 뿐이다. 이것은 한국인이 대화할 때 보통 나타내는 행동이기도 하다. 하지만 청자의 반응을 살피거나 발화자의 변화를 알릴 때의 눈 마주침이 영어권 사람들보다 눈에 띄게 짧다는 점이 다르다.

📄 오해

    빈번하게 전해 듣는 오해가 생기는 상황은 영어권 선생님이 한국 학생을 혼내는 경우이다. 한국인들은 오래 끌거나 심지어 다소 짧게 직접 눈을 마주치는 것이 특히 어른이나 상관에게 건방지고 무례하다고 생각하는 경향이 있다. 그래서 학생은 잘못을 인정하고 반성의 제스처로 보통 고개를 숙이고 눈을 마주치길 피한다. 그런데 영어권 선생님은 눈을 마주치기를 기대하기 때문에 이것을 종종 건방지고, 솔직하지 않고, 반항적이라고 해석한다. 영어권 사람들에게는 이러한 상황에서 보통 기대되는 행동이 눈을 마주치는 것이다. 즉 학생이 눈을 마주친 채로 발화자의 입에 초점을 두어야 한다. 비록 다른 방법으로, 예를 들어 얼굴 제스처나 자세로 존경을 표현할 수 있지만 말이다.

    한국 학생이 눈을 마주치길 회피하면 영어권 선생님은 저항이나 무관심, 적절한 주의나 존경의 부족, 또는 영어권 선생님이 말하고 있는 것을 거부하는 것으로 해석할 수 있다. 한편 한국 학생은 저항이나 태만 또는 도전의 표시가 아니라 겸손과 존경의 표시로 보통 눈을 내리고 눈을 마주치길 회피한다. 한국 학생은 영어권 선생님이 자신을 너무 지속적으로 노려본다고 반대로 불평할 수 있기 대문에 이것은 명백한 문화적 갈등이다. 따라서 상황이 요하는 것보다 더 큰 화나 위협을 줄 수 있다.

한국인들은 보통 대화를 나눌 때 눈을 덜 마주치기 때문에 종종 영어권 사람들이 눈을 너무 많이 맞춘다고 불평한다. 한국인들에게는 노려보고 있다거나 위협을 가한다거나 겁을 준다고 느끼기 때문이다. 이것은 영어권 사람들이 간단한 눈 마주침을 관심이나 존경, 주의, 정직, 진심, 개방성의 표현으로 해석하기 때문에 말하기가 까다로운 사안이다. 한편 한국인들은 영어권 사람들의 일반적인 눈 마주침을 너무 길고, 너무 강하고, 노려보는 것이라고 해석해서 무례하고 성가신 것으로 본다. 대부분의 비언어적인 행동처럼 그 기준도 모국어를 습득할 때 무의식적으로 학습된다. 따라서 전형적으로 다른 문화 간에 의사 소통이 이루어질 때는 다른 기준과 갈등이 생기기 전에는 관찰되지도, 혼란스러워지지도 않게 된다.

한국인과 대화를 할 때 영어권 사람들은 의식적으로 눈길을 돌려서 눈 마주침의 양을 줄이는 것이 바람직하고, 눈보다는 조심스럽게 화자의 입에만 초점을 두는 것이 좋다. 한국인들은 영어권 사람들보다 눈을 더 은밀하고 침입적인 것으로 여긴다. 한편 한국인들은 영어권 사람들의 다소 응시하는 행동 양상을 성가시고 겁을 주거나 성적이고 불쾌한 행동으로 보지 말아야 할 필요가 있다. 응시하고 추파를 던지고 바라보는 것은 아주 보편적인 사랑을 키워가는 행동 방식으로, 서양의 '궁정식 연애'의 바라보기, 말, 터치, 키스, 침실이라는 고전적인 다섯 가지 단계 중의 첫 단계이다. 하지만 너무 길고 그래서 다른 말을 하는 것으로 재해석되는 길이의 차가 조금이라도 있다면 문화적인 중요한 차이를 낳을 것이다.

더 복잡한 사항들

지금까지의 논의는 동성 간의 상호 작용을 이해하는 것이었다. 눈 여겨 볼 사항은 한국인들이 경험하는 간섭 받는다는 느낌 중에 영어권 남성이 한국 여성에게 말을 거는 경우는 훨씬 더 그 느낌이 크다는 것이다. 한편 영어권 여성이 한국 남자에게 말을 건다면 그녀가 의도한 보통의 눈 마주침 양상보다 더한 의미로 그에게 해석될 수 있다. 영어권 사람은 프랑스인이 바라보는 패턴을 영어권보다 더 길고 영어권의 기준을 넘어서기 때문에 본뜻은 그렇지 않더라도 다른 무언가를 말하는 것 같다고 여긴다. 마찬가지로 이는 영어권의 표준이, 특히나 이성과 대화할 때 한국인의 기준보다 과하기 때문에 실제보다 더 많은 것을 의미하는 것으로 한국인들에게 느껴진다. 영어권 사람들은 수세기 동안 프랑스인의 응시하는 패턴을 오해했다. 그것은 아마도 프랑스인의 성적 관심을 영어권 사람들이 과장해서 생각했기 때문일 것이다. 그리고 영어권 사람들은 프랑스인들이 단순히 경치를 보듯 사심 없이 보는데, 마음에 들어서 그렇거나 관심이 끌려 그런 줄 알았다가 실망하거나 충격을 받았다고 종종 이야기한다.

〈영역〉에 대한 앞 장에서, 영어권 사람들은 그들의 개인적인 공간을 주변 6인치 정도까지로 생각하고 자신의 성격이나 자아 혹은 이기주의로 개인 소지품들을 늘어 놓아 한국인들보다 더 큰 영역을 개인 영역으로 포함시킨다고 언급했다. 일례로 한 영어권 선생님이 자신의 성적표를 쉬는 시간에 책상에 두고 나왔다. 그런데 다시 돌아왔을 때 학생들이 선생님의 영역을 침범했다는 의식도 없이 베시어서 성적표를 보고 있었다. 그가 책상에 돌아왔을 때에도 놀라는 반응이 없었다. 그는 영어권 학생들이라면 응당 보였을 바응을 기대했었다. 하지만 한국 학생들은 그가 성적표를 가져갈 때까지 계속해서 보고 있었다. 이것은 사생활에 대한 개념의 차이를 설명해 줄 수 있다. 사생활은 영어권 사람들에게 아주 발달되어 있는 반면 명확히 한국인들에게는 덜 요구되는 것이다. 한국인들에게는 한 개인의 일이, 예를 들어 결혼이나 이혼의 문제가 모든 사람의 문제가 되는 것처럼 보인다. 여기에 공동체의 관심이 종종 정작 중요한 자신의 문제보다 더 큰 것 같다. 이것이 한국인과 영어권 사람들의 개인주의와 집단주의의 차이를 만든다. 한국인들이 다른 사람들의 아기와 어린 아이들을 사랑스럽게 보는 관습은 이런 연대감의 또 다른 면이자 영어권 사람들이 보통 기대하는 사생활의 상대적 부족이다.

주시하기

우리는 확실히 우리가 사랑하고 미워하고 두려워하는 사물이나 사람을, 이보다 관련이 없는 것들에 비해 훨씬 더 주의 깊고 지속적으로 바라본다. 앞장 〈방향〉에서 친구들과 오래 된 부부는 서로를 거의 볼 수 없이 나란히 앉는 자세를 취하고 낯선 사람과 구별하기 힘들 정도의 연대감을 표하는 경향이 있음을 살펴 보았다. 마찬가지로 서로에게 안정감을 많이 느끼는 사람들은 눈에 띄게 덜 강하게 서로를 주시한다. 여성들, 특히 친한 친구들끼리는 이야기할 때 비슷하게 친한 남성들보다 훨씬 더 서로의 얼굴을 마주 바라본다고 한다. 남자들은, 특히나 친한 친구들끼리는 나란한 자세를 취해 눈 마주침을 최소화하려는 경향이 있다.

실제로 노려보기

한편 영어권 사람들은 한국인들이 영어권 사람들과 다른 외국인들을 공공연하게 빤히 쳐다보거나 대 놓고 이야기하는 것을 자주 불평한다. 영어권 사람들과 다른 외국인들은 대부분 한국에서는 상대적으로 희귀한 탓에 매우 눈에 띄어 언급의 대상이 된다. 소수 민족을 대하는 것이 익숙하지 않아서 소수 민족들을 특히나 민감하게 만든다. 영어권에서 한국인들 또한 다르게 여겨질 수 있지만 보통 더 다양한 인종이 함께 살고 있는 영어권에서는 그들을 화성에서 온 사람쯤으로는 생각하지 않을 것이다. 한국인들은 이렇게 응시하는 행동이 평범한 호기심에서 비롯되었다고 종종 변명한다. 더 나아가서는 영어권 사람들과 외국인들이 어떻게 행동하고 특히 무엇을 입는지가 궁금해서라고 한다. 〈소지품〉에서 언급하듯이 한국인들은 일반적인 영어권 사람들보다 아마도 훨씬 더 옷에 관심이 있는 것 같다. 하지만 영어권 사람들은 이러한 다소 과도한 관찰과 타인을 대 놓고 이야기하는 것을 무례하고 분별없는 호기심으로 여긴다. 왜냐하면 그런 주시를 받는 대상은 스스로를 의식하게 되고 당혹스럽기 때문이다. 이것은 타인에게 고통을 주어서는 안 된다는 기본적인 예절임은 물론이고 영어권의 사생활 기준을 침해한 것이기 때문이다. 도시의 한국인과 시골에 사는 한국인까지도 외국인을 상당히 많이 경험해서인지 그다지 많이 놀라지 않지만 중국인들을 예로 들자면, 중국 거리에서는 쳐다보는 것이 너무 심해서 차들은 보통 커튼을 장착하고 있고, 중국인들은 여전히 영어권 사람들을 호기심의 대상으로 여겨 기분을 상하게 하는 경우가 있다.

  영어권 사람들과 외국인의 기분을 상하게 할 의도는 없겠지만, 한국인들은 그러한 관찰을 덜 공공연하게 그리고 더 몰래 보는 것이 좋을 것 같다. 이것이 영어권 사람들이 보통 응시하는 패턴이다. 예를 들어 한 젊은 남자가 신호 정지로 매력적인 젊은 여인이 운전하는 차 옆에 멈춘다. 그는 그녀가 자신을 볼 때까지 바라볼 것이다. 그때쯤 그는 눈길을

4장 바라보기

돌려서 그녀가 자신을 볼 수 있도록 할 것이다. 그가 다시 바라볼 때 그녀가 관심이 없다면 눈길을 돌릴 것이다. 관심이 있다면 약간의 눈 마주침이 있을 것이다. 눈의 마주침은 여기에서 단순한 호기심 이상의 관심을 나타내고 더 깊은 상호 작용으로 갈 수 있을 것이다. 눈의 마주침, 즉 두 눈빛이 만나는 것을 피한다면, 몰래 쳐다보는 것이 정중한 호기심을 나타내는 것이 될 것이다. 일단 눈이 마주치고 미소 등으로 수락되면, 일종의 계약이 성립되어서 최소한 더 바라볼 수 있게 된다. 만약 첫 응시가 꾸준하게 유지되어서 되돌아오는 응시로 눈을 맞추게 되고 유지된다면, 상대방은 그 쳐다보는 사람을 보려거나 더 많이 볼 수 있도록 하지 않을 것이다. 왜냐하면 첫 사람이 게임을 공손하게 하지 않고 있기 때문이다. 눈은 교환과 비슷한 규칙으로 이렇게 말이 없이도 대화를 이끌어 갈 수 있다.

인사말

영어권 사람들은 악수를 하고 눈을 마주치며 인사한다. 한국인들은 고개 숙여 인사하고 눈은 짧게 마주친다. 그들이 서로 인사할 때 자신들 본유의 눈 제스처를 취하려고 한다. 결과적으로 영어권 사람들은 한국인에게 고개 숙여 인사하면서 자주 눈을 계속해서 맞추고, 한국인들은 이것을 적어도 이상하게 여기거나 인사가 내포하는 존경의 의미를 반하는 것으로까지 여긴다. 한국인들은 악수하면서 인사하듯 눈은 종종 아래를 향함으로써 부끄러워하거나 마지못해 하거나 심하게는 자신을 내세우지 않는 것으로 영어권 사람들은 생각한다. 해결책은 모든 것을 함께 제대로 하는 것이다. 인사를 할 것이라면 시선 또한 떨어뜨려라. 악수를 한다면 눈을 계속 맞추어라. 영어권 사람들은 눈을 떨구는 것을 신체적으로 불편하다고 여기고, 한국인들은 눈을 계속 맞추는 것을 똑같이 불편하게 여긴다. 모든 문화 충격에는 상반되는 문화 충격이 있음을 상기하라.

  한국인들과 영어권 사람들이 거리를 걸을 때 주위를 바라보는 습관은 그다지 차이가 나지 않는 것 같다. 둘 다 10 12 피트를 도달할 때까지 타인이 다가오는 것을 본다. 이 지점에서 그들은 눈길을 돌린다. 만약 차이가 난다고 한다면, 한국인들은 충돌을 피하기 위해 방향을 바꾸기 전까지는 약간 더 가까이 다가가서 약간 더 오래 바라본다. 한국인들은 또한 방향을 바꾸기 시작할 때쯤 눈길을 종종 돌리고서는 다시 쳐다본다. 일부 영어권 사람들도 분명 똑같이 하겠지만 훨씬 빈도수가 낮다. 한국 여성들은 지나가는 남성들을 바라볼 때 운전자들이 바라보는 방향을 가장하듯 눈을 돌리지 않고 곁눈질로 그 행인을 계속해서 바라보면서 지나간다. 관심을 갖는 영어권 남자들이나 여자들은 시선이 끝나기를 좀 더 기다렸다가 일단 끝나고 나면 다시 뒤돌아보지는 않는다.

  한국인들과 영어권 사람들은 모두 떨구는 눈을 수줍고, 정숙하고 겸손한 것으로 본다. 하지만 한국인들은 영어권 사람들보다 훨씬 기꺼이 그리고 빈번하게 눈을 떨구어 자신감과 대조를 이루는 모습을 보인다.

영어권 사람들은 눈길을 피할 때 눈을 떨구거나 돌린다. 한국 여성들은 남성과 눈을 마주치는 것을 피하려고 항상 눈을 떨구는 것 같다. 영어권 여성들은 눈을 떨구는 것을 너무 심한 존중을 나타내거나 인사하는 것과 비슷하다고 여겨 그냥 앞이나 옆을 본다. 한국 여성들이 눈을 떨구는 것이 영어권 남성들에게는 다소 간접적으로 남성적인 문화에 대한 증거로 보인다면, 영어권 여성들이 단순히 눈길을 옆으로 돌리는 것은 한국 남성들에게는 존경심이 부족하고, 대담하고, 용감하고, 개방적이고, 건방지다는 인상을 줄 수 있다.

한국인들과 영어권 사람들에게 고개를 숙이지만 눈을 들어 유혹하는 것은 비슷하다. 하지만 오로지 영어권 사람들만 부끄러움, 당혹스러움, 엿보는 것을 장난스럽게 나타내려고 눈 위에 손을 얹어 손가락 사이로 바라보는 것 같다.

대중 연설

한국인이 영어권 사람들보다 눈을 맞추는 시간이 예상대로 더 짧기 때문에, 대화에서뿐만 아니라 대중 연설에서도 대조적인 모습을 보인다. 한국인 연사들은 청중들과 눈 맞추기를 피하려 하지만, 영어권 연사들은 청중을 향해 눈

을 규칙적으로 맞춤으로서 개인적인 관계를 의미하는 동작을 취하도록 훈련되었다. 서로의 상황에서 양쪽 다 모든 차이점들로 어려움을 겪는 것 같다. 눈을 들지 않고 천정이나 바닥을 주시하거나 가지고 온 자료를 읽는 한국 연사들은 부끄러움을 드러내 영어권 청중들의 관심을 잃을 수 있다. 한국인 청중들을 눈으로 휩쓰는 영어권 연사는 눈 마주침이 영어권 청중들보다 더 빨리 끊긴다고 생각해 교묘히 거부 당한다고 느낄 것이다. 이러한 대조로 영어권 연사는 연설 뒤에 정중한 한국인이 질문을 하지 않는 것 때문에 실패감을 느끼고, 한국 연사는 똑같은 상황에서 영어권 사람들이 보통 연사를 칭찬하려고 하는 예의 바른 질문을 비난이나 도전으로 느낄 것이다. 해결책은 둘 다 이렇게 다른 청중이 갖는 아주 다른 기대감을 이해하고 수용하는 것이다. 영어권 사람들은 자기 주장과 눈 마주침을 약간 줄여야 하고 한국인들은 그것들을 좀 더 늘려야 한다. 로마에 가면 로마인처럼 살려고 하라!

　마지막은 고의적으로 심기를 불편하게 하고, 방해하고, 경멸하는, 끊이지 않는 '미운 눈초리'로서, 적을 공격하고 벌 주려고 공공연하게 적대적인 수단으로 사람들이 사용하는 것이다. 하지만 다행히도 이것은 우리가 다루고 있는 계층의 일반화된 행동이 아니다. 이들은 보통 물리적, 정신적, 재정적으로 부가되는 피해가 따르는 물리적인 싸움을 감수해야 하는 대면보다는 법으로 적을 다루려고 한다.

5장 얼굴로 말하기

《《 침을 뱉지 마세요!

얼굴 제스처를 사용할 때 한국인들은 공공연히 대중 앞에서 감정을 드러내지 않으려고 하고 감정을 비언어적으로 표현하는 것에 높은 가치를 둔다. 아주 획일적인 문화 특성 덕에 잘 준비된 듯하다. 이렇게 감정의 표현을 억제하는 것은 사회적 조화를 중시하는 신유교주의에서 비롯된 것이고, 대중이 거의 대부분 개인적으로 모르는 사람들로 구성되어 있고 그래서 오히려 폐쇄적이 되는 데 힘을 받는 것 같다. 비언어적 의사 소통에 이들이 민감한 이유를 설명해 주는 문화의 획일성은 종종 '민족'이라는 단어로 요약된다. 한국인들이 대중 앞에서 자신의 감정은 보통 숨기지만 타인의 비언어적 행동은 유심히 읽어내는 반면, 영어권 사람들은 보통 자신의 감정을 주위 사람들에게 이해 받지 못할지도 모른다는 기우에서 상대적으로 더 자유로이 발언하는 것 같고 또한 문화 자체가 감정을 억누르는 문화가 아니기 때문이기도 하다. 하지만 그들은 보통 감정이 명확하게 드러나거나 발언될 것을 기대하기 때문에 타인의 비언어적 행동에 그리 민감하지 않다. 한국인들은 영어권 사람들을 상대적으로 냉담하거나 불가해하다고 보고, 영어권 사람들은 한국인들이 심하게 큰 제스처와 과장된 얼굴 표정을 한다고 본다. 한국인들에게 이렇게 극대화된 영어권의 제스처가 주는 영향은 자신의 말이 이해되지 못했다고 느낄 때 자신이 목소리를 키우는 외국어를 쓰는 연사의 반응과 견줄 수 있다. 한국인들의 절제된 제스처는 보통 영어권 사람들에게 딱딱하고 부족한 인상을 준다.

무표정한 얼굴과 바보 같은 웃음

한국인들은 외부 집단에서는 중립적이고 차갑고 표현하거나 드러내지 않는 얼굴을, 집단 내에서는 따뜻하고 활기 차고 표현하는 얼굴을 드러내도록 암암리에 교육 받는다. 한국인들과는 반대로 영어권 사람들은 수세기 동안 유사성을 인정하기보다는 말로 차이점을 설명하려는 강한 성향 때문에 훨씬 덜한 획일 문화를 보여 준다. 게다가 영어권 사람들은 내부와 외부 그룹으로 행동을 훨씬 덜 나눈다. 이러한 영어권 사람들의 행동은 한국인들에게 특별히 서구적이고 민주적이며 혹은 평등하다고 여겨진다. 한국인이 내부와 외부 집단을 나누는 것은 영어권 사람들에게 외부 집단을 공공연히 열등한 것으로 대우하는 매우 엄격한 계층 제도의 잔재라는 인상을 준다.

그 결과 한국인들은 영어권 사람들이 감정을 말이나 비언어적으로 심하게 표현한다고 하고, 얼굴과 제스처로 공공연하게 감정을 드러낼 때는 순진하고 점잖지 못하다고 한다. 반대로, 영어권 사람들에게 한국인들은 무표정한 얼굴이라 하고 종종 신비롭게, 혹은 이해하기 힘든 텔레파시로 의사 소통을 한다고 여긴다. 문화적인 획일성에 기초해 다소 교묘한 비언어적인 의사 소통에 의존하는 상당히 많은 한국인들은 언어적 표현에 의존도가 높은 영어권 사람들과 대조를 이룬다. 그 결과 한국인들은 영어권 사람들이 "감사합니다', "실례합니다', "사랑합니다"와 같이 설명이 필요 없는 상황에도 설명하려 한다는 생각을 하고, 영어권 사람들은 한국인들이 보여 주는 수많은 비언어적 의사 소통을 단순히 놓치는 경향이 있다. 한국인들은 영어권 사람들이 일반적으로 심하게 큰 제스처와 특히 심한 얼굴 제스처를 쓴다는 것에 아주 동의한다. 예상대로 영어권 사람들은 한국인의 제스처와 얼굴 제스처는 아예 없거나 부적절하다고 여긴다.

이러한 차이는, 영어권 사람들이 흔히 윙크하기, 눈썹을 올리거나 내리기, 혀로 볼을 볼록하게 하기, 눈 굴리기, 입술 핥기, 턱 내리기와 같이 과장된 얼굴 표정을 사용해서 무서움, 충격, 기쁨, 호감과 비호감을 표현하는 것을 한국인이 흔히 관찰할 수 있다는 사실에서 발견될 수 있다. 한국인이 특히 대중과 낯선 사람 앞에서 자신의 얼굴 제스처를 잘 관리하는 것은, 미국인들이 일반적으로 제스처, 특히 얼굴 제스처를 더 많이 취한다는 사실과 대조를 이룬다. 이것은 실제로 문화적인 대조라 할 수 있다. 왜냐하면 한국인이 영어권 사람들의 과도함에 대해 불평한다면, 영어권 사람들은 한국인들이 종종 부적절한 얼굴 제스처를 보이고 담배가게에서 보이는 인디언의 얼굴이나 표정 없는 얼굴을 한다고 불평하기 때문이다. 한국인의 이런 무표정한 얼굴은 대중과 이방인들과 외국인들을 향한 것이다. 그런데 무표정한 얼굴은 영어권 사람들에게서는 거의 발견되지 않지만 한국인들에게서는 널리 잘 익혀진 듯하다. 그래서 한국인들은 영어권 사람들이 카메라 앞에서 유인원처럼 웃음을 짓는다고 불평하고, 영어권 사람들은 한국인의 사진이 경찰용 상반신 사진 같다고 말한다.

통제와 표현

한국인의 얼굴 관리에 대해 영어권 사람들은 무미건조하고 따분하고 표정이 없다고 투덜대는데 이것은 한국인들이 외부 집단을 향해, 즉 원치 않는 이방인의 세계, 다시 말해 그들을 개인적으로 모르기 때문에 무표정한 얼굴을 하는 것이 합당하다고 여기는 그런 집단을 위해 조심스럽게 가꾸어진 것이다. 이러한 한국인의 통제는 한국의 신유교주의 관습의 파생물이다. 기본적인 차이의 더 심한 예들은 "감사합니다"처럼 사랑이나 감사의 표현을 말로 하지 않으려는 경향이다. 그들은 보통 비언어적으로 전달하려고 한다. 그래서 영어권 사람들은, 이런 언어 표현의 부재가 자신들이 한국인의 행동 기준에서 벗어났기 때문인지를 확인하려고 더 많은 말을 하게 된다. 동시에 한국인들은 영어권 사람들이 불필요하게 많은 말을 한다고 생각한다.

한국인들은 타인의 발을 밟거나 부딪쳤을 때 말보다는 표정으로 사과하고, 영어권 사람들은 "실례합니다", "죄송합니다"와 같은 말로 된 사과를 하고 또 기대한다. 한국인들은 많은 영어권 사람들의 "고맙습니다"와 같은 말로 된 사과가 과하다고 생각하지만, 영어권 사람들은 한국인들의 사과하는 얼굴 표정은 보지 못하고 기대했던 말로 된 사과가 없음을 느낀다. 한국인들은 영어권 사람들의 말로 된 사과를 들으며 작은 걸 크게 생각한다고 하는 것 같고, 영어권 사람들은 한국인이 더 큰 일을 아주 경시해 말로 된 사과를 하지 않는다고 단순히 무례한 것으로 간주하는 것 같다.

사실 영어권 사람들은 상대적으로 얼굴 표정에 있어서 개방적이고, 개방성을 보통 다정하고 정직하고 진지한 것으로 생각한다. 그들은 상대적으로 쉽게 대중 앞에서 미소 짓고 웃고 찡그리고 운다. 하지만 일반적으로 한국인들보다 얼굴 표정 관리를 더 잘 못한다. 물론 장례식장에서는 웃지 않고 축하할 일에는 울지 않는 정도는 명확히 훈련되어 있다. 그들은 보통 그들이 아는 사람이라고 해서 더 다정하게, 모르는 사람에게 더 차갑게 대하지는 않는다. 그들은 친구들 사이의 사적인 행동보다 공적인 행동에 상당히 더 제약이 심하다. 사실 그들은 모두를 똑같이 대하는 것을 자랑스러워 한다. 한국인들이 지인과 이방인을 대할 때 구분을 두는 것에 대해 영어권 사람에게는 다소 이러한 모습이 무례한 겸양으로 비춰진다.

한국인의 조화, 얼굴, '기분' 의 중요성을 알고 있는 영어권 사람들은 한국적인 상황에서 아첨할 순간에 잘하고, 미소 짓기 힘든 상황에도 "계속해서 미소 지으라"는 충고를 듣는다.

이마

이마와 관련된 제스처에 대해 한국과 영어권에서의 눈에 띄는 차이는 없는 것 같다. 이마는 부드러운 표면을 보여 주는 데 한정되어 있어서 진정과 휴식, 수직이나 수평적인 주름살만을 보여 준다. 수직적인 주름은 분노와 걱정을, 수평적인 주름은 보통 충격, 놀라움, 무지를 보여 주지만 또한 걱정을 나타내는 수직적인 주름에 연결될 수 있다.

눈썹과 눈

올라간 한쪽 눈썹은 영어권에서는 회의나 비판을 보여 주는 흔한 제스처이다. 미간을 좁히는 것은 위에서 언급한 수직적인 주름을 만든다. 눈썹을 위아래로 흔드는 것은 마치 눈이 원을 그리며 돌듯이 강한 흥미나 흥분을 보여 주고, 눈과 입을 활짝 여는 것은 놀라움을 보여 주는 것처럼 보통 한국인에게는 과장된 얼굴 표정으로 여겨진다. 비슷하게 눈을 위로 굴리는 것은 하나님께 자비를 구하는 기도로 여겨지는데 누군가 말한 것이나 행동한 것에 대한 분노나 초조함이나 반기의 표현으로 한국인들에게는 없는 제스처이고 그들은 이것을 과하다고 생각한다. 윙크하는 것은 한국인에게서 흔히 발견되는 제스처는 아니며 그들에게 이상하고 세속적인 것으로 보여진다.

우리가 논의하고 있는 계층은 아니겠지만 보통 남자들이, 그러나 때로는 여자들도 직장이나 사회적인 모임에서 일종의 농담식으로 윙크를 하거나 희롱을 한다. 발로 책상이나 탁자 밑에서 장난을 칠 수도 있다. 이것은 보통 그렇게 오래지 않으면 장난으로 여겨지는데 동의가 없이 지속된다면 성추행이 된다. 영어권 사람들은 보통 그러한 행동을 해가 없는 것으로 본다. 하지만 그러한 제스처를 장난으로 보지 않는 여성들은 보통 성추행으로 보기 때문에 점점 덜하기는 하다. 한편, 한국인들은 이런 어떠한 제스처도 장난으로 보지 않기에 그런 공공연한 제스처를 보고 놀라고 혼돈스러워한다. 성적인 문제에 있어 영어권 사람들보다 더 도덕적으로 엄격한지 덜한지에 대해서는 논의의 여지가 있지만, 한국인들이 영어권 사람들보다 이러한 공공연한 행동에 대해 더 엄격한 기준을 가지고 있다. 이러한 제스처는 한국인과 영어권 사람들이 보통 다 사용하기에 엄청난 충격의 원인이 되며 잠재적인 혼혈의 요소가 될 수 있다.

얼굴 생김새

눈에 띄는 한국인의 얼굴 생김새는 이른바 쌍꺼풀이 없는 눈이다. 비록 이것이 영어권 사람들에게는 상당히 이국적이고 매력적으로 보이지만 한국인들은 한국인의 눈 모양을 벗어나 큰 눈이나 쌍커풀이 있는 눈 모양을 선호한다. 그래서 일부 사람들은 성형을 하기도 한다. 하지만 수술을 하지 않고도 쌍꺼풀이 있는 사람이 많이 있다. 한국인들과 영어권 사람들이 특별히 아름답다고 생각하는 것은 쌍꺼풀이다. 이러한 특징은 상대적으로 진귀해서 한국인들 사이에서는 미인의 특징으로 높이 칭송받는다. 영어권 여성들에게는 보조개가 매력으로 묘사된다. 사실 보조개는 한국인들 사이에는 다소 희귀한 것 같다. 비슷한 쌍꺼풀이 영어권 사람들 눈꺼풀에서 발견되어도 영어권 사람들은 특별히 주목을 한다거나 가치를 두지는 않는 것 같다.

한국인들은 회의 중에 듣는 것에 집중하기 위해서 종종 눈을 감는다. 이것은 주장한 대로 당연히 사실이겠지만 영어권 사람들에게 문제가 되는 것 같다. 이런 눈 제스처는 영어권 사람들에게는 일제히 의사 소통의 흐름을 막고 문제에 눈을 감아 버리거나 손을 떼는 것으로 해석된다. 왜냐하면 눈을 감는 것은 집중을 위한 제스처라기보다는 듣기를 거부하거나 상황을 직면하는 것을 거부하는 흔한 영어권의 제스처이기 때문이다. 물론 영어권 사람들은 종종 이것을 단순히 자거나 아니면 다른 곳에 가고 싶다는 뜻으로 받아들이기도 한다. 어떤 경우에든 한국인들은 경청하고 있는 것으로 해석을 하겠지만, 영어권 사람들에게는 이것이 이기적이고 분별없고 무례한 것으로 간주될 것이다.

코

한국인들과 영어권 사람들은 높은 코를 우월감을 주장하는 것으로 해석한다. 한국인들은 그나 그녀의 코가 높다고 하고, 영어권 사람들은 그나 그녀의 코가 튀어 나와 거만하다고 말한다. 눈과 관련된 비슷한 한국어 표현은 '그녀(그)는 눈이 높다'가 있는데, 이는 그녀(그)가 자신의 처지보다 낮은 상황에 있는 사람보다는 가능하면 자신보다 좋은 상황에 있는 사람과 결혼하려 한다는 뜻으로, 즉 결혼할 때 큰 포부가 있거나 혹은 평범한 사람과는 결혼을 하지 않겠다는 뜻이다.

코와 관련된 한국인들과 영어권 사람들의 흥미로운 대조는 한국인들은 다른 사람 앞에서, 특히나 식사 중에는 코를 풀지 않는다. 그들은 따라서 영어권 사람들보다 남 앞에서 코를 푸는 것을 무례한 것으로 보고, 영어권 사람들은 한국인들보다 코를 훌쩍거리는 것을 더 무례한 것으로 본다. 영어권 사람들은 식사 중에라도 대중 앞에서 코를 때론 크게 풀기도 하는데, 한국인들은 그것을 천박하고 역겨운 것으로 본다. 한국인들은 종종 대중 앞에서 식사 중에도 코를 훌쩍거리는데, 이것을 영어권 사람들은 천박하고 역겨운 것으로 본다. 둘 다에게 최선은 피하는 것이다. 교육 받은 영어권 사람  들 또한 식사 중에 코를 푸는 것을 금하고, 해야 한나면 고개를 돌려서 아주 조용히 풀도록 한다.

　아마도 한국인들이 식사 중에 코를 푸는 것을 완전히 금기시하는 것은 코를 훌쩍거리는 것을 수용하기 때문일 것이다. 영어권 사람들은 특히 식사 중에 지속적으로 코를 훌쩍거리는 것보다는 조용히 코를 푸는 편을 택하고, 한국인들은 대중 앞에서 코를 푸는 것보다는 코를 훌쩍거리는 것을 더 정중한 것으로 여긴다. 한국인들이 극장, 강의실, 콘서트장에 추운 계절에 모이면, 그들은 훌쩍임의 교향곡을 만들어낸다고 묘사되고 있다. 영어권 사람들은 한국 환경에서 특히나 식사 중에 코를 푸는 것을 피하고, 필요하다면 식탁에서 고개를 돌려 조심스럽고 조용히 해야 한다. 영어권에 있는 한국인이라면 코를 풀기를 주저할 것이지만 지속적으로 코를 훌쩍거리지 않는 것이 더 낫다. 아마도 두 가지 경우에, 식사하기 전에 화장실에서 코를 푸는 것이 최선인 것 같다. 아니면 잠시 식사 중이라도 코를 풀러 화장실에 가는 편이 낫겠다.

　묘사되는 계층은 아니겠지만 한국인들은 주위 사람들에게 재채기가

병균을 옮길지도 모른다는 생각을 하지 못한 채 마음껏 대중 앞에서 가리지도 않고 종종 심하게 재채기를 한다. 그들은 재채기를 상대적으로 통제할 수 없을 뿐 아니라 특별히 즐길 수 있는 것으로 여기는 것 같다. 때로는 재채기를 하고 난 뒤 주위와 기쁨을 같이 나누려는 듯 미소를 짓는 것 같다. 물론 사과의 표시로 미소를 지었겠지만. 반대로 영어권 사람들은 600년 이상 세균과 병균에 아주 민감해서 재채기를 억제하려 할 뿐 아니라 하게 되면 주위 사람들에게 미안함을 말로 표한다. 이러한 차이는 〈침묵과 소리〉 파트에서 먹고 마시는 소리, 몸의 소리와 관련해서도 비슷한 대조를 암시한다.

입

한국인들은 잘못이나 당혹스러운 과실이나 실수, 실책을 하면, 기본적으로 부끄러워하는 문화라 부끄러워서 흔히 미소 짓고 웃고 낄낄댄다. 반대로 영어권 사람들은 과실이나 실수나 실책에 대해 기본적으로 죄책감을 느끼게 하는 문화여서 다소 심각하게 받아들이는 경향이 있다. 그러한 상황에서 한국인들의 행동은 영어권 사람들에게는 과실을 가볍게 만들기 때문에 무책임하거나 어리석어 보인다. 즉 영어권 사람들에게는 한국인들이 타인에게 가져다 줬을 법한 과실이나 불편에 대해 신경을 쓰지 않는다는 생각을 하게 한다. 같은 상황에서 한국인에게는 영어권 사람들이 사소한 것, 타인에게 화가 난 것, 너무 자기 중심적인 것을 크게 만든다고 보여진다. 영어권 사람들은 자책, 뉘우침, 사과라는 심각한 것을 기대한다. 한국인의 외관상으로 보이는 가벼운 행동은 통상적으로 실수에 대한 공적인 시인이며, 한국인들은 보통 말보다는 비언어적으로 사과를 표한다.

물론 한국인이나 영어권 사람 모두 타인의 실수를 보고 심하게 웃는 것은 확실히 실수한 사람을 화나게 한다. 비록 한국인들이 영어권 사람보다 그에 따르는 화를 잘 감추는 것 같지만 말이다. 왜냐하면 영어권 사람들은 보통 그것을 명확하게 언어나 비언어적으로, 때로는 물리적으로 알리려 하기 때문이다. 어떠한 실수로 인한 당혹감에 수반되는 미소나 낄낄 대고 웃는 것을 한국 사람들은, 염려나 타인에 대한 배려가 없어서가 아니라 거친 것을 부드럽게 하고 조화를 회복하려는 작은 노력으로 본다. 미소나 웃음, 혹은 낄낄 웃는 것의 실제 원인은 실수 때문에 생겨난 창피함 때문이다. 이것은 영어권 사람들이 말이나 말이 아닌 동작으로 사과하는 것과 동등한 것이다.

한국인들은 특징적으로 화, 슬픔, 고통, 미움을 숨기기 위해 미소를 짓지만, 영어권 사람들은 한국인들의 이러한 제스처를 수수께끼 같고, 솔직하지 못한 제스처로 해석한다. 왜냐하면 영어권 사람들은 자신들이 느끼는 것에 대해 다른 사람들이 어떤 의심의 여지를 갖도록 감추지 않기 때문이다. 이것은 한국인이 영어권 사람이라면 찡그렸을 법한 상황에서 종종 미소를 짓는다는 뜻이고 이것이 바로 빈번한 오해를 낳는다. 한국인이 실수에 당황해서 웃거나 낄낄대는 것 같은 한국인의 미소는 실수를 최소화시키기보다는 사회 생활 가운데 생긴 마찰을 부드럽게 하려는 의도와 직결된다. 영어권 사람들은 한국인들이 이런 미소와 웃음으로 표현하는 친숙한 반응에 주의해야 한다. 왜냐하면 이런 제스처들이 각각 다소 다른 의미들을 지니고 있기 때문이다.

한국인들은 영어권 사람들이 입에 무언가를 넣는 것에 대해 비난한다. 한국인들이 생각하기에 이런 행동은 지저분하며, 그것은 시선을 입으로 집중하게 하기 때문에 매우 정중하지 못한 것이다. 또 영어권 사람들이 생각할 때나 손이 바쁠 때 펜이나 연필을 입술에 물고 있는 것에 대해서도 불평한다. 이러한 행동은 한국인들에게는 유치하고, 교육 받지 못하고, 세련되지 못한 것으로 인식된다. 신발을 실내에서나 소파에서나 침대에서 신는 것과 과일을 벗기는 것에 대해서도 비슷한 대조를 이룬다. 영어권 사람들은 펜과 연필을 지저분하다고 여기지 않지만 한국인들은 지저분하게 여기는 것 같다. 영어권 사람들은 손이 더 필요할 때 어느 정도는 종이를 입으로 기꺼이 잡으려 하지만 한국인들은 이러한 제스처를 피한다. 영어권 사람들은 손으로 음식을 먹고 난 후 손가락을 기꺼이 핥지만, 한국인들은 이러한 동작도 피한다. 한국인들은 여러 가지 손을 사용하는 음식을 먹지만 햄버거, 후라이드 치킨, 피자, 갈비, 끈적거리는 것에 손가락을 사용하는 것을 피하려 한다. 그들은 손가락

빠는 것을 역겹다고 생각한다. 아마도 손이 깨끗하지 못하다는 기본적인 가정과 입 속으로 들어가는 것에 큰 주의를 기울이기 때문일 것이다.

교육을 덜 받은 영어권 사람들이 점점 더 캔과 병을 입에 대고 마시지만 이것은 한국인들의 마시는 전통과 가치에 위배되기 때문에 일반적으로 조심스럽게 피해야 한다. 한국인들은 병이나 캔으로 마시는 것을 불결하다고 생각하지만 영어권 사람들은 그리 불결하다고 생각하지 않는다. 훨씬 더 중요한 것은 한국사람들은 병이나 캔으로 마시는 것을 정중하지 못하다고 여긴다. 한국인들은 자판기 캔이나 병에 든 약과 같이 아주 비공식적인 상황을 제외하고는 조심스럽게 컵과 잔을 이용한다.

영어권 사람들에게 캔과 병으로 직접 마시는 것은 계층을 보여 주는 표시이지만, 잔을 찾기 힘든 상황이라면 교육 받은 영어권 사람들도 직접 마실 것이다. 이러한 관습은 여자들보다는 남자들에게 더 수용적인 것 같다. 70년대의 캐리 그랜트(Cary Grant)와 그레이스 켈리(Grace Kelly)의 로맨스에서, 소풍 가는 차 안에서도 그녀는 잔으로 마시지만 그는 병으로 마신다. 여기에서 논의하는 계층의 많은 사람들에게서 이런 행위가 발견되지만, 이러한 구분을 관찰하는 사람은 거의 없었고 아마 지금은 더 없을 것이다.

한국인들은 술 마시는 예절에 대해 영어권 사람들보다 일반적으로 훨씬 더 심각하게 생각한다. 이는 '한국인의 국민 정서'로 불린다. 한국인의 술 마시는 예의범절은 타인에게 술을 따라주는 것이기 때문에 병이나 캔으로 마시는 것은 기본적으로 불가능하다. 한국인의 술 마시는 예의 범절은 더 어린 사람이 어른에게 따라 주는 것으로 아무도 혼자 따라 마시지 않고 모두의 잔이 채워질 때까지 마시지 않으며, 비워지면 잔이 바로 채워져서 그 누구의 잔도 비어 있지 않다. 이러한 규칙을 관찰하여 모두가 편안해진 후 아무도 잔이 비어 있지 않은 것을 확인한 뒤라야 혼자 따라 마실 수 있다.

정중한 한국 여성이라면 미소 짓거나 웃을 때 조심스럽게 입을 손으로 가리겠지만, 하품할 때는 여자나 남자나 별로 신경을 쓰지 않는 것 같다. 영어권 사람에게 하품을 가리지 않고 하는 것은 다소 계층을 드러내는 행동으로 우리가 논하는 대상의 계층은 조심스럽게 가린다. 비슷한 계층의 한국인들은 하품하는 것에 대해 더 관대한 것 같고, 여성들조차 미소나 웃을 때보다 하품할 때 입을 내보이는 것에 덜 신경을 쓴다. 미소나 웃음을 무례하다고 여기지 않는 영어권 여성들이나 남성들에게 입을 가리는 것은 자동적이며 강제적이기까지 한 것 같지만, 하품을 더 개인적이고 비사회적 제스처로 여겨 상대적으로 가릴 필요가 없다고 생각하는 것 같다. 물론 직접적인 대면을 하고 있을 때는 미소나 웃음을 가리고 하며, 하품은 나올 때마다 입을 가린다.

영어권에서 찾아보기 힘든 한국적인 신체 접촉 중 한 가지는 한국의 어머니가 3-4살 된 아이의 입이 데지 않도록 음식을 차갑게 불어 넣어 주는 것이다. 키스와 거의 가까운 이런 접촉은 대중적으로 애정을 표현하는 것이 극히 드문 한국인들 사이에 키스나 터치가 그랬을 법할 만큼 많이 주고 받아진다.

침 뱉기

교육 받은 한국인들과 영어권 사람들은 침 뱉는 것을 화장실에서 혹은 손수건에 하는 것으로 제한하며, 일반적으로 다른 사람 앞에서 침을 뱉는 것을 불쾌하게 생각한다. 많은 한국인들과 영어권 사람들은 여전히 공적인 장소에서 침을 뱉지만 빈도수와 사회석인 의무에서 현저한 차이가 있다. 공공연하게 침을 뱉는 영어권 사람들은 상대적으로 거의 없고 만약 그런 행위를 한다면 교육이 부족하고 하류층일거라는 표시이다. 공공연하게 침을 뱉는 한국인들은 현저히 많지만 영어권보다 덜한 사회적인 비난을 받는 것 같다. 한국인들과 영어권 사람들은 둘 다 건물 내에서는 거의 침을 뱉지 않지만 한국인들의 경우 침을 뱉는 행위가 더 빈번하고 영어권에서는 거의 드물다. 한국인들의 경우 식당 바닥에까지 침을 뱉기도 하는데 영어권 사람들에게서는 거의 보기 드문 행위이며, 대중의 강력한 항의를 받을 만행 행위이다. 나이가 많건 적건 한국의 여성들은, 영어권의 여성들이 그러한 것처럼, 남성들보다 공공장소에서 침을 덜 뱉는다. 하지만 한국 여성들이 영어권의 여성들보다 더 기꺼이 공적인 장소에서 침을 뱉으려 하고, 공공 장소에서 침을 뱉는 행위에 대해서는 한국 여성들보다 영어권 여성들에게 더 많은 사회적인 비난이 쏟아진다.

두 집단에서 나이차가 또한 관찰되는데 젊은이와 노년층이 중년층보다 더 많이 침을 뱉는다. 젊은이들은 더 자유롭게 행동하고 더 모르기 때문이고, 노년층은 구시대의 관습을 보여 주는 것이다. 영어권의 십대들에게는 엄청난 당혹감을 불러왔을, 상상하기도 힘든 경우가 두 명의 한국 대학생에게서 목격되었다. 남자와 여자가 손을 잡고 걷다가 여자가 잠시 멈춰서더니 아무런 자의식도 없이 길거리에 침을 뱉었고 남자 친구는 명확히 별로 언급을 하지 않았다. 한국인들은 이 광경을 보면서 아마 침을 뱉은 것보다 손을 잡고 가는 것을 더 좋지 않다고 생각하거나 혹은 둘 다 똑같이 좋지 않다고 생각할 것이다.

길거리에 침을 뱉는 사람들을 그들의 모습에 따라 계층을 만들어 볼 수 있다. 첫 번째 분류는 실내에서 침을 뱉는 사람과 실외에서 침을 뱉는 사람, 두 번째 분류는 보도에 침을 뱉는 사람과 풀밭, 거리, 벽에 대고서, 쓰레기 통에, 그리고 자신과 타인이 걷는 곳에 곧바로 침을 뱉는 사람들로 나눌 수 있다. 아마 이 계층의 맨 마지막 그룹에 속하는 사람들은 침을 뱉어서 즉시 발로 밟고 바닥에 침을 뭉개고 다니

는 사람들이 될 것이다. 공공장소에 침을 뱉는 행위에서도 차이를 보이는데, 이는 한국인들은 집에 들어갈 때 문에서 신을 벗는 반면 실내에서도 신발을 신는 영어권 사람들의 생활의 차이에서 비롯된 것이다. 바닥의 청결도에 확실히 다른 입장이다. 이러한 입장 차이의 근본적인 원인

은, 한국은 바닥 문화이고 영어권은 입석 문화라는 것에 있다.

식탁 예절

식탁 예절은 한국인과 영어권 사람 사이에 현저한 차이가 있고 함께 먹는다는 중심적인 기능에 대해 기본적으로 다른 태도를 취한다. 한국인에게 식사의 중심적인 기능은, 명확하고 논리적으로, 먹는 것이다. 식사 중에는 대화의 양을 줄이고 음식과 먹는 과정에 집중해서 먹는 행위로 보내는 시간을 줄인다. 어떤 관광 책자에 따르면 한국에서 식사를 할 때 너무 많은 말을 하는 것은 예의 바르지 못하다고 한다. '너무 많이'는 해석의 차이가 있겠지만, 아주 적은 것이 너무 많이도 될 수 있음을 암시한다. "식사할 때, 나는 귀머거리에 벙어리다"는 러시아 속담만큼은 아니겠지만 영어권의 관습보다는 훨씬 적은 대화를 나눈다. 위선적이든 진심이든 영어권 사람들은 대화를 식사의 중심적인 기능으로 보고, 식사할 때 그러한 기능을 반영하는 수많은 얼굴 표정을 고안해냈다. 한국 식탁에서는 음식이 집중할 대상이지만 영어권의 식탁에서 음식은 대화에 따라오는 즐거운 부수물이 된다. 영어권의 저녁식사는 한국의 늦은 저녁 만찬이나 보통 바, 호프, 식당과 같은 곳에서 벌어지는 술 파티와 실제로 가깝다. 이러한 모임에서는 대화와 교제가 중심이고, 음식은 이차적인 것으로 대화와 음주를 위한 부수물로 천천히 먹게 된다.

수많은 차이 중에는 기본적인 차이는 식사 중에 많은 말을 하는 것에 익숙하지 않은 한국인들이 입에 음식물은 가득 넣은 채로 종종 먹고, 입을 벌린 채로 씹고 이야기하고 마시는 것이다. 영어권 사람들은 식사 중에 어느 순간에라도 이야기할 준비를 하려고 음식을 작게 썰고, 말을 하기 전에 쉽게 입을 깨끗하게 하기 위해 입을 다물어서 조금씩 씹는다. 그들은 또한 말할 준비를 하려고 씹는 사이에나 마시기 전에도 입술을 닦는다. 그들은 위급할 때에만 입에 음식을 가득 넣고 이야기하고, 그럴 때도 말하는 동안에는 손으로 입을 가린다. 그들은 종종 "잠깐만 기다려 주세요"라는 신호를 보내려고 손이나 손가락을 들고, 그러는 중에 질문에 답을 하거나 답변을 하기 전에 입을 닦는다. 그들은 흔히 한국인들처럼 식사 중에 물로 입을 헹구거나 혀로 치아를 정교하게 닦거나 이쑤시개로 치아를 고르지 않는다. 그 결과 영어권의 전형적인 식사는 한국의 식사보다 상당히 오랜 시간이 소요된다.

한국인들이 식사 도중이나 식사 후에 입을 물로 종종 헹구지만 영어권 사람들은 이것을 엄격하게 화장실에서나 할 행동으로 여겨서 상당히 불쾌해 한다. 한국인들은 식사 후에 이를 고르며, 이쑤시개는 식사 테이블에 놓여 있다. 교양 있는 한국인들은 이를 고르는 동안 손으로 입을 가리고 하지만, 일부 영어권 사람들은 이것을 그 모습을 감추기보다는 더 강조한다고 투덜댄다. 영어

권 사람들은 이를 고르는 것이 한국 식탁 예절에서는 (아주 공식적인 석상에서도) 수용된다는 점을 받아들일 필요가 있다. 한국인들은 영어권 사람 중에 대중 앞에서 특히나 식사 중에 이를 고르는 것이 교육이 부족한 영어권 사람들에게서 많이 나타나는 계층적인 표시라는 사실을 주지해야 한다. 이쑤시개는 영어권 식당 식탁에는 거의 없고 계산대에서나 찾을 수 있다. 영어권 하류층 사람들이 이쑤시개를 가져다가 이를 고르고 입에 물고 다니며, 식사를 한 뒤 얼마 동안이고 그렇게 다닌다. 이를 고르는 것은 순수하게 문화적인 차이이지 단순히 영어권처럼 계층의 차이가 아니다.

웃기

한국인들은 영어권의 남자나 여자들이 입을 크게 벌린 채 너무 크게 웃는다고 흔히 말하고, 영어권 사람들은 특히 한국 여자들이 다른 사람을 당황시킬까 봐 또는 벌린 입이 드러날까 봐 미소 지을 때나 웃을 때 손으로 입을 가린다고 한다. 이것은 동등하고 상반되는 불평으로 실제적인 문화 대비의 한 표시가 된다. 이러한 한국의 특징적인 제스처에 대해 보통 영어권 사람들은 한국인들이 심하게 부끄러워하거나 쑥스러워하거나 미안해하는 것으로 오해한다. 사실 이것은 영어권 사람들이 하품이나 기침, 부적절한 미소나 웃음을 조심스럽게 가리는 것과 유사한 한국인들의 정중한 제스처이다. 영어권 사람들이 하품을 가리지도 않고 크게 한다거나 다른 사람의 얼굴에 대고 기침을 하는 것을 부정적으로 보듯이 한국인들에게 입을 벌리고 크게 웃는 것은 부정적으로 보인다. 영어권 남자들은 한국 사람들과 있을 때에는 크게 웃는 것을 되도록이면 피하고, 영어권 여자들은 덜 정중하게 보이지 않으려면 미소 지을 때나 웃을 때 한국 여성들이 정중하게 입을 가리는 것을 따라 하는 것이 좋겠다. 한국인들, 특히 여자들은 영어권에 있을 때 의무적으로나 반사적으로 입을 가리지 않고 미소 짓거나 웃어도 좋다. 살짝 자제하듯 한다면 오히려 매력적으로 보일 수도 있겠다.

혀로 볼을 볼록하게 하기

무성의하고 반어적이고, 심지어 타인에 대한 회의를 나타내는 제스처인 혀로 볼을 볼록하게 하는 것은 영어권의 흔한 또 다른 제스처로, 한국인들은 이것을 과장되고 버릇없고 사소한 일에 실랑이를 벌이는 행위로 본다. 실제로 어느 정도 과장되기는 했지만 영어권 사람들이 놀라서 턱을 늘어뜨리거나 눈을 위로 굴리거나 머리를 흔드는 등의 상대적으로 다른 통제 불가능한 제스처들도 마찬가지이다. 혀로 볼을 볼록하게 하기, 눈을 위로 굴리기, 턱을 아래로 늘어뜨리기 등에 해당하는 등가물을 한국에서는 목격한 적이 없지만, 이 제스처들은 영어권 사람들이 과장되게 사용한다고 한국인들에게 느껴지는 행동들이다.

일반적으로 한국인들은 감정 표현을 자제하는 것이 성숙하고 자제력이 있는 행동이라고 본다. 하지만 이러한 자제는 영어권 사람들이 볼 때 활발하지 못하고 속을 알 수 없는 것으로 비춰질 수 있다. 영어권 사람들은 더 개방적으로 감정을 표현하는데, 이것은 이들에게 자연스럽고 중립적인 모습이지만 한국인들에게는 순진하고 미숙하고 방종하는 모습으로 비춰진다.

6장 손으로 말하기

<< 손을 씻으세요!

얼굴이 신체 중 가장 많은 말을 할 수 있는 부분이지만, 손도 비언어적 의사 소통을 하는 데 가장 정교하게 발달된 부분이다. 농아는 다소 획일적으로 수화를 사용하지만 얼굴도 또한 사용한다. 얼굴 제스처는 손 제스처만큼이나 쉽게 눈에 띄지 않기 때문에 더 많이 사용되는 것 같지는 않다. 하지만 여기에서 다룰 손 제스처는 농아가 사용하는 특별한 손 제스처도, 주식 시장 중개인이나 기중기 감독관과 같은 다양한 거래와 직업에서 사용되는 특수한 손 제스처도 아니고, 특정 언어를 말하는 모든 화자들이 실제로 사용하는 흔한 제스처이다. 한 언어를 구성하는 모든 비언어적인 요소처럼 손 제스처도 문자 그대로 모국어 체계와 함께 아주 어릴 적부터 대개는 무의식적으로 습득되는 언어의 일부이다. 한 언어를 구성하는 비언어적 요소로서 다른 제스처처럼 손 제스처

는 언어를 사용하는 모든 화자들이 알고 있고 또 사용하고 있지만 어디에도 기록된 것은 없다. 그래서 이러한 손 제스처를 이제 기록하려 한다.

입을 가리는 것

먼저 눈에 띄고 가장 특징적인 한국인의 손 제스처에는 여성들이 미소 지을 때나 웃을 때 입과 이를 가리느라 손을 드는 것이다. 사실 이 제스처는 한국의 소년과 어린 남자들이 상관이나 어른이 있을 때 보여 주는 행동이기도 하다. 어른에 대한 신유교주의에서 비롯된 존경과 감정을 자제하는 행동의 일부로, 이것은 한국인들, 특히 여성들에게 세련된 것으로 여겨진다.  이 행동은 한편으로는 신체 중 성적인 면이 담긴 신체 일부인 치아와 입의 노출을 가리기 위해, 다른 한편으로는 연장자 앞에서 격양된 감정을 내비치는 것을 피하기 위한 것이다. 이 마지막 항목은 한국인들이 연장자 앞에서 존경의 의미로 먹고, 마시고, 흡연하고, 안경을 쓰는 것을 자제하는 것과 같은 선상에 있다. 영어권 사람들은 한국 여성들이 웃을 때나 미소 지을 때 손으로 입을 가리는 것을 특이하게 생각하고 단순히 정중한 제스처라기보다는 뭔가 음흉한 뜻이 있을 거라고 생각하는 경향이 있다. 그들은 흔히 이 제스처를, 영어권 여성들이 주의를 끌려고 눈을 깜빡 거리듯이,

거짓말을 하고 부끄러워 하는 것으로 해석한다. 영어권 사람들은 이 제스처가 담고 있는 존경의 의미를 이해하기보다는, 수줍음과 겸손함, 그것이 함축하는 한국의 위계 질서, 즉 영어권의 예절과 다르다고 해서 한국의 예절에 대해 불평한다. 더구나 그들은 비웃음을 사고 있다고 생각할 수 있다. 왜냐하면 정중한 영어권 사람들은 다른 사람을 당황하게 할 수 있는 웃음을 정중하게 가리기 때문이다.

영어권 사람들은 웃을 때나 미소 지을 때 다른 사람들에게 당혹감을 줄 경우에만 입을 가린다. 입을 가리고 웃는 것은 소위 '소매 안에서 웃기'라고 하는데 소매가 긴 옷을 입었던 중세 시대에 손으로 미소나 웃음을 가리는 것은 몰래 웃는다는 인상을 주었으며, 지금도 남을 조롱한다는 의미가 있기 때문이다. 영어권 사람들이 그런 제스처를 아주 가끔 사용하기 때문에, 한국인들이 빈번하게 사용하는 것을 재빨리 알아채고 또 보통 과한 것으로 해석한다. 거의 강제적으로 보이기 때문이거나 술을 마실 때처럼 손가락이 구부려지는 모습이 보여서일 수도 있다.

한편 한국인들은 영어권 사람들이 입을 연 채로 미소 짓고 특히 크게 웃는 것을 비난한다. 이것은 한국인들이 입을 가림으로써 피하는 행동이다. 다시 한번 상반되는 불만은 실제적인 문화 대비를 나타내고, 그 불평은 상대방에 대한 상호 이해 부족을 보여 준다. 영어권 사람들은 덜 과도한 위계 질서가 있는 사회에서 입을 벌려 웃는 것에 대한 비슷한 제약이 없기 때문에 한국인들의 제스처가 불편한 것이고, 위계 질서가 좀 더 있는 사회에서 한국인들은 영어권 사람들이 존경 의식이 명백히 부족하다고 꼬집는다. 이러한 상반되는 제스처는 모국어와 함께 무의식적으로 학습되고, 내재되어 있는 사회적 가치가 다르기 때문에 서로에게 이해되기까지는 최소한 이런 갈등을 유발할 것이다. 한국적 상황에서 영어권 사람들은 웃음 소리를 더 낮추고 입을 가리는 것이 좋을 것이다. 영어권에서 한국인들은 미소나 웃음을 억누르거나 치아나 입을 가리려고 하지 않아도 된다. 어떤 경우든 제스처가 변하더라도 관례적인 감정을 통제하기는 힘들겠지만 밀이나.

한국인과 어떤 면에서는 대조를 보이는 영어권 사람들은 하품할 때 조심스럽게 입을 가리는데 이는 입을 숨기기 위함이라기보다는 다른 사람에게 자신들의 지루함, 피곤함, 참을성 없음을 감추기 위함이다. 영어권 사람들은 감염의 원인이 있고 세균과 바이러스에 대해서 상대적으로 아주 예민하기 때문에 기침과 재채기를 할 때도 조심스럽게 입을 가린다. 한국인들은 웃을 때는 입을 가리지만 기침과 재채기는 가리지 않으려는 경향이 있다. 한국인들은 종종 참을 수 없는 재채기와 웃음을 즐기는 것 같다. 이 웃음은 분명히 사과를 표현하기 위함임에도 불구하고 마치 그들의 즐거움을 표현하는 것 같다. 영어권에서는 말한 것을 후회할 때 입을 가린다. 즉 자기도 모르게 말이 새어 나가거나 후회할 때 하는 제스처이다.

한국인과 영어권 사람 둘 다 무언가를 생각할 때나 무언가를 기억해 내려고 할 때 손가락 한두 개로 입을 가린다. 또한 생각하면서 턱을 잡거나 톡톡 두드리기도 한다.

악수

한국인은 영어권 사람들이 사용하는 손 제스처 중 가장 다른 제스처를 뽑으라면 가장 먼저 아마 악수를 뽑을 것이다. 한국인은 머리를 숙여 인사하는 것에는 익숙하지만 만날 때 신체를 접촉하는 것에는 익숙하지 않기 때문에 악수하는 것을 다소 버릇없고 강압적이고 비위생적이라고까지 생각할 수 있다. 하지만 한국인들은 예의가 바르기 때문에 보통 영어권 사람들이 손을 내밀 때 내민 사람의 감정을 상하게 하려는 경우가 아니면 악수를 해야 하는 것으로 이해한다. 하지만 영어권의 기준으로 볼 때 한국인들은 악수를 제대로 하지 못한다. 이것은 〈몸으로 말하기〉에서 살펴 볼 내용으로, 영어권 사람들은 고개 숙여 하는 인사를 잘 하지 못하는 것과 같다. 악수는 '터치'의 길이로 처리되기 때문에 한 가지 나쁜 악수의 예를 언급해야겠다. 영어권 사람들뿐만 아니라 한국인 사이에서도 발견되는 기분을 상하게 하는 악수로 '이끄는 악수'가 있는데, 우리가 기술하고 있는 계층에서는 아닐 것이다. 이런 제스처에서는 악수를 하는 사람이 대개는 리셉션 라인에 있는 공직자로서, 악수를 하고 손을 놓는 대신에 상대방의 손을 계속해서 잡고 다른 사람을 이끌어 당겨 길을 가는데 서두르거나 줄을 이동하듯 한다. 이때 상대방은 조종당하는 기분이 드는데, 바로 어원적으로 설명되듯 손을 넘겨 주고 당겨지고 조종당해서 그가 원하는 방식으로 감으로써 모욕감을 주기도 한다.

물건 건네주기

아마도 한국인의 손 제스처에서 두 번째로 쉽사리 눈에 띄는 것은 젊은이들이나 더 어린 사람들이 어른들이나 연장자에게 두 손으로 물건을 건네는 것이다. 더 간단하고 더 형식적인 형태는 오른손으로 건네 줄 물건을 잡고, 왼손으로 오른손 손목을 잡는 동작이다. 이러한 제스처는 훌륭한 매너의 기본적인 규칙이다. 모든 예절은 다른 사람들을 위해 고통을 감수하는 것이다. 이것은 위계 질서와 관계된 것으로 손윗사람이 아랫사람에게 두 손으로 물건을 건넨다든지 아랫사람이 손윗사람에게 한 손으로 물건을 건네는 것은 부적절하다. 언어에서와 마찬가지로 손 제스처에서 한국인들은 사회적인 위계 질서를 보여 주는 이러한 표현을 주의 깊게 따른다. 〈자세〉와 다른 장에서 살펴보겠지만 영어권 사람들은 다양한 방법으로 위계 질서를 보여 주지만 물건을 건넬 때와 같은 제스처상에서 보여지는 특징은 없다. 영어권 사람들은 물건이 왼손으로 전해지든 오른손으로 전해지든 별 관심이 없다. 한국인들에게 두 손을 사용하는 것은 특히 중요하다. 낯선 사람이나 연장자와 명함을 주고 받을 때는 최소한 단순한 형태의 한 손과 함께 반쪽 손을 더 사용해야 한다. 이러한 행동은 동년배와 손아랫사람에 대한 적절한 행동과 이와는 약간 다른 낯선 사람과 손윗사람에 대한 적절한 행동의 구분이 따른다.

 선물을 받을 때 처음에는 공손하게 제스처로나 말로 사양하는 것이 한국인의 예의다. 진심어린 제안이라면 한국인들이 받아들여도 좋겠다고 생각할 때까지 최소한 한 번, 아마도 두 번까지는 반복해서 제안하는 것이 필요하다. 한편 영어권 사람들은 제안도 그리 공손하지 않은 것 같고 첫 거절을 마지막으로 받아들이는 것 같다. 이러한 예의범절의 차이는 아마도 전통적인 부족문화/잉여문화 사이의 차이에 따른 것으로 보인다. 한국인들은 영어권 사람들이 딱 한번만 제안하고 그래서 그 제안이 성의가 없어 보이고 반복되지 않으면 무례해 보이기까지 하다고 말한다. 반면 영어권 사람들은 한국인들이 물건을 그들에게 떠넘기고 거절을 쉽게 받아들이지 못하는 것 같다고 말한다. 한국적 상황에 있는 영어권 사람이라면 제안을 안 하든지 아니면 최소한 두세 번은 제안을 반복하고 세 번까지의 거절이 필요할 수 있다는 사실을 받아들여야 한다. 그리고 영어권에 있는 한국인이라면 모든 영어권 사람들이 하는 제안은 처음에 할 때 성의 있게 한 것이고 거절된 제안을 반복할 것이라는 기대를 버려야 한다. 많은 한국인들이 영어권에서 이불이나 음식에 대한 제안을 정중하게 거절해서 밤새도록 떨거나 심하게는 배고픈 채로 보내야 했다고 불평한다.

📄 숫자세기

한국인과 영어권 사람은 숫자를 셀 때 '영', '하나', '둘', '셋', '넷', '다섯' 이라고 부르는 제스처가 동일하다. 하지만 한국인은 엄지와 검지를 들어 '둘' 이라고 표현하는데 이것은 한국에 있는 영어권 사람들에게는 문제가 된다. 엄지가 무시되기를 기대하는데 종종 주문을 한 잔만 했는데도 두 잔이 오는 경우가 있다. '영' 의 표시는 영어권에서는 '오케이', '좋아', '이해했어', '완벽해' 라든가 개인적인 암호로 '딩자' 라는 부가적인 의미가 있다. 수평으로 하면 한국에서는 '돈' 이라는 의미가 된다. 검지와 중지를 펴서 '둘' 이라고 하는 공통된 제스처는 '승리' 와 '평화' 라는 부가적인 의미도 있다. 손바닥이나 등을 보여도 괜찮다. 영어권에서만 이 '둘' 은 손바닥이나 손등을 다 보여도 되지만 손등을 보이면 '승리' 라는 의미가 있을 수 있지만, 또 다른 애매한 부가적 의미가 있다. 손등으로 중지를 들어올리면 '두 배' 라는 의미가 있지만 '엿 먹어라' 는 저속한 뜻도 된다. 아직 한국에는 잘 알려져 있지 않지만, 불행히도 텔레비전에 나오는 영어권 록 연주가들로부터 배워 젊은이들 사이에서는 일반화된 것 같다.

'셋' 은 국제 보이 스카우트의 맹세이자 인사라는 부가적인 의미가 있다. '셋' 은 때때로 두 언어에서 중지, 약지, 새끼 손가락을 들어

올리고 엄지와 검지를 접어서 표현한다. '넷'이라는 공통된 표시는 한국어나 영어에서 어떤 부가적인 의미도 있는 것 같지 않다. '다섯'이라는 의미는 한국어나 영어권에서 둘 다 '멈춰'라는 의미가 있다.

한국의 '여섯'에서 '열'은 '하나'에서 '다섯'을 곧바로 펴 있는 왼손을 접으면서 개별적으로 말한다. 영어권은 두 손을 다 사용하지만 왼손으로 '다섯'을 표현하고 오른손으로 '하나'에서 '다섯'까지를 따로 센다. '열'이 넘어가는 숫자는 영어권에서는 한 주먹으로 '다섯'에 대한 신호를 바꿔가면서 나타내고, '하나'에서 '넷'까지 필요하면 덧붙이거나 주먹을 '열'에 해당하는 신호로 하여 바꿔 세고, 필요하면 '하나'에서 '아홉'을 덧붙인다. 한국어에서는 다섯까지 손가락을 접으면서 센 다음 다시 펴면서 반복한다. 그리고 '하나'에서 '넷'이 필요하면 첨가한다.

한국과 영어권의 제스처는 세는 법이 상당히 다르다. 한국인은 한 손을 이용해 숫자를 센다. 즉 엄지손가락부터 손바닥을 향해 '하나', 엄지 위로 검지를 낮추면서 '둘', 중지로 '셋', 약지로 '넷', 새끼 손가락으로 '다섯'을 표시한다. '여섯'에서 '열'은 새끼 손가락, 약지, 중지, 검지, 엄지를 들어올려서 그 과정을 되풀이해서 센다. 한국인들은 숫자를 셀 때 두 손을 사용하는데, 왼쪽 엄지를 접어서 '하나', 검지, 중지, 약지, 새끼 손가락을 접어서 '둘'에서 '다섯'까지를 센다. '여섯'에서 '열'까지는 그 과정이 반복되는데, 새끼 손가락, 약지, 중지, 검지, 엄지 순으로 편다.

한 손으로 수를 세는 영어권 사람들은 검지를 들어 '하나', 중지로 '둘', 약지로 '셋' 새끼 손가락으로 '넷' 엄지로 '다섯'을 센다. '여섯'에서 '아홉'까지는 엄지를 새끼 손가락, 약지, 중지, 검지의 끝에 대고, '열'에 엄지를 든다. 두 손을 이용하면 영어권 사람들은 오른쪽 검지를 사용해서 왼쪽의 검지, 중지, 약지, 새끼 손가락 그 다음에 엄지를 펴서 '하나'에서 '다섯'까지가 되고, 그 과정을 반대로 해서 왼쪽 검지로 오른손 검지, 중지, 약지, 새끼 손가락을 그 다음에 엄지를 펴서 '여섯'에서 '열'이 된다. 한국인들이나 영어권 사람들은 손가락으로 열 이상을 그다지 많이 세지는 않는다. 하지만 둘 다 이론상으로는 한 손으로 얼까지 세면서 다른 손으로는 '하나'로 십을 기록하고 '백'까지 도달하면 원래 손으로 '열'을 추가해서 110까지는 셀 수 있다.

한국인들은 돈을 셀 때 왼손 검지 위에 돈뭉치를 둘로 접어서 양끝을 올리고 자기 쪽으로 각 장을 위쪽에서부터 오른손 엄지와 검지로 센다. 영어권 사람들은 보통 돈뭉치를 한 손으로 잡고는 지폐를 차례로 엄지와 검지를 이용해 평평한 바닥이나 다른 손에 올려서 센다.

손 흔들기

보통 위계 질서에 관심을 갖는 한국인들은 지나갈 때 손아랫사람에게는 머리를 끄덕이고 손윗사람에게는 머리 숙여 인사한다. 영어권 사람들은 좀 더 동등한 예의 범절을 따라 손아랫사람이나 손윗사람에게 똑같이 손을 흔든다. 만약 영어권 사람이 한국의 손윗사람에게 손을 흔든다면 이 한국사람은 자연스럽게 자신의 우위권에 대한 관례적인 인정을 덜 받는다는 이유로 기분이 상할 것이다. 한국인 상관을 두고 있는 영어권 사람들은 한국인 방식으로 인사하는 법을 배우는 것이 바람직하다. 한국에서는 한국사람처럼 살면 된다. 사실 영어권 사람들은 손아랫사람이나 손윗사람에게 인사하는 방법을 구분하고 있지만 두 가지 경우에 다 손을 흔들어 주는 경향이 있다. 하지만 손을 흔들고 받을 때, 중요한 상관이라면 아주 약간이라도 고개를 끄덕이거나 고개를 숙이는 것이 아주 좋다. 한국인들은 영어권 사람들이 "모든 사람은 동등하게 창조되었는데 그들이 이것을 동시에 믿기도 하고 믿지 않기도 한다"는 가정을 한다는 것을 기억해야 한다. 머리 숙여 인사하는 것은 보통 영어권 사람들에게 사회적인 차이를 다소 심하게 인정하는 것으로 비춰진다. 한마디로, 그들은 그런 습관이 없어 다소 저항적이다. 특히나 그들이 그 상관을 특별히 좋아하지도 존경하지도 않는다면 말이다. 인사는 〈몸으로 말하기〉에서 길게 논의될 것이다.

물론 손 흔들기는 보통 손 흔드는 사람이 주의를 끌려 하거나 타인이 인식하도록 하는 수단이다. 먼 거리에 있는 사람과 만나거나 헤어질 때 머리 위로 손을 흔드는 것은 두 손으로 정교하고 크게 할 것이다. 보다 자주 단순하게 얼굴이나 어깨 정도의 높이에서 손을 앞뒤로 움직인다. 가까운 친구와 손아랫사람에게는 손목만을 까딱거리는 것이 될 것이다. 손이 다른 일로 바쁘다면, 새끼손가락을 흔들 것이다. 이것은 간단하게 눈의 마주침이 수반되는 인사의 수단이다. 이러한 인사의 수단은 우리가 앞으로 살펴 보겠지만, 윙크나 올린 턱, 올린 눈썹처럼 약하고 평범한 것일 수 있다. 영어권에서 손 흔드는 것이 아주 친숙한 것이기 때문에 아주 중요한 손윗사람들에게 고개를 끄덕이거나 숙여 인사해야 하며 이러한 행위는 인사뿐 아니라 존경까지 나타낸다. 상관에게 손을 흔들어 인사하는 것은 교황에게 "안녕! 성하님!"이라고 말하는 것만큼이나 나쁘다. 아마도 한국인 회사에서 일하는 영어권 사람들은 한국인을 교황처럼 대해야 할 것이다. 여기에서의 어려움은 한국인들처럼 영어권 사람들도 위계 질서의 특징이 있지만 그들은 한국사람보다 평등권에 대한 범위를 보다 넓게 확장하는 경향이 있다는 것이다. 마찬가지로 그들은 한국인들보다 더 빨리 격의 없는 우정에 도달했다고 생각한다. 한국 환경에 있는 영어권 사람들은 손을 흔들어 인사하는 것을 동년배와 손아랫사람에게 국한시키고, 손윗사람, 약간이라도 높은 상관에게 고개를 끄덕이거나 머리를 숙여 인사해야 한다. 영어권에 있는 한국인들은 동년배와 손아랫사람에게는 손을 흔들면서 고개를 끄덕이고 중요한 상관에게는 한국인보다 덜 깊지만 고개를 숙이는 게 좋겠다.

　여기에서 논의되고 있는 계층에서는 보통 그렇지 않지만, 한국인과 영어권 사람들 사이에서 발견되는 실제로 역겨운 손 제스처에는 한 손으로 코를 풀어서 나무나 벽, 표지판, 전봇대 등 손에 닿는 곳에 닦는 행동이다. 코를 푸는 것보다는 덜 역겹지만 많은 이에게 해당하는 또 다른 손 제스처는 손가락 관절을 눌러 소리를 내는 것으로 특히 천천히, 고의적으로, 연달아서 아마 열손가락 전부를 소리 낼 때이다. 영어권 사람들은 엄지와 손가락을 입술 정도에 수평으로 두고 입처럼 열었다 닫았다 하면서 입을 만들어서 '말하기' 나 '짜내기', '부드러움' 또는 '펑크 난 타이어'를 표시한다. 한국인들은 엄지와 손가락을 수평으로 하고 손가락을 앞으로 몇 번 터뜨려 '말하기' 라는 비슷한 제스처를 취한다. 영어권 사람들은 종종 나무를 만지거나 두드리는데 이는 하나님의 분노를 가져올 것 같다고 생각되는 의도치 않은 자랑을 털어 내기 위한 것이다. 예를 들어 어떤 영어권 사람이 "겨울 내내 감기에 한번도 안 걸렸어!"라고 말한다면 곧 나무를 만지거나, 나무가 주위에 없다면 이마를 익살스럽게 칠 것이다. 그 제스처는 개신교가 전파되기 이전 서구 유럽인들에게 전해져 오는 나무 숭배에 대한 기억으로부터 전해 내려오는 것으로 간주된다. 이러한 행동은 그 아래를 지날 때 아무하고나 키스를 해도 되는 관습이 있는 크리스마스 나무와 나무장식의 사용과는 거리가 멀다.

검지

한국인이나 영어권 사람에게 검지 손가락만으로 사람을 가리키는 것은 예의 바르지 못하다. 이러한 제스처는 방향이나 장소 또는 페이지 등을 가리킬 때는 괜찮지만 사람을 가리킬 때 사용하면 안 된다. 왜냐하면 그 사람이 비난 받는다고 느껴져서 움찔하게 되기 때문이다. 사람을 가리킬 때나 방향을 가리킬 때조차도 손 전체를 사용하는 것이 더 좋다.

한 손가락보다는 더 힘이 많이 드는 이 동작은 다른 사람들을 위해 고통을 감수한다는 일반적인 규칙의 또 다른 예로서 비언어적 의사 소통에서 추구하는 최소한의 수고와 자기 자신의 편안함과는 상반된다. 아주 비슷하게 영어권에서 검지 하나만을 사용해서 위로 구부려 개인을 부르는 것은 무례한 행동으로, 많은 이들이 경찰관의 제스처나 최소한 손윗사람의 젠 체하는 제스처로 손아랫사람에게 모욕감을 느끼게 하는 것으로 생각한다. 한국인들 또한 이것을 경찰관 제스처라고 여긴다. 우리가 기술하고 있는 계층은 아니겠지만 일부 한국인들은 싸우기 위해 다른 사람을 적대적으로 부를 때, 아이나 손아랫사람이나 개를 부를 때 이 제스처를 사용한다.

이것은 예의 바른 한국인들이 손바닥을 아래로 하고 손가락을 흔들어 '오라' 는 신호를 하는 것과 강하게 대조를 이룬다. 영어권에는 손바닥을 위로 하고 손가락을 흔드는 것이 이에 해당한다. 가리키는 경우처럼 손 전체를 사용하는 것이 더 사려 깊은 것으로 이런 제스처를 하려면 더 큰 고통을 감수해야 하지만 여기에서 다소 중요한 문하저인 차이를 알 수 있다. 엉어권에서는 손바닥을 위로하고 손가락을 세워서 자신 쪽으로 당기면서 사람을 부른다. 반대로 한국인들은 손바닥을 아래로 하고 손가락을

자신 쪽으로 당겨서 부른다. 이러한 차이는 이종 문화간에 접촉할 때 많은 오해를 낳는다. 한국인이 부르는 신호는 영어권의 헤어질 때 하는 손짓과도 너무 비슷하다. 부수적인 사건으로 영어권의 잘 가라는 신호는 한국인에게 오라고 부르는 신호로 여겨질 수 있다.

보고된 한 가지 예는 어떤 한국 학생이 자신의 영어권 교수의 배웅을 받는데 교수의 잘 가라는 손짓을 호출 신호로 받아들여 비행기에서 나왔다가 비행기를 거의 놓칠 뻔했다고 한다. 영어권 사람들은 한국인의 오라는 제스처를 사용하기는 하지만 보통 허리나 더 아래로는 개나 고양이를 부를 때 사용한다. 이러한 제스처는 보통 짧고 낮고 부드러운 휘파람을 동반한다.

관자놀이에 양 검지를 올리면 한국에서는 '화가 났다'는 의미지만 영어에서는 불쾌하게도 '오쟁이 진 남편'이라는 뜻이다. '오쟁이 진 남편'은 영어로는 검지와 새끼 손가락을 들고 엄지, 중지, 약지는 접어서 나타낼 수 있다. 손바닥이나 손등이 어느 쪽을 향해도 상관없다. 이러한 제스처가 위쪽보다는 허리 아래로 향하면, 저주에서 해를 없앤다는 카운터 헥스(counter hex: 받아치기)가 된다. 한국어에서 '오쟁이'는 거북이를 만들어 표시한다. 중지를 엄지, 검지, 약지, 새끼 손가락 위를 수평으로 확장시키면 된다.

한국인과 영어권 사람들 모두 '조용히!'를 입술에 검지를 갖다 대어 나타내지만 영어권 사람만이 '쉬'라는 소리와 함께 제스처를 취한다. 이런 쉬 소리를 한국인은 아주 다른 목적으로, 어린 아이가 소변을 보도록 할 때 사용하고 있다. 영어권 사람들이 이 손가락 제스처를 소리가 없이 사용하면 타인에게 어떤 문제에 대해 언급을 삼가거나 비밀을 지켜달라는 신호이다.

이 검지로 할 수 있는 가장 경멸 받는 제스처는 코를 후비는 것으로 〈신체 접촉〉에서 앞서 언급했다. 화장실에서 하는 행동을 공공연하게 행하면 계층을 설명하는 지표가 되므로 더 이상 언급할 필요는 없겠다.

손가락

공통된 손 제스처에는 손가락으로 책상 위나 팔걸이를 드럼 치듯 두드리는 것으로 똑같이 절망, 초조, 지루함, 걱정, 다른 곳에 있고 싶은 소망을 나타낸다. 이것은 부분적으로 압박 받고 있는 것이 축소되어 발산되거나 걷고 싶은 바람을 표현하는 것으로 무릎이나 발을 깐닥깐닥하는 것과 아주 밀접하다. 이 행동 역시 불완전하게 눌린 바람을 나타낸다. 물론 이런 모든 제스처는 함께 있는 사람과 자신이 속해 있는 상황에 대한 초조함을 나타내기 때문에 예의 바르지 못하다. 벽시계를 주시한다거나 손목시계를 흘끔 쳐다보는 것과 밀접하게 관련이 있다.

한국인의 '돈'에 대한 제스처와 영어권 사람의 '오케이' 또는 '훌륭해'라는 신호는 비슷한 모습을 가지고 있다. 둘 다 엄지와 검지로 원을 만들어 표현하는데, 한국의 신호는 동전을 만들고 그 원이 보통 가로 방향으로 놓여 있지만, 영어권의 표시는 수직으로 세워져 문맥에 따라 '오케이'나 '훌륭해'의 의미로 읽힌다. '오케이(OK)'는 엄지와 검지로 'O'를 만들고 'K'는 검지와 나머지 세 손가락으로 만든다. '훌륭해'는 '정밀함'이나 '정확성'을 아주 유사하게 가리킨다. 이것은 엄지와 검지를 함  께 모아 아주 미세한 정도를 보여 준다. '훌륭해'는 또한 키스를 날리는 것처럼 엄지와 손가락을 당겨서 모아진 손 끝에 입맞춤해서 손가락을 당겼다가 펼친다. 손가락이나 여러 손가락에 키스를 해서 키스를 상대방 쪽으로 날리거나 부는 모습이다.

보통 엄지와 중지로 내는 탁 소리는 영어권 사람들이 '뭔가를 잊었네'나 '후회'를 나타내어 보통 '이런!'이란 말이 같이 수반된다. 하지만 교육 받은 영어권 사람들은 웨이터를 부를 때나 '서둘러'를 표시하려고 탁 소리를 내지는 않는다. 한국인과 영어권 사람 모두 개를 부를 때는 손가락으로 탁 소리를 낸다. 아마도 사람을 그렇게 부른다면 너무 무례한 짓이기 때문일 거다.

엄지

엄지는 손 중에서 상대적으로 약한 쪽인 것 같다. 주먹에서 엄지를 드

는 것은 한국을 포함해 아주 국제적인 표시가 되었는데 '좋아'나 '축하', '동의', '예', '격려'를 나타낸다. 두 엄지를 드는 것은 '매우 좋은'의 뜻이며, 'two thumbs up(두 엄지 들기)'이라는 언어 표현은 특히나 영화나 연극에서 '강한 인정'을 의미한다. 이것은 영국 군대 제스처에서 비롯됐다고 여겨진다. 일반적인 '위로(up)'의 긍정적인 의미와 '힘을 내라(keep your peck up)'(pecker는 '용기' 또는 '남근'을 의미한다)는 언어 유희에서 비롯됐을 것이다. 엄지를 아래로 향하는 것은 '안돼', '부동의', '거부', '나쁜'이라는 의미로 패배한 검투사에게 죽음을 지시하는 로마인들의 신호에서 유래되었다.

한국에서 엄지를 들면 '남자', '남편', '사장', '최고'라는 의미이고, 새끼 손가락을 들면 '여자', '부인', '소녀', '애인'이라는 뜻인데, 새끼 손가락의 경우는 영어권에서는 특별한 의미가 없다.

영어권 사람들은 엄지 손가락으로 어떤 방향이든지 가리키면 무례하다고 생각하는데 특히 '뒤'를 어깨 뒤로 표시할 때 무례한 행동이라고 여긴다. 영어권 사람들은 엄지 손가락을 히치하이크 하려고 사용하는데, 이 경우 한국인은 차가 오는 것을 바라보고 손을 들어 표시한다. 이 후자의 제스처는 호주에서도 히치하이크를 할 때 사용된다. 호주에서는 엄지 손가락을 드는 것이 가운데 손가락을 드는 것과 같은 의미를 지니기 때문이다.

중지

'핑거(finger)', 버손가락 '버드(bird: 가운데 손가락을 세워 상대에게 보이는 짓)', '피그(fig: 두 손가락 사이에 엄지 손가락을 끼워 넣는 상스러운 손짓)'로 알려진 중지를 들어 올리는 것은 불행히도 텔레비전을 통해서 전세계적으로 퍼져 있는 "엿 먹어라"는 뜻이 있는 모욕적인 영어권의 제스처이다.

이것은 한국에서 비슷한 의미로 검지와 중지 사이에 엄지를 들어올리는 것과 매우 가깝다. 이 동작은 거의 여성들을 향해 행해지지는 않는다. 영어권의 이 제스처는 너무 외설적이어서 영어권에서 중지는 완전히

더럽혀져 어떤 다른 제스처에도 사용할 수 없다. 안경을 쓴 영어권 사람들은 안경을 코 위로 들어 올리려고 중지를 사용하는데 다른 사람은 숨은 뜻이 있는 '핑거'로 이해할 것이다. 한국인들은 종종 같은 손에 무언가를 가지고 있고 무언가를 가리키기 위해 중지를 사용하는데 한국어에서는 그런 외설적인 함의가 없기 때문이다. 하지만 거의 대부분의 영어권 사람들은 중지가 사용될 때마다 모욕을 연상하게 될 것이다. 영어

권 사람들 모두가 엄지 손가락을 들면 '좋은'이라는 의미로 해석하지는 않는다. 왜냐하면 호주에서는 엄지 손가락을 들어 올린 것이 중지를 들어 올린 것과 같은 의미가 되기 때문이다. 마찬가지로 영어권 환경에서 한국인들은 중지를 사용해서 가리키는 것을 피해야 한다.

영어권에서 자신의 검지와 중지를 사용해서 작은 꼬마의 코 사이에 끼워 아이의 얼굴에서 코를 낚아채듯 자신의 엄지를 검지와 중지 사이에 넣어 꼬마이 코를 흉내 내는 제스처를 하는데 한국인은 이에 아주 민감해지는 것 같다. 영어권 사람들은 이것이 외설적인 제스처와 비슷할 수 있다는 것을 종종 알지만 이 장난을 외설적인 제스처와 결부시키려 하지 않는다. 하지만 한국인들은 확실히 외설적인 제스처와 결부시키는 경향이 있다. 영어권 사람들은 한국의 어린이에게나 한국적인 상황에서 이런 장난을 치지 말아야 한다. 이것은 누구에게라도 즐겁게 여겨질 것 같진 않다. 영어권 사람들은 한국인의 '피그'를 거의 모르기 때문에 어떤 의미도 없이 이 제스처를 취해서 겨울에 엄지 손톱을 따뜻하게 하려고 한다. 하지만 그것을 모르고 한다면 타인에게 모욕감을 줄 수 있다.

약지

가장 조절하기 힘든 손가락인 약지는 한국인이나 영어권에서 어떤 제스처를 취하는 데에도 개별적으로는 사용되지 않는다. 하지만 많은 영어권의 남성과 여성들이 끼는 결혼 반지의 위치로 왼쪽 손은 중요하다. 그리고 일부 한국인들은 결혼의 표시가 된다. 결혼하지 않은 여성들이 종종 이 손가락에 반지를 끼어 결혼한 척 하기도 한다. 결혼한 여성이라는 선을 그어 남자들의 주의를 피할 때 편리하기 때문이다.

새끼 손가락

앞서 언급했듯이 새끼 손가락을 올리면 한국에서는 '여자'라는 뜻이다. 하지만 이 손가락은 영어권에서는 어떤 흔한 제스처에서도 개별적으로 사용되지 않는다. 하지만 이 손가락은 한국인과 영어권 사람들에게 귀, 코, 이를 후비는 데 사용된다. 한국의 경우에도 영어권의 경우에도 이 행위가 공공연히 행해지면 계층을 알리는 표시가 된다. 하지만 여기에서 기술하고 있는 계층은 아니다. 한국의 남자들은 보통 새끼 손가락에 긴 '기능성' 손톱을 길러서 코 후비는 역할을 편리하게 하려고 한다. 이렇게 긴 손톱은 의미상으로 눈에 띄는 문신과 같이 계층을 표시한다. 영어권 사람들은 모든 후비는 동작을 화장실에서 할 행동으로 본다. 하지만 한국인들은 손가락이 아니라 이쑤시개를 사용해서 식사 중에 손을 가리고 이를 고른다.

영어권 사람들, 특히 여자들은 종종 얌전함과 좋은 가문의 표시로 술을 마실 때 새끼 손가락을 살짝 구부리는데 실제로 이것은 잘난 체하고 거짓된 숙녀 행세로 명백한 계층 표시이다. 똑같은 제스처를 똑같은 의미로 한국인들이, 보통 여성들이 가끔 사용한다.

낮은 손 제스처

천박한 영어권의 남자들이 다른 사람을 쳐다보면서 생식기를 잡는 제스처는 일명 '사타구니 잡기'로 불리고 보통 '엿 먹어라'는 의미로 다른 남자들을 향한다. 이것은 여자 역의 농성연애자가 다른 남자를 부르는 것과 비슷한 제스처로 '먹어라'는 의미로 생식기를 가리키며 한다. 영어권에서 남자 대 남자로 할 수 있는 가장 심한 언시이다. 대부분의 한국인 남자들은 반쯤 접은 손에 주먹을 밀어 올리면서 '엿 먹어' 또는 '제기랄'을 나타낸다. 영어권의 언어 표현인 "너나 잘 하세요!"와 비슷한 뜻이겠다.

덜 천박하고 덜 외설적인 한국 남자들의 제스처는 생식기를 가리키는 것이다. 그 뜻은 '나는 강하다. 준비가 되어 있다'이다. 영어권 사람들은 이두박근을 보여 주면서 '강함'을 나타낼 것이다.

술 마시기

한국인들이 함께 술을 마실 때는 보통 서로가 술을 따라주는데 특히 상사에게는 아랫사람이, 가끔은 남자들에게 여자들이 따라주기도 한다. 한국인들은 두 손이나 한 손 반을 사용하고 오른손으로만 따르고 아래

쪽이 아니라 병의 밑바닥만을 잡는다. 그들은 혼자 따라 마시지는 않는다. 그들은 서로 따라주지만 손아랫사람은 손윗사람이 술을 따라줄 때 두 손으로 잔을 잡고 술을 받는다. 그들은 모두의 잔이 가득 차지 않으면 마시지 않고 잔이 비면 또 다시 따른다. 영어권 사람들 사이에서 이것은 공식적인 건배를 들기 전에만 행해지는 관행이다. 영어권 남자들은 자신의 잔을 채우기 전에 보통 여성들의 잔을 먼저 채우고 종종 잔이 채워지자 마자 마셔버려서 한국인들이 느끼기에 영어권 사람들이 예절이 없고 말할 수 없이 이기적이라고 생각하게 한다. 한국인들 사이에서는 모두가 잔을 채울 때까지 함께 기다리는 것이 관행이다. 한국인들 사이에 있는 영어권 사람들은 더 참을성을 가지고 모든 잔이 채워질 때까지 기다려야 한다. 그렇지 않으면 무례해 보인다. 영어권에 있는 한국인들은 빈 잔을 두고 목마르게 다른 사람들을 위해 기다리지 않아도 되며, 보통 각자 개인적으로 병을 가지고 혼자서 따라 마신다. 그렇지만 테이블에 병이 공통으로 있을 때는 영어권 사람들도 자신이 술을 더 마시고 싶을 경우 자신의 잔을 채우기 전에 다른 사람의 잔을 먼저 채우는 것이 예의바른 것이라고 생각한다.

　영어권 사람들은 보통 함께 술을 마실 때 따로 시킨다. 웨이터가 대접해 주거나 낱 병이 오거나 하는데, 그들은 보통 다른 사람이 혼자 따라 마실 때를 기다려 그때 "건배!", "건강을 위하여!", "당신을 위하여!"라고 동시에 소리치며 마신다. 맥주를 마실 때는 때론 피처로 제공되기도 하는데 최고 연장자가 모두에게 따라주나 숙녀부터, 그리고 나서 동시에 마시거나 때로는 공식적인 건배로 이어진다. 첫 잔 이후에는 각자 혼자 따라 마신다. 남자들이 여자들에게 따라 주고 주인이 손님에게 따라 주기도 한다. 아무도 두 손으로 따르지 않고 오른손으로만 따르라는 법도 없다. 병은 때론 아래를 잡고 따르기도 하지만 아무도 신경 쓰지 않는다. 일반적으로 영어권의 술을 마시는 손 제스처는 그 언어처럼 한국인의 제스처보다 위계 질서의 특징이 거의 없다. 하지만 영어권 사람들은 누가 손위고 아래인지를 알고 여러 면에서 존중한다. '네'와 '응'과 같은 차이나 호칭과 같이 영어에도 몇 가지 구분되는 위계 질서가 있다.

술을 마실 때 영어권의 예절을 보면서 한국인들은 영어권 사람들이 이기적이고 정이 없다고 느낀다. 반면 한국인들의 술 마시는 방식에 대해 영어권 사람들은 과하고 불필요하게 위계 질서가 많다는 인상을 받는다. 우리가 기술하고 있는 계층은 아니겠지만 어떤 영어권 사람들은 바에서 술을 마시고 바 위에 돈을 종종 얹으면 바텐더가 제공된 술값을 뺀다. 교육 받은 영어권 사람들은 보통 바텐더나 웨이터에게 계산서를 받아서 떠날 때 지불한다. 한국인들은 돈을 보여 주지 않고 바텐더가 계산서를 가지고 있고 한 사람이 자신과 나머지 친구를 위해서 돈을 낸다. 파티를 제안하는 사람이 전체 비용을 항상 낸다. 더치페이는 없고 다만 자기가 계산하겠다고 서로 야단이다.

한국인들은 술을 마실 때 항상 과일이나 오징어를 먹는다. 영어권 사람들은 땅콩과 프레첼을 먹거나 아무것도 먹지 않는다. 한국인들이 술을 마실 때 무언가를 항상 먹지만 영어권 사람들은 아무것도 먹지 않는다. 아마 더 빨리 취하려고 하나 보다. 한국인들은 자신의 빈 잔을 친구에게 건네 주고 그가 술을 마시도록 채워 준다. 영어권 사람들은 몇 세기 전에, 잘 때 마시는 술이나 은퇴 전에 평화의 제스처처럼, 큰 손잡이가 달린 '사랑의 잔'을 옆으로 돌리면서 '컵에 키스하라'는 관습이 있었다. 이 사랑의 컵은 오늘날 일반적으로 스포츠 우승 트로피로 사용된다. 오늘날 영어권 사람들은 아마도 한국인들에게서 다정하지만 비위색적이고 당혹하게 하는 제스처를 보게 될 것인데 그런 제스처를 절대 거절해서는 안된다. 한국인 친구, 특히 손윗사람이 술을 따라 줄 때는 오른손으로 잔을 잡고 왼손으로 바닥을 받쳐야 한다. 여자들이 한국의 술자리에 있다면 여자들이 모든 술 시중을 들 거라고 기대할 것이다. 다행히도 일본인들과는 달리 한국인들은 잔을 가득 끝까지 채우지 않고 단지 빈 잔을 채우는 정도로만 하기 때문에 술을 마시는 사람이 마시는 속도와 양을 조절할 수 있다. 그리고 친구들끼리 술을 마실 경우에는 이 모든 규칙들은 완화되는 경향이 있다.

정찬

한국인들은 보통 바닥에 앉아서 낮은 식탁에서 먹고 마신다. 이것은 예상대로 입식 문화인 영어권 사람들이나 영어권 국가에서 자란 한국인들에게도 문제가 될 것이다. 우리가 〈자세〉를 다루는 장에서 살피겠지만 배려 깊은 한국 남자 주인들은 종종 외국인들에게 다리를 쭉 뻗거나 다리를 편하게 하라고 한다. 영어권 사람들과 외국인들은 정중하게 그 제안을 받아들일 수 있다. 반대 상황에서 한국인들은 영어권 사람들의 의자가 너무 높아서 다리가 바닥에 닿지 않아 의자에 허벅지가 걸치지 않게 하려고 발을 들어올리는 경향이 있다. 그들은 가로대나 의자에 발뒤꿈치를 올릴 것이다. 배려 있는 영어권 주인이라면 더 낮은 의자가 없을 경우 한국인 손님에게 발을 올릴 수 있도록 권할 것이다.

전형적인 한국 식사는 밥, 국, 다양한 종류의 반찬으로 이루어진다. 각 사람은 보통 금속으로 된 국그릇과 밥그릇을 제공 받는다. 보통 같이 먹는 다양한 종류의 반찬은 식탁의 중앙에 놓인다. 순가락과 금속 젓가락은 밥그릇 오른쪽에 둔다. 금속 밥그릇은 보통 금속 덮개가 있다. 그리고 오른쪽에 국그릇이 놓인다. 숟가락과 젓가락은 오른손으로 잡는다. 전체적인 식사는 한번에 제공되고 실제로 개인이 원하는 대로 어떤 순서로든 먹어도 좋다. 하지만 식사 중에 제일 큰 어른이 제일 먼저 숟가락이나 젓가락을 든다. 영어권에서 안주인이 포크를 들기 전에 아무도 안 먹는 것과 같다. 반찬은 항상 너무 많아서 절대로 다 못 먹는다. 분명 식당에서는 버리겠지만 경제적이지는 않아도 후한 것을 즐기는 한국인의 모습이다. 밥과 국은 숟가락으로, 반찬은 젓가락으로 먹는다. 한국 식탁에는 나이프는 없지만 고기를 자르려고 식탁 위에 가위를 두기도 한다. 한국의 금기 사항은 국이나 밥그릇에 숟가락이나 젓가락을 올려두면 안 되고, 특히 숟가락을 밥에 꽂아 놓으면 안 된다. 이는 죽은 사람을 위한 제삿밥과 같기 때문이다. 밥그릇을 국그릇 오른편에 두면 안 된다. 이것은 제사상에 놓는 관례적인 위치이다. 젓가락과 숟가락을 식사 중에나 식사 후에라도 사용하지 않을 동안 식탁 위에 올려 놓는다.

음식 그릇은 따로 없어서 음식 그릇을 분배하는 일은 없다. 대신 개인은 자신이 직접 반찬을 가져다 먹도록 되어 있다. 이것은 영어권 사람들에게 하숙집과 같은 분위기를 준다. 한국인들은 이것을 남에게 물건을 건네 주는 부담을 주지 않아서 예의 바르다고 생각한다. 사실 남에게 멀리 있는 접시를 전달해 달라고 하거나 닿으려고 식탁에 기대는 것도 예의 바르지는 않다. 불행히도 멀리 있는 것은 즐기지 못하는 것이다.

하지만 한국인들은 종종 서로 특별히 맛있어 보이거나 멀리 떨어져 있는 것을 아주 공공연히 그들의 젓가락으로 가져다 준다. 이런 제스처가 영어권 사람들에게는 매우 친밀한 것으로 인식되지만 한국인들에게는 단지 사려가 깊은 것으로 보일 뿐이다. 이것은 한국인 주인이나 연장자가 자신의 잔을 손님에게 권하고 손님이 마실 수 있도록 채워 주는 것과 비교할 만하며, 고대 영국의 키스하는 컵이나 사랑의 컵이나 화해와 사랑의 나이트 캡(자기 전에 마시는 술)을 기억나게 한다. 한국인들은 혼자 따라 마시지 않고 타인의 잔이 비어 있으면 채워 주고, 우리가 보았듯이 어른들은 젊은이에게 한 손으로 따라주지만 젊은이들은 어른이나 낯선 사람에게 따라줄 때 두 손을 사용한다. 어린 사람은 반드시 어른이 마시라고 할 때나 따라줄 때

두 손으로 잔을 잡아야 한다. 어른이, 다른 사람이 채워 준 잔을 마시고 나서 따라준 사람에게 그 잔을 다시 채워 주는 것은 특별한 애정의 표현이다.

밥그릇은 밥을 보관하는 곳이고 어떤 음식이나 소스도 밥그릇에 있는 밥에 첨가되지 않는다. 어떤 음식도 개인적인 그릇에 담겼던 것을 반찬 그릇에 다시 돌려 놓으면 안 된다. 보통 고기나 생선은 젓가락이나 가위로 한 입 크기로 작게 찢거나 자르는데 눈에 띄게 다른 주방기구를 쓰지만 손으로는 하지 않는다. 한국인들은 보통 숟가락이나 젓가락이 입으로 오는 도중에 음식을 흘리지 않기 위해서 왼손으로 받친다. 대신 영어권 사람들은 똑같은 목적으로 몸을 그릇쪽으로 더 가까이 기울인다. 떨어진 음식은 손으로 집어서 빈 밥뚜껑에 두지만 종종 다 먹은 뼈는 테이블 위에 쌓아두어도 된다. 밥그릇이나 국그릇은 식사 중에 손으로 들지 않고 식탁에 그대로 둔다. 밥그릇을 잡는 것은 일본 스타일이고 다른 이유가 없다면 허용이 안 된다. 한국인들은 종종 집과 비공식적인 자리에서 국그릇을 들여 국물을 마시지만 대중 식당이나 정식 만찬에서는 그렇게 하지 않는다. 한국은 정식 중에 대화를 삼간다. 사람들이 음식과 마시는 즐거움에 집중할 수 있도록 하기 위한 것으로 설명된다. 먹는 동안이나 먹는 것을 끝마치고 나면 한국인들은 숟가락과 젓가락을 밥그릇 오른편 식탁 위에 둔다.

한국인들은 젓가락, 숟가락 때때로 포크를 사용하며, 손가락으로 음식을 만지지 않으려고 이쑤시개를 사용하기도 한다. 영어권 사람들은 젓가락 사용법을 배워야 한다. 하지만 지저분하게 하거나 배고프지 않으려면 포크를 부탁하는 것이 더 좋다. 밥은 숟가락으로 떠서 먹지만 반찬은 젓가락이 필요하다. 젓가락은 숟가락과 동시에 쥐면 안 된다. 젓가락 쓰는 법을 배우는 건 그리 어렵지 않지만 그것을 얼마나 잘 사용하든 간에 사람들에게서 영원히 칭찬 받을 걸 기대해도 된다. 영어권 사람들은 종종 이런 종류의 칭찬이 자신이 외부인이라는 사실을 상기시키기 때문에 기분이 상할 수도 있지만 한국인들은 외국인이 한국 관습에 적응하느라 고생하는 것을 진정으로 보살펴 주고 싶은 것이다. 의심이 들면 그냥 좋은 쪽으로 생각하라.

숟가락은 국이나 밥을 먹는 데, 젓가락은 반찬을 먹는 데, 포크는 보통 음식을 나누어 주는 도구로, 이쑤시개는 딸기 종류와 같은 것을 먹는 데 사용된다. 한국인들에게도 몇 가지 손가락으로 먹는 음식이 있는데 대부분 서구에서 들어온 감자튀김, 햄버거, 립 등이 있지만 특징적으로 손으로 음식을 잡지는 않는다. 한편 영어권 사람들은 빵을 자르거나 크래커를 먹을 때나 야채 스틱, 쿠키, 햄버거, 샌드위치, 후라이드 치킨과 립을 먹을 때도 손을 사용한다. 그리고 종종 냅킨에 손을 닦기 전이나 손을 닦는 대신에 입술로 손가락을 핥는데 이것은 한국에서는 금기 된다. 가장 일상적인 한국 음식은 손가락을 사용하지 않는다. 비록 손의 청결도나 지저분함에 대해 다르게 생각하는 것 때문이지만 손가락을 사용하지 않는다는 근본적인 차이가 있다. 영어권 사람들도 손에 기름기를 묻히는 것보다는 후라이드 치킨이나 립 등을 나이프와 포크로 먹는 경향도 있다.

한국인들은 일단 밥 그릇 뚜껑을 열면 다신 덮지 않는다. 그릇이 일단 비워지면 그대로 둔다. 하지만 특히 생선 바른 뼈 등을 놓기에 좋은 작은 접시로 그릇 뚜껑을 사용한다. 영어권 사람들은 비공식적인 한국 정식 식탁에서 공공연히 보이는 커버 덮인 상자에 감춰져 냅킨용으로 쓰이는 화장실 휴지를 보고는 놀랄 것이다. 이런 티슈 몇 장을 냅킨으로 사용할 수 있다. 한국인들은 이것을 식탁 위에 두는 섯은 괜찮지만 접시에 두면 안 된다. 이것은 영어권 사람들이 냅킨을 사용한 후에는 다시 접거나 접시에 두지 않고 식탁 위나 이자에 펼친 채로 두는 것과 같다.

영어권 사람들은 큰 접시를 중앙에 놓고, 그 왼쪽에 포크, 오른쪽에 나이프, 스푼, 냅킨을 둔다. 여자들과 아이들은 남자들보다 먼저 앉고 남자들은 이들을 위해서 의자를 들어 주기도 한다. 냅킨은 모두가 자리에 앉으면 무릎에 펼친다. 정식 만찬은 보통 코스로 제공되는데 샐러드나 수프 그리고 나서 메인 요리나 코스별 요리가 나오고 마지막에 디저트가 나온다. 공식 차림에는 각각 접시와 은식기가 사용되는데 매 코스에 웨이터들이 가져다 준다. 은식기는 바깥에 놓인 식기부터 안쪽에 놓은 식기 순으로 사용하고, 가장 바깥에 놓인 포크와 나이프를 각 코스가 나올 때마다 사용하며 가 코스의 식사가 끝날 때마다 웨이티들은 접시와 함께 식기들을 가져간다. 덜 격식을 갖춘 경우라면 딱 한 벌의 접시와 은식기만 제공된다. 음식이 담긴 접시는 보통 옆으로 옮겨지고 각 사람은 그 접시에서 직접 음식을 가져다 먹고 음식이 담긴 접시를 다음 옆 사람에게 전달해 준다. 전형적인 영어권 사람의 식사는 1/3의 고기나 생선, 1/3의 밥, 감자, 고구마, 콩과 같은 스타치이고 나머지 1/3은 완두콩, 브로콜리, 아스파라거스, 비트와 같은 야채로 구성된다. 사람들은 원하는 것을 원하는 만큼 먹고 더 원한다면 다른 사람에게 음식 접시를 건네 달라고 하면 된다.

정중한 관례는 쉽게 이야기할 수 있도록 음식을 작게 자르고, 입을 가득 채우지 않으며, 입을 다물고 씹고, 말하기 전이나 물을 마시기 전에 목소리를 가다듬는다. 음식 접시에 있는 마지막 것은 먹지 않고, 적어도 양쪽에 있는 사람에게 말을 걸고, 대화에 참여는 하지만 이끌지 않으며, 충분히 먹었다는 신호로 접시나 잔에 소량을 남겨 둔다. 명랑하고 쾌활한 분위기를 유지하고, 종종 입술을 냅킨으로 닦아 준다.

은식기를 다룰 때는 약한 손으로 포크를 잡아 고기를 누르고, 강한 손으로 나이프를 쥐고 고기를 자른다. 이 때 포크나 나이프의 등을 검지 손가락으로 눌러서 수평이 되도록 한다. 팔꿈치는 아래로 내리고 나서 포크로 손을 바꾸지 않고 한 입 크기를 입으로 가져간다. 이것은 영국 스타일이다. 접시 한쪽 끝에 나이프를 두고 포크를 다른 손에 옮겨 쥐고 등이 보이던 포크를 뒤집어서 펜을 쥐듯 잡되 수평이 되도록 잡고 한 입 크기의 음식을 입으로 가져가는 것은 미국식이다. 영국 사람들은 나이프로 감자와 야채를 으깨서 포크의 뒷면에 올려 입으로 가져간다. 미국 사람들은 모든 것을 떠서 입으로 가져간다.

금기 사항은 음식 접시에 담긴 음식을 가져올 때 개인용 은식기를 사용하지 않기, 나이프를 입으로 가져가지 않기, 스프 스푼의 끝이 아닌 옆면으로 먹기, 한 번 사용한 은식기나 빵이나 빵 조각을 제외한 어떤 것도 식탁보 위에 두지 않기, 너무 먼 다른 사람 앞에 있는 것을 가져오려고 하지 않기 등이다. 또한 은식기를 핥지 말고, 입을 벌리고 씹어도 안 되며, 식사 중에 트림이나 더 심한 것을 하지 않고, 컵 속에 스푼을 두지 않고 받침대 위에 두어야 한다. 스푼이 든 컵으로 마시지 않는 것도 마찬가지다. 영어권 사람들은 무릎에 무언가를 떨어뜨리지 않으려고 먹을 때마다 몸을 앞으로 숙인다. 다 먹고 난 뒤에 영어권 사람들은 은식기를 접시에 각도를 맞춰 평행하게 두고 냅킨은 펴서 접시나 의자에 둔다. 맛있게 드세요!

7장 머리로 말하기

《《 머리를 조심하세요!

머리로 하는 제스처는 한국인과 영어권 사람들이 크게 공유하는 부분이다. 단지 영어권의 머리 제스처에 해당하는 것이 한국인에게는 없다는 차이점이 있을 뿐이다. 실제로 사용 빈도수를 제외하고는 한국인의 머리 제스처와 영어권의 머리 제스처에서 차이점을 발견하지 못했다.

끄덕이기

두 언어권에서 공유하는 가장 빈도수가 높은 제스처는, 특히 한국인에게는 끄덕이는 것이다. 특징적인 방향은 아래로 향하는 짧은 제스처이지만 반복하기 위해서 머리를 다시 들어야 해서 이 제스처는 보통 위

아래로 움직인다. 한국인들이 가장 흔하게 사용하는 경우는 인식했다는 뜻의 약한 인사이다. 영어권에서 가장 흔하게 사용하는 경우는 동의나 승인을 나타낼 때이고, 한국인들도 마찬가지로 그럴 경우에 자주 사용한다. 대화할 때 지속적인 관심과 동의를 나타내기 위해 한국인과 영어권 사람들이 모두 사용하기도 한다. 영어권 사람들은 다른 사람을 오라고 부를 때 이따금 사용한다. 물론 한국인과 영어권 사람들은 자리에 앉아 있을 때나 졸 때도 머리를 끄덕인다.

머리 흔들기

아마도 두 번째로 가장 빈번하게 공유된 머리 제스처는 흔드는 것이다. 이것은 원래 아기가 엄마 품에서 머리를 이리저리 흔들며 모유를 거부하는 것에서 왔다고 한다. 특징적인 동작은 옆으로 움직이는 것인데 반복하려면 돌아와야 하고 옆으로 앞뒤로 움직여야 한다. 기본적인 의미는 '아니오'이고, 또한 불인정과 금지를 나타낸다. 확실히 한국인들보다는 영어권 사람들이 더 빈번하고 더 쉽게 사용한다. 한국인들은 말로나 동작으로나 '아니오'라고 말하는 것을 싫어한다. 영어권 사람들은 한국인이 직접적인 대답을 하는 데 어려움을 겪는다고 하는데, 특히나 부정적인 답을 잘 못한다.

한국사람은 사회적인 조화를 이루기 위해 기분을 맞추려는 의도로 직접 대면하고 있을 때는 부정적인 반응을 하기 힘들어 한다. 영어권 사람들은 한국인들이 대답을 모호하게 하고, 그래서 자주 영어권 사람들이 '아니오'의 의미를 '예'로 받아들이게 하고 '눈치'나 직관력에 맡겨야 하는 상황에 처하게 한다고 한다. 이것은 한국인들이 상호 작용할 때 효율성이나 세세한 진실보다는 사회적 조화를 중시한다는 사실의 또 다른 예일 뿐이다. 한국인이 영어권 사람의 기분을 맞추기 위해 의심할 여지 없이 좋은 의도를 가지고 있는 행위임에도 불구하고, 모호하게 마지못해 '아니오'라고 말한 것은, 적어도 영어권 사람들에게는 차라리 직접적으로 '아니오'라고 말하는 것보다 나쁜 결과를 가져오곤 한다. 이것은 대부분의 영어권 사람들이 '예'라는 의미를 담고 있는 한국인들의 '아니오'를 해독해 낼 수 있는 '눈치'가 일반적으로 부족하고, 직관보다는 말로 명확하게 하는 경향이 있기 때문이다.

한국인이나 영어권 사람들이 머리를 흔든다면, 그건 명확히 부정적인 의미이다. 느리고 조용히 흔드는 것에서부터 강하게 반복되는 단호한 '아니오!'에 이르기까지 다양하게 표현될 수 있다. 머리를 흔드는 것은 종종 검지를 양쪽으로 흔드는 모습으로 축소되거나 손으로 십자모양을 만들거나 팔로 어떤 행위를 막는 제스처로 확대되기도 한다.

위로 들기

한국인들에게는 관찰되지 않는 흔한 영어권 사람들의 머리 제스처는 '눈썹 움직임'과 같이 '머리 들기'나 '턱 들기'로 호출이나 인정을 말한다. 호출할 때 그것은 다소 비공식적이며 동년배나 손아랫사람에게 쓰이며 낯선 사람이나 손윗사람에게는 쓰지 않는다. 부르고자 하는 상대방에게 눈을 향힌 채 '머리 들기'로 호출한다. 이것은 눈이 머리 드는 쪽으로 가서 가리키는 대상에 초점을 맞추면 가리키는 제스처가 된다.

'머리 들기'가 높은 지점에 유지된다면 이 제스처는 코가 '너무 높아서' 타인을 '깔보는' 우월감을 보여 모욕을 주는 행동이 된다. 이러한 '머리 들기'는 한국인들과 영어권 사람들에게 공통으로 나타나지만 어른보다는 어린이 사이에서 더 흔하다.

기울이기

머리를 이쪽이나 저쪽으로 기울이는 것은 다른 사람에 대해 혹은 다른 사람이 말하고 있는 것에 대해 의심이나 회의를 보이는 영어권의 머리 제스처이다. 이것은 보통 부정적인 의견을 나타내므로 공공연하게 쉽게 비판할 수 있는 상황에서 대부분 사용된다. 이것은 머리 제스처나 〈얼굴로 말하기〉에서 미간을 좁혀 의심을 나타내는 제스처와 비슷하다.

흔들기

한국인들에게서 관찰되지 않는 흔한 영어권의 머리 제스처는 '머리 흔들기'로, 머리를 어깨에서 어깨까지 앞뒤로 흔들며 주저함이나 애매함을 나타낸다. 이것은 손을 평평하게 하여 가슴 정도에 놓고 두드리는 것과 같다. 뜻은 '그저 그렇다, 나쁘지는 않다, 중간이다, 평범하다, 애매하다, 모호하다' 등이다. 사실 이 제스처는 종종 이러한 표현들과 함께 사용된다.

내밀기와 움츠림

한국인과 영어권 사람들은 둘 다 머리를 약간이라도 앞으로 밀어서 다른 사람이나 다른 사람의 말, 일어나는 일에 대해 사랑이나 미움과 같은 강한 호기심을 드러낸다. 또한 약간이라도 자신이 생각하기에 강압적이고 흥미를 유발하지 못하는 사람, 상황이나 동작에 대해서는 머리를 뒤로 뺀다. 이 머리 제스처는 강의나 연극을 볼 때 아주 재미있거나 지루할 경우 자신의 자리에서 앞뒤로 옮겨 앉는 것과 약간 비슷하다. 이러한 제스처의 빈도수와 사용에 있어 한국인과 영어권 사람들 사이에 어떠한 차이도 관찰된 바는 없다.

시선 분배

머리 제스처는 한국인과 영어권 사람 모두에게 대화할 때 시선 분배에 중요한 역할을 한다. 한국인이나 영어권 사람들은 발화시에 청자의 얼굴에 초점을 두었다가 머리를 흔들며 눈을 들여 이따금씩 청사가 자신이 말하고 있는 것에 대한 반응을 살펴보려고 청자에게 눈길을 준다. 그리고 다시 화자의 전환을 알리는 신호로 청자의 얼굴에 초점을 맞춘다. 그 동안 청자는 다소 꾸준히 화자의 입술에 초점을 두어 이해를 원활히 하고 화자가 그의 머리를 돌려 화자 전환의 신호로 얼굴을 쳐다볼 때를 파악하는데, 이때 머리 제스처는 화자 전환을 알리는 중요한 요소가 된다.

금기 사항

금기하는 머리 제스처로는 책상이나 탁자에 팔꿈치를 대고 얼굴을 괴는 것이 있다. 이것은 태만, 지루함, 피곤함을 나타내기 때문에 일반적으로 화자에게 무례하다는 인상을 준다. 더 잘 들으려고 귀를 드러내는 것을 제외하고는 대화할 때 머리를 옆으로 돌리는 것 또한 화자에게 오해를 주고 청자에게 저항이나 거부를 표현하기 때문에 무례한 것으로 본다. 벽이나 차량의 창문에 머리를 기대는 것 또한 금기시한다. 왜냐하면 자국을 남기게 되기 때문이다. 강의실에서 책상에 머리를 얹는 것은 확실히 화자의 매혹적인 담화에 대한 칭찬이 아니다. 코만 골지 않는다면 도서관에서 이런 똑같은 자세는 다소 수용된다. 마지막으로 한국에서 나이 든 몇몇 여인들이 수건을 말아서 원 모양을 만들어 머리 위에 얹고 그 위에 무거운 짐을 올려 나르는 것을 볼 수 있다. 이런 여인들의 걸음과 자세가 실제로 아주 기품이 있지만, 우리가 비교하고 있는 남녀 집단은 머리에 물건을 이고 가지는 않는다.

8장 팔로 말하기

《《 팔꿈치를 식탁에서 떼세요!

비언어적인 의사 소통의 모습들은 한국인의 물개 문화와 영어권의 조류 문화의 차이를 팔 제스처로 구별하지는 않는다. 팔은 날개의 등가물이기 때문이다. 한국인들은 팔을 안쪽으로 타이트하게 접는 경향이 있고 영어권 사람들은 대조적으로 팔을 넓게 뻗는 경향이 있다. 이것은 영어권 사람들이 온당한 공간 '영역' 보다 더 많이 차지했다는 인상을 한국인에게 줄 수 있다. 그리고 그것이 실제로 영어권 사람들의 표준적인 행동일 때 지배나 우월감으로 보일 수 있다. 한국인들은 보통 영어권 사람들이 큰 소리, 큰 제스치, 과장된 얼굴 표정을 사용한다고 불평하는데 이 세 가시 과장은 실제로 중요한 문화 차이이다. 이렇게 큰 제스처의 대부분은 팔 제스처이다.

영어권 사람들은 한국인들보다 더 큰 공간에 익숙해서 한국인이 보통 정중하고 공손한 행동을 유지하는 여러 상황에서 평등한 약식 행위를 하게 된다. 그래서 한국인들은 영어권 사람들을 부주의하고 무례하다고 하는데, 심지어 표준적이고 중립적인 행동을 할 때도 잘난체하고 거만하다고 생각하기 쉽다. 한편 한국인들의 표준적이고 중립적인 행동은 영어권 사람들에게 너무 격식을 갖추고, 과도하게 절제하고 공손하고 다소 딱딱하다는 인상을 줄 수 있다. 팔 제스처는 종종 이러한 차이를 보여 준다.

팔은 다리처럼 스포츠, 춤, 미용체조에서 가장 큰 표현을 하는 것 같다. 승리를 거두면 팔을 머리 위로 올린다. 정치가들도 이런 제스처를 취하고 에어로빅에서는 모든 가능한 방향으로 확장된다. 하지만 흔히 일상적인 제스처를 취할 때는 팔 제스처가 대부분 다소 제한되는데 이것은 한국인과 영어권 사람에게 크게 공유되는 점이다. 가장 큰 차이는 어떤 공통된 제스처가 사용되는지에 따른 빈도수보다는 사용되는 제스처의 다양성이 덜하다는 것이다.

머리 위 제스처

대부분의 머리 위 제스처는 공유된다. 예를 들어 스포츠나 정치에서 승리를 거둘 때, 체포된 사람들이 얼굴을 가리는 제스처, '왔어요' 라고 손을 드는 모습, 머리 위로 손 흔들기(한국인들은 보통 손을 앞뒤로 흔드는 반면, 영어권 사람들은 '안녕' 이라고 말할 때 앞뒤로 흔들고 '잘 가' 라고 말할 때는 위아래로 흔드는데, 한국인들은 이것을 '이리 와' 로 해석하는 경우가 많다.), 또한 정수리에 손을 얹어 오래 끄는 '손들어!' 제스처와 카드 게임에서 머리 위로부터 카드를 던지는 제스처가 있다. 이 마지막 제스처는 한국인들 사이에서 너무 빈번하고 또 종종 너무 시끄러워서 비행기 안에서 잠을 자려는 외국인들에게 부정적인 의식을 갖게 함에도 한국인들은 화투로 밤을 샌다.

머리 높이에

군대식 인사는 차이가 아주 작다. 하지만 한국인들을 종종 격노하게 하는 아주 특징적인 영어권의 제스처는 손을 맞잡아 목뒤로 넘겨서 머리를 기대는 것이다. 이것은 편안함을 추구하는 제스처로, 보통 탁자나 책상에 두 발을 얹는다. 동년배에게는 괜찮지만 손윗사람과 손아랫사람 모두 응당 받아야 할 존경을 덜 받고 있다고 생각해, 이것을 거드름 피우고 오만한 자세로 여긴다. 한국인들이 이렇게 매우 느긋한 자세를 취하는 것을 거의 목격할 수 없다. 한국인들 대부분은 이것을 무례한 것으로 생각할 것이다.

9장 다리로 말하기

《《 발은 바닥에 붙여 두세요!

다리는 그 크기 때문에 감정 표현이 어렵고, 사고 기관인 머리와도 떨어져 있어 신체의 다른 부위들보다 확실히 신경을 덜 쓰게 된다. 다리 제스처가 많지는 않지만 그 중에는 중요한 것이 적지 않다. 우리가 다리를 잘 의식하지 않기 때문에 오히려 우리는 다리를 통해 다른 사람들에게 우리가 의도하지 않은 제스처를 보이거나 그런 제스처를 누설하기가 특히 쉬운 것이다. 다리 제스처는 우리가 가장 적게 의식하는 부분이어서 가장 통제가 되지 않고, 환영하거나 거부하거나, 존경이나 경멸을 나타내거나, 맞서 싸우거나 도망치려는 것과 같이 의도하지 않은 표현을 하기에 가장 적합하다. 따라서 다리 제스처는 제스처 중에서 가장 신뢰할 만한 것 중 하나이기도 하다. 정장 차림으로 연설하고 있는 장관이 카메라 앞에서는 안정감 있는 표정을 지어 보일지 모르지만, 아마도 카메라 밖의 상황인 테이블 아래나 시야 밖에서는 반바지만 입고 긴장으로 다리를 떨고 있는지도 모른다.

　다른 사람들의 다리를 보고 있으면 흔히 그들의 성(性), 지위, 편안함이나 긴장감, 심지어는 인격까지도 어느 정도는 파악할 수 있다. 예를 들면, 선 자세에서는 여성들만 허벅지를 꼬고 서 있는 것 같다. 한국이나 영어권에서 교육 받고 훈련 받은 사람들은 손윗사람들보다 편안한 자세를 취한다거나 다리를 이쪽저쪽으로 바꿔 가며 서 있지 않고, 양 발을 딛고 다소 곧게 서 있는 경향이 있는데, 교육이나 훈련을 더 적게 받은 사람들이 한 쪽 다리를 굽히고 다른 쪽 다리로 서 있거나 다리의 무게를 한 쪽 발에서 다른 발로 자주 이동하는 경향이 있는 것과 대조를 이룬다. 긴장하거나 겁 먹은 사람들은 다리를 뻣뻣하게 하거나 떠는 제스처로 마음 상태를 나타낸다. 음악에 맞춰 발가락을 똑똑 치는 것은 그 사람이 음악 애호가이거나 춤을 추고 싶다거나 어쩌면 긴장된 조바심을 나타내는 것일 수 있다. 이번 장에서 우리가 다리와 관련된 제스처를 다루고자 하는 것은 우리 자신의 다리 제스처에 대한 통제를 강화할 뿐 아니라 이 제스처를 하여금 다른 사람들의 상태나 태도를 해석하는 실마리로 삼기 위한 것임을 상기하자.

　다리 제스처는 개인이나 소규모 집단의 개방성 내지는 폐쇄성을 어느 정도 나타내기도 한다. 다리와 팔을 꼬고 앉은 사람은 다른 사람들이나 그들이 말하는 것에 대해 비교적 배타적이거나 저항적인 태도를 나타내는 것일 수 있는 반면, 적당히 무릎과 팔을 펴고 앉아 있는 사람은 다른 사람들에게 혹은 그들이 말하는 것에 대한 관대함을 표현하는 것으로 받아들여진다. 물론 그 공간이 사실상 추운 곳이면 위의 제스처는 온기를 유지하고자 하는 노력으로 볼 가능성도 다분하다.

다리는 소집단을 다른 집단과 구분하거나 분리시키기 위해 사용되기도 한다. 예를 들어, 벤치에 앉아 있는 한 커플이 서로를 마주하고 있을 때 그들 중 하나 혹은 둘 다 상대방을 향해서 다리를 꼬고 앉아 있을 수 있는데, 이것은 그들과 합석하려는 다른 사람들을 차단하기 위한 효과적인 방법이 될 수 있다.

모방과 반대

자세에서 다리 제스처의 모방이라는 것이 있다. 이것은 자신이 동의하거나 공감하는 어떤 사람의 다리 제스처를 의식적으로 혹은 무의식적으로 모방하게 된다는 것이다. 다른 사람과 나란히 앉으면 한 사람은 자신이 존경하는 다른 사람과 같은 방식으로 다리를 꼬거나 위치시키기가 쉽다. 반면에 자신과 의견이 다르거나 싫어하는 사람과 함께 있다면 그 사람의 다리 제스처와 반대되는 자세를 취하기도 한다. 그 사람과 반대 방향으로 다리를 꼬거나 다른 방식으로 다리를 꼬고 앉아 의식적으로든 무의식적으로든 다리 제스처로 상대방에게 맞서거나 반박하는 행위를 취할 수 있다. 한 사람이 서 있다면 다른 사람은 당연히 앉은 채로 있다. 한 사람이 꼰 다리를 초조하게 흔들고 있으면 다른 사람은 그의 다리를 바닥에 고정시켜 둘 것이다. 종종 커플들과 소규모 집단의 사회 관계는 그들의 다리 제스처로 가장 잘 읽혀지는데 대체로 그들이 인식하지 못해도 사람들의 적절한 지위, 관계 그리고 태도에 관한 진실을 말해 줄 수 있기 때문이다. 한 학생이나 학급 전체가 팔과 다리를 꼬고 앉아 있는 것은 그가 선생님이 말하고 있는 내용을 받아들이지 못한다는 표현일 가능성이 크다.

의도

다리는 종종 한 개인의 의도를 나타내준다. 앉아 있는 사람이 다리를 그의 아래로 끌어 당기거나 손을 의자의 팔 받침대에 두고 앞으로 기댄다면 그는 자리에서 막 일어나려고 하거나 그 자리를 떠나려는 것이다. 서 있는 사람의 다리가 다른 사람과 같은 방향이 아닌 다른 방향을 가리키거나 그 쪽으로 약간 움직인다면 그것은 그가 그 방향으로 떠날 작정이거나 떠나고 싶다는 의도를 나타낸다.

서 있기

발을 펴고 있는 것은 손을 허리에 대고 팔꿈치를 양 옆으로 편 것과 같이 다소 공격적으로 보이며, 발을 모은 것은 다소 군대식으로 보인다고 이야기할 수 있겠는데, 서 있는 자세에서의 다리 제스처는 보통 위에

언급된 종류들로 제한된다. 안짱다리가 비교적 연약하고 여성적이고 또는 무능해 보이는 것과 반대로, 발이 벌어져 있는 경우는 특히 더욱 그렇다. 제스처에 관한 일반적인 태도는 굽힌 자세가 스스로 편안함을 찾으려는 것인 반면 곧은 자세는 다른 사람을 위해 애쓰는 것이며, 따라서 곧은 자세가 보통 공손한 것이고 굽은 자세는 그렇지 못한 것으로 알려져 있다. 뒤의 〈몸으로 말하기〉 부분에서 살펴 보겠지만, 사람들 가운데 앉아 있는 것은 우월함의 상징인 반면 서 있는 것은 복종의 상징이다.

　서 있는 자세에서의 다리 제스처는 발목, 다리 아래 부분, 허벅지를 꼬는 것과 같은 다양한 양상을 포함하지만, 이 모든 교차는 두 다리로 박자를 맞춘다거나 조바심 때문에 발가락을 가볍게 두드리는 것 이상은 허용하지 않으며 선 자세보다는 경의를 적게 표현한다. 물론 서 있는 사람은 화가 나거나 욕구불만으로 바닥이나 여러 물건들, 심지어는 사람을 발로 찰 수도 있지만 이것은 비교적 드문 다리 제스처이다. 다리는 자기 방어를 하거나 온기를 유지하기 위해서 단단히 모아지기도 하고 공격성을 나타내거나 열기를 식히기 위해 넓게 펴기도 한다. 발목을 꼬는 것은 여성의 경우 새침하게, 남성의 경우는 여성과 같은 나약함을 나타내는 것으로 보인다. 종아리를 꼬는 것은 단지 형식에 구애 받지 않는 자세로, 보통은 남성적인 듯하다. 서 있을 때 허벅지를 꼰 자세는 자기 방어적이거나 소변을 참는 행위로 보인다.

앉아 있을 때 다리나 발을 차의 범퍼나 계단, 혹은 집이나 의자의 팔받침대 같은 물건에 올리는 것은 소유나 지배에 대한 명확한 표시이다. 그것은 자기 소유의 장소에서 갖는 편안함을 증명하는 것으로, 다른 사람의 영역에서는 아주 공격적인 행위이다. 그것은 지배와 우월감 그리고 소유권을 나타낸다.

한국인들은 영어권 사람들이 보통 신발을 신고 있고 신발 바닥이나 발을 다른 사람들에게 노출시키기 때문에 그들이 발을 올리고 있는 것을 특히 무례한 것으로 여긴다. 전형적으로 한국인들은 바닥, 신발, 다리, 심지어는 손까지도 원래부터 더럽다고 여기는 반면, 영어권 사람들은 그것을 더럽고 위협적이며 금하는 경향이 훨씬 적다. 물론 마루 문화는 신발 사용을 꺼리고, 한국인의 식탁 예절은 손가락으로 음식을 집어 먹거나 음식에 손대는 것을 실제로 배척하며, 심지어는 이쑤시개나 포크로 음식을 먹는 것도 금한다. 발은 (여전히 침을 뱉는 문화에서) 더러운 땅과 연관되어 있어, 신발은 주로 보이지 않는 곳에 두고 사람들의 면전에는 절대 두지 말아야 할 것으로 취급되지만 보통 영어권 사람들은 그렇지 않다. 한국의 가정에서 신발을 신거나 신을 신고 침대에 눕는 것은 말할 것도 없고, 요나 침구 위를 걸어 다니는 영어권 사람들도 한국인들에게는 각별한 무례함의 상징이다.

반면에 영어권 사람들은 보통 바닥을 한국인들이 생각하는 것보다는 훨씬 덜 더럽고 덜 위협적인 것으로 여긴다. 한국인들은 대체로 바닥에 쪼그리고 앉더라도 바닥에 앉는 것은 피하지만, 영어권 사람들은 비교적 쉽게 바닥에 앉는다. 한국인들과 달리 신발을 거의 항상 신고 있어서 공적인 장소에서는 대개 그것을 벗지 않는 영어권 사람들은, 집에서 더욱이 의자나 소파, 때로는 침대에서조차도 신발을 신고 있다. 또한 한국인들은 손가락으로 음식을 먹는 경우가 극히 적지만 영어권 사람들은 손가락으로 음식을 먹는 일이 빈번하다.

앉아 있기

앉아 있으면 다리가 자유로워서 상당히 다양한 제스처가 가능한데, 한국인들과 영어권 사람들에게 대부분은 공통되지만 몇 가지 특징적인 경우가 있다. 한국인들은 전통적인 음식 문화 덕에 등받침이 없이도 다리를 꼬거나 접은 다리를 하고 바닥에 곧게 비교적 편안한 자세로 앉아 있을 수 있다. 의자 문화에 익숙한 영어권 사람들에게 이 자세는 상당히 어렵다. 이것은 어떤 미국인이 의심할지도 모를 생물학적인 차이는 아닌데, 미국 문화에서 자란 한국인들도 영어권 사람들의 이러한 어려움을 동일하게 갖고 있기 때문이다. 한국인들은 다리를 꼬고 앉아 이야기하고 먹고 평상이나 펼친 돗자리에 기대는 것에 너무 익숙하기 때문에 의자에 앉을 때조차도 습관적인 앉은 자세와 같은 다리 제스처를 보여 준다. 또한 일반적으로 영어권 사람들보다 짧은 한국인의 다리에 의자가 약간 높아 좌석의 가장자리가 허벅지에 걸치는 경향이 있어서 편하게 앉기 위해 흔히 의자의 가로대나 심지어는 앉는 좌석 위에 발 뒤꿈치를 올리는데, 이것은 영어권 사람들이 불고기를 즐기면서 석쇠에 다리를 데이지 않도록 특히 주의해야 함에도 편안함을 위해 식탁 아래로 다리를 곧게 펴고 있는 것과 같다.

한국인 여성들은 식사자리에서 종종 무릎을 꿇고 앉거나 발을 옆으로 모으고 앉으며, 다리를 편안하게 하기 위해 때론 이쪽저쪽으로 다리를 바꾸는 모습을 보여 준다. 기차에서 가끔 볼 수 있듯이 한국인들은 신발을 한 쪽에 벗어 두고 다리를 접어 앉으려고 좌석에 서 있는 경우가 있는데 이것은 미국 여성들이 소파에서 편하게 앉아 있기 위해 발을 쌀고 앉는 것과 같다.

한국인들이 가장 주목할 만한, 무례한 일반 영어권 사람들의 다리 제스처는 책상과 의자에 다리를 얹고 때로는 신발을 신은 채로 다른 사람들의 면전에서까지 그런 행동을 하는 것이다. 비록 이것이 교양 있는 영어권 사람들의 제스처는 아니라고 할지라도 흔히 이것은 한국인들의 맹렬

한 반대를 일으킬 만큼 빈번하게 일어난다. 이것은 확실히 편안함을 추구하기 위한 행위라서, 비록 동갑내기들은 거의 알아차리지 못하겠지만 그렇다고 손윗사람이나 손아랫사람을 즐겁게 해 줄 것 같지는 않다. 손님을 환영하는 오랜 미국식 방법은 방문객이 앉아 그들의 발을 들어올

리도록 하는 것이었지만, 한국인들은 의자나 책상에 그들의 다리를 올리지 않고, 일반적으로 그리고 이성적으로 한국인들에게는 이 제스처가 버릇없고 주위의 모든 사람들에게 무례한 행동이라고 판단한다.

    한국인과 미국인 두 쪽 다 버스, 기차 그리고 지하철에서 무릎을 넓게 벌리고 앉아 다른 사람들을 건드리거나 혹은 다른 사람들이 그 접촉을 피해 적절한 장소로 옮기게 만드는 사람들을 불평한다.

다리 꼬기

    한국 남성들은 손윗사람과 함께 한 자리에서는 허벅지를 꼬지 않으며, 한국 여성들은 그 행위가 때때로 매춘부의 표시로 받아들여지는 행위이기 때문에 허벅지를 절대 꼬지 말아야 한다는 말을 듣기도 한다. 허벅지를 꼬는 것은 지나치게 편안함을 추구하는 행위 또는 여성들에게는 성적으로 자극하는 행위는 아니라 할지라도 건방지고 천박하기까지 한 행동으로 간주된다. 한국 남성들은 손윗사람과 함께 한 자리에서는 발을 바닥에 붙이고 있으며, 여성들은 발목이나 종아리만 꼬고 앉는다. 반면에 미국 남성과 여성들은 비록 여성이 허벅지를 높이 들어 꼬고 다시 꼬는 행위를 하는 것이 적어도 무례한 것으로는 여겨진다 하더라도 크게 개의치 않으며, 흔히 발목, 종아리, 허벅지를 꼬며 여기에 어떤 특별한 의미도 부여하지 않는다. 미국 남성과 여성들은 손윗사람과 동석해도 허벅지를 꼬는데, 그 손윗사람은 보통 이러한 제스처를 실례로 여기지 않는다. 그러나 한국 사람들은 남성이든 여성이든 손아랫사람이 허벅지를 꼬고 앉아 있을 때 충분히 공손하지 못하고 무례하다고 판단한다. 나보코프(Nabokov)에 의하면 몇몇 영어권 사람들은 발목을 반대편 무릎 위에 얹어두는 포-아메리칸스키(po-amerikanski) 자세를 취할 수도 있지만, 이것은 허벅지를 꼬는 자세보다 훨씬 덜 형식적이고 몇몇 영어권 사람들 그리고 아마 모든 한국인들에게는 지나치게 무례하고 교양 없는 행위로 간주될 것이다.

영어권 사람들도 사용하기 때문에 한국인에게만 두드러진다고는 할 수 없지만 한국인들 사이에서 특히 흔한 나리 제스처는 발이 땅에 닿는 것을 기준으로 발끝 흔들기, 발끝으로 톡톡 치기, 무릎 흔들기 등 다양하다. 발꿈치를 땅에 대고 발끝을 공중에서 흔드는 것은 발끝 흔들기이다. 발꿈치를 땅에 대고 발끝을 바닥에 톡톡 치는 것은 발끝 치기이다. 발꿈치를 땅에 대고 무릎을 위 아래로 재빠르게 흔드는 것은 무릎 흔들기이다. 발끝 치기는 대개 서 있거나 앉아 있을 때 하지만 발끝 흔들기와 무릎 흔들기는 앉아 있을 때만 일어난다. 이러한 것들은 특히 한국인들 사이에서 빈번하게 발생하고, 흔하게는 한국인들 스스로 인정하고 종종 알아차리지 못하는 긴장, 조급함, 욕구 불만 혹은 노여움을 표출하는 유일한 제스처이다. 유사한 상황에서 영어권 사람들은, 한국인들이 공적인 자리에서 거부하는 얼굴, 손, 자세 그리고 음성표시라는 장치를 통해 이러한 감정들을 표현한다. 다리 제스처가 특히 한국인들 사이에 주목할 만한 것은, 비교적 무의식적으로 일어나는 이 자세가 없다면 가

뜩이나 감정의 표현, 특히 부정적인 감정 표현을 억제시키는 한국인들의 입장을 이해하는 것이 훨씬 어려울 것이기 때문이다. 그들의 다리 제스처가 얼굴 제스처만큼이나 통제되고 의식적인 것이었다면, 한국인들은 이러한 상황에서 완전히 수수께끼 같은 존재가 되었을지도 모른다!

이러한 제스처들을 위해 거의 항상 오른쪽 다리를 사용하는데, 그것은 인간의 90%가 오른손잡이일 뿐 아니라 오른 다리잡이이기 때문이다. 또한 여성보다는 남성들에게서 더 빈번하게 나타나는데, 이것은 여성이 남성들보다 이런 감정들로부터 더 적게 고통 받거나 남성보다 더 잘 통제하기 때문인 것 같다.

다리 쭉 뻗기

부주의하거나 무례하게 뒤흔드는 다리, 특히 통로나 다른 사람들의 자리로 흉하게 쭉 뻗은 다리는 무관심하고 무례한 태도이며, 주위 사람들에 대한 경멸까지 나타내는 행위이다. 다리는 비교적 자신에 대해서 인식하지 못하기 때문에 다리를 쭉 뻗는 것과 같은 제스처는 단순히 무지하거나 부주의한 것이 당연하겠지만 이기심, 무관심, 경멸 그리고 무례함을 전달하며 혹은 가볍게 무지함과 부주의 정도를 의미한다. 특별히 불쾌한 행위는 다리를 쭉 펴고 벽에 기대어 다른 사람들이 앉아 있는 사람들 앞을 지나다가, 혹은 사적인 공간이 아니라 공적인 공간의 통로를 걸어가다가, 그들을 발에 걸리게 하는 것이다.

📄 테이블 아래에서

　테이블 아래의 발차기와 발장난에 관한 것은 한 마디도 빼 놓아선 안 된다. 다른 사람들을 벌하거나 경고하기 위해서 테이블 아래에서 발을 차는 것은 원래 비밀로 하려는 것이지만 거의 그렇게 되지 않는데, 왜냐하면 차인 사람이 전혀 다치지 않았다 하더라도 보통은 놀란 기색으로 자신이 발로 차였음을 본의 아니게 펄쩍 뛰며 보이기 때문이다. 물론 그 제스처는 남편과 아내 혹은 가까운 친구와 같은 신밀한 사람들 사이에만 일어난다.

　이와 달리 발장난이라는 발 제스처는 맨발이나 스타킹을 신은 발로 테이블 아래에서 사랑하는 사람을 어루만지는 것으로, 테이블 덮개 아래에서 공공연히 일어날 수 있는 일종의 사적인 애무라고 할 수 있다. 모든 어루만짐이 그러하듯, 이것은 환영 받을 수도 있고 그렇지 않을 수도 있는데, 대부분의 경우 남성과 여성 모두가 사용하고 영어권의 남성들보다는 여성들에 의해 더욱 빈번하게 사용된다. 테이블 아래에서는 여성들이 신발을 더 쉽게 벗을 수 있고, 누구든지 신발을 신은 채 어루만지거나 어루만짐을 받으려고 하는 경우가 드물기 때문이다. 한국인들은 식탁 윗면이 유리로 되어 있지 않다면 이런 장난을 서양식 식탁에서만 할 수 있겠지만, 신발을 문간에 벗어둠으로써 이런 유희에 더 잘 준비된다고 하겠다.

10장
자세

≪ 고개를 숙이지 마세요!

여기서 자세는 달리고 걷는 것과 같이 움직이는 자세를 포함해서 인간의 신체가 잠시 동안 지속할 수 있는 1,000가지 정도에 해당되는 모든 것을 의미하는 개념으로 사용된다. 자세는 신체 제스처와 구분되는데, 신체 제스처는 신체의 전 부분과 관련된 비교적 순간적인 동작이다. 각 문화는 모든 소리들 가운데 명료하게 표현될 수 있는 제한적인 소리만을 선택하듯이 가능한 자세에 대해서도 매우 한정된 선택을 한다. 거의 모든 문화에서 많은 자세가 사용되지만, 자세가 공유되는 상황에서조차도 거기에 실리는 의미는 문화에 따라 차이가 있을 수 있다. 곧게 서 있는 것과 죽은 듯 누워 있는 자세 사이에 있는 다양한 각기 다른 자세로부터 우리는 그 사람의 상태를 상당 부분 읽어낼 수 있다. 건강하고 아플 때, 활기 있을 때와 피로할 때, 주의력 있을 때와 졸음이 올 때, 의기양양할 때와 의기소침할 때의 자세를 생각해 보자. 비언어적 의사 소통의 다른 양상들과 같이 자세는 대체로 통제 가능하고 선택적인 것이라고 하더라도, 부분적으로는 의식하지 못한 채 일어나는 경우가 많고 특히 신체 하부의 경우에는 더욱 그렇다. 그래서 자칫하면 발송인의 상태에 관한 정보가 쉽게 새어 나갈 수 있다. 모든 비언어적 의사 소통의 경우와 같이, 중요한 구분은 자신의 자세를 알아차리고 개인적이고 사적이며 공적인 공간을 조심스럽게 구분하여 자세를 관리하는 사람들과 자세를 의식하지도 억제하려고도 하지 않는 사람들의 차이인데, 후자는 그들의 행위 가운데 개인석이고 사석이며 공석인 공산을 구별하지 못하고 만다.

달리기

한국인들과 영어권 사람들이 달리는 방식에는 거의 명백한 몇 가지 차이점이 있지만 어린 아이들, 성인 운동 선수들, 과체중 여성들, 그리고 그 외 사람들이 달리는 방식의 차이는 이 두 국가 집단간 달리기에 관한 태도의 일반적인 차이점을 무색하게 하는 것 같다. 어떤 행사에서도 달리는 행위에서는 뚜렷한 차이점이 발견되지 않는다.

걷기

　남성이든 여성이든 영어권 사람들의 걸음걸이는 그 강인함으로 악명이 높다. 미국 사람은 자신이 걷고 있는 땅을 소유하기라도 한 듯이, 그리고 영국인은 자신이 걷고 있는 땅이 누구의 소유든 신경 쓰지 않는 듯이 걷는다는 국제적인 농담이 있다. 비교적 자유롭게 흔들리는 곧게 편 다리와 팔이 대체로 이와 같은 거만함을 확실히 보여 주어 외국인들에게는 소유자나 지배자의 모습을 나타내는 것 같다. 19세기 중국인들은 영어권 사람들에게 무릎이 없다고 믿었던 것으로 알려져 있는데, 이것은 중국의 경우보다 영국인들의 다리를 덜 굽히고 흔드는 경향이 있기 때문이다. 중국인들처럼 한국인들도 보통 더 정숙하고, 걸음걸이가 덜 넓은 감이 있어 영어권 사람들보다는 무릎을 상당히 많이 굽히고 올리는 것으로 이해된다. 일반적으로 한국인들은 덜 건방지고 비교적 시민적인 걸음걸이를

보이는 듯한데, 이것은 다소 군인 같은 걸음걸이로, 때론 머리를 곧추세우고 턱을 당겨 어깨는 뒤로 젖히고 가슴을 내밀고 등을 펴고 팔다리를

비교적 곧게 흔들며 걷는 것으로 묘사되는, 뻐기며 걷는 일반적인 영어권 사람들의 스타일과는 약간 대조적이다. 완전히 군인 같지는 않더라도 어느 정도는 운동선수 같은 모습이다. 영어권 사람들의 경우는 전형적인 한국인의 걸음걸이보다 더 많은 공간을 차지하는데, 한국인의 걸음걸이는 한국인들의 다른 많은 행동과 같이 이것은 최소한의 공간을 차지하려고 의식적으로 노력하는 듯한 좀 더 자제하고 조심하는 행동으로 보인다. 영어권 사람들의 걸음이 거만함보다는 여유 있는 공간 확보를 위한 것이라 하더라도, 한국인들은 그것을 영어권 사람들이 무솔리니(Mussolini)의 점잔 빼는 걸음걸이나 나찌(Nazi)의 직립 보행인 듯이 겁을 먹는 경향이 있다.

상당히 많은 미국 여성들도 운동선수나 군인 같은 이런 걸음걸이를 하며, 어쩌면 이들이 한국의 전통 의상인 한복을 입었을 때 특히 우아하고 눈에 띄는 한국 여성들의 공손한 몸가짐과 대조되어 남성들보다도 한국인들의 기대에 훨씬 더 충격을 줄지도 모른다. 이러한 차이점은 한국 남성들이 미국 남성들에 비해 남성적임을 훨씬 더 강조하는 경향이 있고, 한국 여성들과 달리 미국 여성들은 남성들과 훨씬 더 평등한 경향이 있기 때문에 주목할 만하다.

전통적으로 한국 부인들은 남편의 뒤를 따라 걸었다. 요즘에는 옆에 서서 나란히 걷기도 하지만 여전히 여성들은 남편에게 공손한 행동을 해야 한다는 것이 당연시되는 듯하다. 한국 전쟁 이전에 어떤 미국 남성이, 아내를 뒤따라 걷게 하고는 나귀를 타고 앞서가는 한국 남성을 꾸짖는 오래된 우스개 소리가 있었다. 전쟁 후에 그 미국인은, 예전의 그 한국 남성이 여전히 나귀를 타고 가지만 이번에는 그가 아내 뒤를 따라가고 있는 것을 보았다. 그 미국인이 아내에 대한 한국 남편의 존경에 찬사를 보내자, 한국인 남편은 지뢰가 있을까 두려워 이제 아내를 앞세워 걷는 것이라고 설명했다! 이 이야기는 지독하게 과장되어 있지만 레이디 퍼스트와 판이하게 다른 특성을 지적해 준다.

걸으면서 마주친 다른 두 한국인의 관계는 보통 고개를 숙이거나 멈추고 인사하는 것을 보면 알 수 있다. 유사한 상황에서 영어권 사람들은 동갑내기나 손아랫사람들에게는 손을 들어 인사하고 손위 사람들에게는 고개를 숙여 인사할 것 같다.

한국인들은 요, 즉 한국의 침구 덮개 위를 걸어 다니는 미국인을 못마땅하게 여기는 것으로 알려져 있지만, 비록 신발을 신은 채는 아니지만 한국인들도 미국인이 하는 만큼 빈번하게 요 위를 걸어 다니는 것으로 나타난다. 영어권 사람들은 잔디 위로 다니는 한국인들을 못마땅하게 여기지만, 자세히 보면 영어권 사람들도 한국인들만큼이나 자주 잔디를 밟고 다님을 알 수 있다.

한국인들과 영어권 사람들에게 명백하게 혐오스러운 행위는 문을 통과한 사람이 뒤따라 걸어오는 사람들을 생각하지 않고 그 사람의 면전에서 문을 쾅 닫아버리는 것이다. 이 행동은 두 문화의 경우 공통적으로 품위의 표시나 예의라고는 없는, 부주의하고 이기적이며 인정 없는 사람의 행동이다. 학식 있는 사람들은 문에서 손을 떼기 전에 뒤따라 들어

오는 사람들을 살펴보는 습관이 있는데, 만일 다른 사람이 한두 걸음 이내로 따라오고 있으면 그들은 그 사람이 문에 가까이 올 때까지 문을 잡고 서 있는다. 몇 걸음 이상의 먼 거리라면 그들도 문을 열어 두지는 않는다. 그들은 남을 배려해서, 문이 뒷사람 얼굴 앞에서 쾅 닫히도록 하지 않지만, 그렇다고 또한 타인을 위한 현관 안내인처럼 행동하지도 않는 것이다.

이와 같이 차이가 나는 이유는, 한국인들은 자신이 개인적으로 아는 사람들을 대하는 방식과 잘 알지 못하는 사람들, 즉 무지한 사람들을 대하는 방식에 상당한 차이가 나기 때문이다. 한국인들은 친구가 뒤따라오는 경우 문에 주의를 기울이지만 모르는 사람이 뒤따라올 때는 대체로 무관심하다. 반면에 영어권 사람들은 좋은 방식이든 아니든 모든 사람들을 동등하게 대하는 것을 자랑으로 삼는 경향이 있다.

서 있기

한국인들은 사무실에서나 교실에서나 상사 또는 선생님이 들어올 때 예의 바른 자세로 서 있는 데 익숙하지만, 같은 상황에서 영어권 사람들은 앉은 채로 있거나 그들이 하던 일을 계속할 것이다. 영어권에서는 선생님이 아침 인사 같은 인사를 할 때 학생들은 보통 일제히 답하기보다 작은 소리로 답하겠지만, 상사가 도착한 경우에는 그가 어떤 특정한 사람을 불러냈을 때만 서서 인사한다. 호명된 경우가 아니라면 그냥 하던 일을 하면 된다.

무례할 정도의 편안함을 추구하는 행위에 대해 한국인들은, 영어권 사람들이 생각하는 것보다 훨씬 더 민감하다. 예를 들어, 한국인들은 대화 중에 주머니에 손을 넣는 행동을 무례하다고 여긴다. 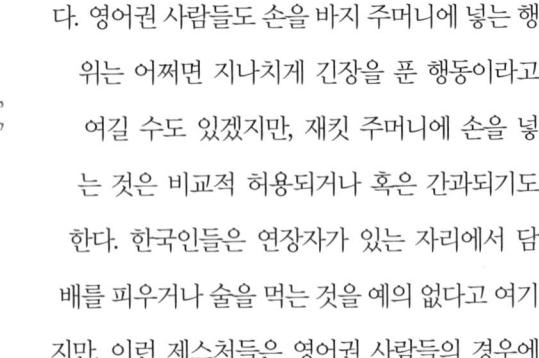영어권 사람들도 손을 바지 주머니에 넣는 행위는 어쩌면 지나치게 긴장을 푼 행동이라고 여길 수도 있겠지만, 재킷 주머니에 손을 넣는 것은 비교적 허용되거나 혹은 간과되기도 한다. 한국인들은 연장자가 있는 자리에서 담배를 피우거나 술을 먹는 것을 예의 없다고 여기지만, 이런 제스처들은 영어권 사람들의 경우에도 격식 있는 상황에서라면 무례하게 여길 수 있다. 한국인들은 대머리인 웃어른 앞에서 모자를 쓰는 것과 비교해, 그들 앞에서 안경을 쓰는 것조차도 무례하게 여기는데, 그렇다고 웃어른에 대한 예의로 자신의 안경을 벗는 한국인은 한 명도 보이지 않았다.

명함 같은 것을 교환하는 것은 한국에서 일종의 관습화된 예의인데 이 카드를 주고 받을 때나 읽을 때 일어서서 혹은 선 채로 읽는 것이 중요하다. 명함은 한국인들 간에 자신의 사회적 지위를 규정 짓는 아주 중요한 역할을 하기 때문에, 한국인들은 외국인들이 이것을 읽지 않고 주머니에 넣는 것보다는 이것을 자세히 읽어 주기를 바란다. 이것이 중요한데, 말을 포함해서 상당히 많은 한국인의 행동이 일행의 상대적인 지위에 의해 결정되기 때문이다. 미국식 예절에서는 무리 없이 너그럽게 봐줄 수 있는 사회적 차이이면 경시하는 경향이 있지만, 한국인들의 경우는 몇 초 간격으로 태어난 쌍둥이라 하더라도 그들을 대하는 태도가 달라진다. 한국인의 명함은 단체의 서열, 학위, 어떤 종류이든 직함이나 연락을 취하기 위한 모든 방법을 강조하는 경향이 있다. 영어권 사람들의 명함도 비슷하지만, 미국 명함은 경우에 따라 다른 정보를 첨가하기는 하지만 보통은 성명 이상을 포함하지 않는다.

　상관이 사무실에 들어올 때 한국인들과 달리 영어권 사람들은 전형적으로 일어서지 않고 한국인과 미국인 둘 다 소개를 하거나 개인적으로 호명되었을 때는 일어선다. 개인적으로 지적되지 않은 경우라면 영어권 사람들은 전형적으로 하던 일을 계속할 것이고, 그렇게 하는 것이 상관을 배려해 일어서는 행동을 함으로써 오히려 일을 못하게 되는 상황보다 낫다고 생각한다.

　한국인들은 신유학자들처럼 웃어른에 대한 예의를 표현한다. 영어권 사람들은 좀 더 평등주의자들이어서 연장자에 대한 예절을 나타내는 것이 보통은 지금 처리해야 할 일을 하는 것보다는 덜 중요하다고 여긴다. 한국인들이 행하는 확실한 예의범절이 영어권 사람들에게는 군인에게나 알맞은 행동으로 여겨질 텐데, 장교에게는 반드시 인사를 해야 하기 때문이다. 영어권에서의 예절은 좀 더 시민답고 동등하며 혹은 적어도 계급의 차이라는 명백한 표시를 나타내지 않기를 요구한다. 그러나 이것이 종종 한국인들에게는 다소 부주의한 행동으로 비춰지기도 한다.

서서 대화를 하는 동안 한국인들은, 영어권 사람들이 별로 중요하게 여기지 않는 여러 가지 행동이 지나치게 편안함을 추구하여 무례한 것이라고 여긴다. 손을 주머니에 넣고 이야기하는 것뿐 아니라 팔이나 다리를 꼬고 있는 것, 혹은 한쪽 발이나 다른 쪽 발에만 무게를 싣고 이야기하는 것이 한국인들에게는 지나치게 무례하고 적당한 예의를 갖추지 못한 것으로 보이지만 영어권 사람들은 이런 약식 행위를 인식조차 하지 못할 것이다. 한국인들, 특히 고령자들에게 이런 자세는 부주의하거나 심지어는 연장자가 말하는 내용에 대한 경멸로까지 판단될 수 있다. 이런 행동들은 사실상 영어권과 한국에서 공유되는 여러 평이한 행동들 가운데 극히 소수에 불과하지만 서로 다르게 사용되며 이것은 어떤 친밀감 형성에 대해 한국인들보다 영어권 사람들의 인식이 훨씬 더 빠르다. 영어권 사람들은 친밀함과 비격식적인 행위를 추측하는 것에 있어, 그리고 환대와 친밀함을 혼동하는 것에 있어서, 편안한 자세와 행동을 성급하게 추측해버리는 점에 있어 주의해야 할 것이다.

한국 식당들은 보통 바닥자리나 의자 혹은 둘을 다 구비하고 있지만 버스 정류장, 역, 다른 공공장소에 있는 노점상이나 간이 우동 식당에서는 손님들이 간식이나 간단한 식사를 하는 중에도 서 있을 것이라는 기대를 한다. 여름이 되어 손님들이 식탁에 앉거나 피크닉 스타일로 야외 잔디밭 바닥에 앉고자 하는 손님들을 위해 자리를 펼 때, 두 경우 모두 노점상들은 일반 음식점과 다르게 보이지 않는다.

구부리기

　여기서 한국인들과 영어권 사람들 간의 흥미로운 점은 자세의 차이가 아니라 자세 선택의 차이이다. 서서 하기에는 너무 낮은 어떤 행동을 하도록 요구되었을 때 대체로 영어권 사람들은 상체를 구부리고 그 일을 하는 반면, 한국인들은 쪼그려 앉는다. 인사히는 것은 공경과 존경의 표시로 키를 낮추는 것이지만 보통 몸을 구부리거나 쪼그려 앉는 것은 일을 쉽게 하고자 키를 낮추는 것인데, 가령 어린 아이에게 옷을 입히기나 낮게 깔린 잔디를 손질하는 것, 혹은 아이 신발의 끈을 묶어줄 때 취하는 자세이다. 영어권 사람들은 일반적으로 서서 그 일을 하기 위해 일거리를 들어올리거나 그 일거리를 향해 상체를 구부릴 것이다. 전형적으로 농업과 같은 일을 영어로는 몸을 구부리고 하는 노동이라고 부른다. 한국인들은 보편적으로 같은 식의 일을 해내기 위해 쉽게 쪼그리고 앉을 것이다. 물론 모심기는 물 때문에라도 쪼그려 앉기보다는 상체를 굽힌 자세로 행해지지만 그 외의 일반적인 일을 위해서라면 영어권 사람들은 몸을 구부리고, 한국인들은 쪼그리고 앉는 자세를 선택할 것이다. 그렇다면 어느 자세가 더 피로를 느끼기 쉬운가, 구부리는 일인가 쪼그리는 일인가 하는 의문이 제기되는데 해답은 오십보백보이다.

앉기

한국인과 영어권 사람들의 자세에 차이가 나는 주된 이유는 마루 문화와 의자 문화 간의 차이이며, 신체의 유연성과 비율의 차이 때문이다. 전통적으로 한국인들은 마루에서 앉아 먹고 자기 때문에 마루바닥을 특히 깨끗하게 유지했다. 바닥을 깨끗이 유지하기 위해서 집에서는 신발을 신지 않았고, 맨발 차림은 불쾌한 것으로 받아들여졌기 때문에 손님도 항상 양말을 신는 것이 당연했다. 한국인들은 등받이가 없더라도 의자에 앉기보다는 여러 면에서 바닥에 앉는 것을 더 편안하게 여기는 듯하다. 물론 이러한 사실이 언뜻 보기에는 그럴 듯하지 않겠지만 자세히 보면 그럴 만도 하다. 외국인들은 종종 이러한 차이점이 유전상의 것인지 문화적인 것인지 의문을 갖지만, 여느 때처럼 이 차이는 유전상의 것이 아니라 문화적인 것으로 밝혀진다. 우리 모두는 우리가 생각하는 것보다 더욱 유사하다. 호주나 미국에서 태어나 자란 한국인들은 전형적인 영어권 사람들이 그러하듯 바닥 문화에 적응하는 데 어려움을 겪는다. 문제는 신체 구조라기보다는 관습이나 습관이다. 예의 바른 한국인이 웃어른이나 상관이 있는 자리에서 의자에 앉을 때의 자세는 두 손을 무릎 위에 두거나 다리에 두는 것인데, 이때 다리는 꼬지 않아야 한다. 외국인이 앉는 자세는 약간 더 편안한 자세에 다리를 꼬고 앉는 것이 허용되지만 보통은 연장자들이 취하는 자세보다 더 편안한 자세는 없다.

식탁에 앉은 한국인들의 좋은 자세는 남성의 경우 양반 다리를 하고 앉는 것이고 여성의 경우는 무릎을 꿇고 앉거나 한쪽으로 다리를 모아 앉은 자세이다. 한국 여성들은 무릎을 꿇고 앉기보다는 가끔 이쪽 저쪽으로 다리를 옮겨 한쪽으로 다리를 모아 앉는 자세로 앉겠지만, 한국 남성들은 이 자세로 얼마나 오랫동안이건 고통 없이 앉아 있을 수 있어 보인다. 영어권 사람들에게는 두 자세 모두 잠시 후면 마치 한국 여성들이 무릎을 꿇고 앉는 것만큼이나 고문이 된다. 사려 깊은 한국인들은 대개 외국 손님들에게 다리를 뻗어 앉으라고 이야기하는데, 특히 테이블 아래로 자신들 앞으로 다리를 곧게 펴고 앉으라는 말을 많이 한다. 반내년에 앉은 사람은 양반 다리를 하고 앉거나 무릎을 꿇고, 혹은 다리를 한쪽으로 굽혀 앉기 때문에, 이런 제안에 대해서는 테이블 아래에 레인지가 달려 있는 경우가 아니라면 일반적으로 아무런 문제가 없다. 그러나 다리를 곧게 펴고 앉는 자세라도 영어권 사람들에게는 다소 불편한데, 이때 영어권 사람들은 종종 다리 근육의 당김을 완화시키고자 그들의 손을 뒤로 받쳐 몸을 약간 뒤로 기울인다.

  이 문제는 한국인들에게는 정반대이다. 한국인의 다리가 영어권 사람들에 비해 보통 짧아 의자의 모서리에 한국인의 허벅지 뒷부분이 닿는 경우가 있고, 따라서 미국식 의자에 앉는 것이 다소 불편하다. 따라서 한국인들은 다리를 꼬고 의자에 앉거나 한쪽 다리를 굽히고 그 위로 앉아 허벅지의 고통을 줄이고자 한다. 일상적인 상황에서 때때로 그들은 발 뒤꿈치를 의자에 올리고 앞으로 무릎을 올려 앉고, 반대편 팔꿈치를 테이블에 올려 놓는다. 사려 깊은 영어권 사람들은 이 문제를 이해하고 서 만일 그들이 원한다면 한국인들 스스로 이런 식으로 편하게 앉도록 권해야 한다. 비록 이런 자세는 한국인들이 미국인의 뻗은 다리를 보는 것과 똑같이 영어권 사람들에게는 전형적으로 다소 무식해 보이기는 하더라도 말이다. 한국 식당에서는 흔히 테이블 아래의 바닥을 낮추어 외국인들이 바닥에 앉아 식사를 하는 동안 그들의 다리 아랫부분을 바닥에 닿도록 하는 경우가 있다. 공교롭게도 외국에는 이와 유사하게 한국인들이 의자를 낮추어 앉도록 하는 레스토랑이 거의 없다. 외국에 있는 한국 식당들조차도 대체로 바닥이나 의자에 앉아 식사를 하지만 의자는 표준 높이로 되어 있다. 왜 이런 음식점에서 한국인들이 대개 바닥에 앉기를 좋아하고 영어권 사람들이 의자에 앉기를 좋아하는지에 대해 의문의 여지가 없는 것이다.

식탁에서

한국 식당이나 가정에서 손님들은 의자나 식탁이 제공되지 않는다면 보통은 신발을 문간에 두고 바닥에 방석을 깔고 앉도록 되어 있다. 일단 식탁에 앉은 이후에 한국인과 영어권 사람들 사이에 가장 현저하게 나타나는 자세의 차이는 한국인들이 얼굴을 음식에, 특히 국과 같은 음식으로 가져가는 것에 비해 영어권 사람들은 음식을 얼굴 가까이로 가져오는 경향에서 나타난다. 이것은 국가적인 차이일 뿐 아니라 부분적으로는 계층의 차이이기도 한데, 두 나라의 에티켓 교본에서는 음식을 얼굴로 가져가도록 권하고, 두 문화에서 모두 우리가 일반적으로 말하는 계층의 사람들은 같은 자세를 취하고 있다. 영어권 사람들은 팔꿈치를 식탁 위에 두지 않는 것을 좋은 자세로 삼는데, 이로부터 파생되어 왼쪽 팔꿈치를 테이블에 대고 자신 앞 테이블 모서리에 손이 늘어지도록 해서는 안 된다는 의미를 담고 있기도 하다. 이 자세는 곧게 앉아서 음식을 얼굴 쪽으로 가져가기보다 대개 앞으로 수그리고 얼굴을 음식으로 가져가도록 하기 때문에 자제하는 것이 좋겠다. 이 자세는 미국 문화에서, 그리고 한국 문화에서도 아마 계층이 구분을 나타내겠지만, 매끼 한국인의 식사에 국이 있다는 것은 얼굴을 음식으로 가져가려는 지속적인 유혹을 행사하는 것으로도 보인다. 그 결과 영어권 사람들보다는 한국인들 사이에서 더 빈번하게 음식 쪽으로 얼굴을 가져가는 경향이 있으며 이런 행동이 좀 더 만족스러운 것으로 여겨진다.

　한국인들의 다리가 짧은 것과 마루 문화의 영향을 좀 더 이야기하자면 장거리 비행이 좋은 예가 될 것이다. 승객 자신들보다도 신체 각 부분이 더 쉽게 잠들 수 있다는 것은 누구나 아는 사실인데 승객들은 나름대로의 다른 해결책을 갖고 있다. 영어권 사람들은 일어나서 매시간 객실 안을 대담하게 걸어 다니지만, 이것은 통로가 점점 더 좁아짐에 따라 점차적으로 어려워지고 있다. 한국인들은 일본인들과 같이 어떤 수송 수단이든 움직이는 순간에 즉시 잠들기로 유명한데, 이것은 버스나 기차뿐 아니라 비행기의 경우에도 마찬가지이다. 상대적으로 체구가 작은 한국인들은 불쾌하게 갇혀 있는 비행기 좌석 공간에 적응할 수 있어 거의 상상할 수도 없는 영어권 사람들의 부러움을 사기도 한다. 한국인, 특히 여성들은 머리를 자리에 편히 쉬게 하고 좌석 앞 바닥에 앉아 있거나 접이 식대를 펼쳐 다리를 꼬고 좌석에 나지막하게 앉기도 하며, 좌석에 무릎을 꿇거나 한 쪽 혹은 양쪽 무릎을 꿇고 앉든지 접이 식대를 펼쳐 놓고 거기에 팔과 머리를 대고 있기도 한다. 더 흔하게 목격되는 자세는 한국인들이 머리를 앞 좌석의 뒷부분에 기대는 것인데 외국인들은 이런 자세를 취하지 않는다. 보통 영어권 사람들과 다수의 한국인들은 이런 자세를 대부분 취하지 않지만 대한항공 국제선에서는 취하게 된다.

이와 유사하게 한국인들의 다리가 상대적으로 짧기 때문에 버스 제조업자들은 좌석을 바퀴가 있는 부분 위나 바로 뒤에 두기도 한다. 한국인들은 무릎을 끌어 당겨야 하는 다소 불완전한 좌석이라도 편안하게 앉으며, 좀 더 긴 다리를 가진 한국인이나 대부분의 영어권 사람들은 차라리 서 있는 편을 택한다.

한국인이나 외국인 모두 자동차, 버스, 기차 그리고 비행기에서 다리를 넓게 벌리고 있는 사람들을 비난하는데 특히 여성을 비롯한 다른 사람들에게 그 무릎이 닿거나 옆자리의 사람들이 가진 공간을 침범하거나 또는 그와 같은 독점적인 행위 때문에 그 자리를 피하는 경우를 야기할 때 그러하다. 흔히 여성들은 이 자세가 한 사람이 가질 수 있는 것보다 더 많은 공간을 차지하는 것이며 혹은 거슬릴 정도의 자기 과시 행위라고 비난한다. 남성에게 거슬리는 행위가 여성들에게도 똑같이 거슬린다는 것은 거의 말할 필요도 없으며, 특히 그 여성들이 스커트를 입고 있는 경우에는 더욱 그렇다. 이 자세는 한국인과 미국인 모두에게 시골뜨기의 버릇없는 자세로 해석된다.

계층에 의한 차이는 아니지만 극장이나 강당 의자에 푹 들어가게 앉거나 축 늘어진 채로 앉은 자세도 두 문화에서 모두 발견된다. 한국과 영어권 사람들 모두 편안함을 추구하려는 이 자세는 연설자는 말할 것도 없고 거기 모인 사람들에게 상황에 대한 예의 없고 종종 오만한 자세로 치부된다. 적어도 이런 자세는 거론되고 있는 내용에 대한 무심함이나 거부감까지 표현하는 행위다. 젊은 사람들은 흔히 이것을 멋지고 얽매이지 않으며 약간은 반항적인 행동이라고 여기면서도 그런 태도가 얼마나 나쁘게 받아들여지는지에 대해서는 눈치 채지 못하도록 해야 한다고 여긴다. '주의'는 어원상 '긴장상태'를 의미한다. 푹 들어가게 앉거나 축 늘어진 채로 앉은 자세는 잠들면서 점차적으로 이완되는 자세인데, 이것이 눕는 자세에 가까워지는 것과 같다.

일상적으로 영어권 사람들은 이따금씩 사무실이나 교실의 책상 위에 앉는다. 심지어 대학 강의실에서도 그들은 책상에 걸터앉아 다리를 앞으로 흔들거나 책상 위에서 다리를 꼬고 앉아 강의하기도 한다. 책상에 앉는 것이 한국인들에게는 책상에 발을 올리는 것과 같이 금기시되는 자세라는 것을 외국인들은 알아야 한다. 한국인들의 반응이 영어권 사람들의 반응만큼이나 거세다는 것은 점심 식사 판매대나 저녁 식탁에서

10장 자세

아기의 기저귀를 가는 것과 마찬가지이다. 이것은 연장자나 상관 혹은 학생들이 있는 경우에는 특히 더 거슬리는 행위이다. 미국 학생들은 많은 한국 학생들의 경우와 달리 자신들이 선생님과 동등하거나 혹은 더 열등하다는 오해로 고생하지 않는다. 한 미국 선생님이 한국 학생들에게 자신을 잭(Jack)이라 부르도록 할 때 그들은 당연히 선생님을 잭이라고 부르겠지만 또한 그를 멍청이(jackass)로 여길 수도 있다. 선생님에 대한 존경은 연장자, 상관 그리고 지식에 대한 신유교적 존경심에 기초를 두고 있고, 물론 스승을 공경하는 태도가 한국인들에게서 자발적으로 나타나는 존경의 태도가 되도록 하는 것을 선생님들의 의무로 삼고 있다. 한국식 수업은 전형적으로 형식적인 환경으로써 한국 학생들은 의심할 여지 없이 선생님들이 자신들보다 우월하다고 여기며, 한국 선생님들은 믿음직하게 자신들의 책임을 완수한다. 공교롭게도 미국 선생님들은 수업 분위기가 흔히 비형식적이고 느슨하며 정답고 막역한, 인상적인 방식으로 통속적이어야 한다고 생각한다. 그들은 예상대로 한국 학생들이 지루해 할 비공식적인 것을 추구하는데, 이것은 마치 상관과 고용자들 사이의 약식 행위가 한국인 상관과 노동자들에게 똑같이 무례하다고 여겨지는 행동과 같다.

잠자기

지금이야말로 한국인들이 정말 아주 쉽게 잠든다는 것, 그리고 어떤 종류의 대중 교통 수단이든 한국인들은 그 안에서 쉽게 잠을 잘 수 있다는 사실을 지적할 때이다. 분명 그들을 잠들게 하는 어떤 움직임의 진정 효과라든지 편안한 무엇인가가 있다. 물론 지하철에서 몇몇 사람들은 자리다툼을 하기 싫은 마음에, 다른 승객들에게 자리를 내주어야 하는 의무를 피하고자 잠을 자거나 자는 척을 하지만, 이것은 영어권 사람들에게는 거의 알려지지 않은 내용이다. 좋건 나쁘건, 대체로 나쁘지만, 몇몇 젊은 한국인들은 많은 외국 젊은이들을 따라 하기도 한다. 그들은 어른들이 서 있을 때 앉아서 이기적이고 점잖지 못하며 껌을 씹는 말괄량이에 촌스러운 사람인 척하는데, 그들은 이런 행동이 유행에 맞게 세련되었다는 착각을 하고 있다. 그러나 전형적으로 한국인들은 비행기, 기차 그리고 버스에서 책을 읽거나 지나가는 풍경을 바라보는 영어권 사람들과 달리 잠을 자는데, 이런 모습은 전형적으로 장거리 여행의 경우에 빈번히 나타난다.

  한국인들은 종종 자리에 앉아 버스 특히 기차가 출발하기 전에도 잠을 자는데, 이것은 그들이 대단히 능률적이고 여행 시간을 도착에 대비한 휴식의 시간으로 사용하려는 의도를 나타낸다. 한국인들이 비행기에서 영화가 상영될 동안에도 잠자기를 더 좋아하는 것처럼 보인다는 점은 주목할 만하다. 반면 영어권 사람들은 대부분 공짜 영화를 보는 편을 선택할 것이다. 만일 유료 영화라면 그들이 잠을 선택할지도 모르겠지만 말이다. 한국인들에 비해 영어권 사람들은 공적인 장소에서 낮 시간 동안은 잠자는 것을 불편해 하는 것 같다. 어떤 이들은 이것을 이론화하여 한국인들은 아기나 어린 아이였을 때 등에 업혀 자랐기 때문에 움직이는 운송 기관 안에서도 쉽게 잘 수 있다고 주장하지만, 그것보다는 운송 기관의 흔들림과 더 관계가 있는 듯하다. 왜냐하면 미국의 유아들은 차가 움직일 때 잠을 자고 차가 멈출 때마다 깨어나 우는 모습을 보여왔기 때문이다. 자주 있는 멈춤 신호 사이에 잠을 자려고 애쓰기도 하지만 멈출 때마다 밖을 바라보려고 잠을 깨게 된다.

웅크리기

한국인과 미국인 간에 명확한 대조를 이루는 또 하나의 자세는 웅크리기이다. 영어권 사람들은 남성이건 여성이건 웅크리는 자세를 취하지만, 그 자세를 유지하는 시간은 한국인들에 비해 현저하게 짧고 방식도 확실히 다르다. 앞서 언급했듯이 이것은 몸을 낮춰 일하는 논밭의 노동자들이 선택하는 자세이다. 미국 노동자들은 전형적으로 자신들이 몸을 구부리고 하는 노동이라고 부르는 일을 할 때 상체를 구부리지만 한국 노동자들은 보통 웅크리는 편을 택한다. 두 뒤꿈치로 웅크린 자세는 특징적인 동아시아적 자세이며 일반적으로 영어권 사람들이 피하는 자세이다. 아마도 이것은 배설할 때의 자세를 연상시키기 때문인 것 같다. 또한 이것은 영어권 사람들에게는 신체의 올바른 자세와 곧음은 물론이

고 청렴한 도덕성을 나타내주기도 하는 단순히 곧게 서 있는 것과 거의 반대로 편안함을 추구하는 자세이다. 이유가 무엇이든 간에 일반적으로 영어권 사람들은 이런 자세를 피하려고 한다. 반드시 웅크려 앉아야 하는 경우 대체로 그들은 두 발꿈치가 아니라 발가락으로, 더 흔하게는 한 쪽은 발꿈치를 내려 앉고 다른 한 쪽은 발가락으로 몸을 지탱하여 겉보기에는 정말 불편할 것 같지만 일 분 혹은 그보다 짧은 시간 동안 그 자세로 앉는다. 동아시아인들은 일반적으로 이 자세에 더 익숙하고 이 자세로 쉽게 주저 앉는데 다소 오랜 시간 동안 웅크리고 있어도 서 있는

것보다 더 편안하게 여기는 반면, 영어권 사람들은 대체로 웅크린 자세보다 서 있는 것을 편하게 여긴다. 해외여행을 하는 동아시아인들은 일상적으로 관영이나 민간 여행사 직원들로부터 해외여행 중에 침을 뱉거나 담배를 피우는 것뿐 아니라 웅크리는 자세까지 피하도록 충고를 받기도 한다.

그렇지만 한국인들은 집이나 식당 바깥의 바닥이나 땅에 앉는 것은 다소 주저하며, 정장 차림의 남성들은 좌석이 모자라는 복잡한 공항에서 두 뒤꿈치로 웅크리고 있는 모습이 눈에 띈다. 때때로 정장차림을 한 한국 공무원은 무릎에 소형 서류 가방을 놓고 지하철 플랫폼에 웅크리

고 앉아 열차를 기다리면서 서류를 읽기도 한다. 영어권 사람들은 한국인들보다도 쉽게 공공 장소의 바닥이나 땅에 앉는 경향이 있어, 아마 침을 뱉는 습관이 팽배하기 때문에라도 공공 장소의 바닥이나 땅이 아주 더러울 것이라고 생각하는 한국인들에게 충격을 준다. 반면 영어권 사람들은 그들이 좀 더 위협을 느껴야 할지도 모르겠지만 공공 장소의 바닥이나 땅에 대해 충격을 적게 받는다. 이와 연관된 차이점은 영어권 사람들의 경우 집 안에서 신을 신는다는 것이다. 그들은 자신의 발이 한국인들이 생각하는 것보다는 덜 오염되어 있다고 생각하기 때문에 가구 위에서나 침대에서조차도 신을 신는다. 이것은 두 나라 모두의 경우 합당한 이유인 듯하다.

화장실에서의 행동

이 부분에서는 한국과 외국의 다양한 자세와 여러 가지 화장실에서의 행동을 이야기하기에 적당할 것 같다. 도시의 아파트 환경에서는 화장실 장비가 큰 차이가 없겠지만 공공 환경에서는 아시아와 외국식 변기 사이에 여전히 근본적인 차이점이 존재한다. 아시아의 변기는 구멍이 난 도랑의 전래물이라 할 수 있는 것과 달리, 미국식 변기는 역사적으로 밑바닥이 없는 의자식이다. 아시아식 변기가 영어권 사람들에게 주는 유일한 문제점은 단순히 그 모양이 낯설다는 것 이외에도 어느 쪽을 바라보고 균형을 유지해야 하는가에 관한 것이다. 화장실에 들어가면 아시아식 변기의 고깔 모양으로 솟은 부분을 앞으로 하여 앉고 대개는 그 칸의 문이나 입구를 마주하게 된다. 영어권 사람들은 보통 두 발로 웅크려 앉기에 익숙하지 않기 때문에 균형을 유지하는 것이 더 큰 문제인데, 어떤 사람들은 다소 불안정한 발꿈치 대신 발가락으로 지탱하고 앉는 것이 아주 어렵다고 생각한다. 많은 사람들이 아시아식 변기를 사용하는 동안 붙잡고 있을 무엇인가를 필요로 한다.

한국에서는 아시아식 변기를 서양식 변기로 재빨리 교체했지만 여전히 몇몇 문제점이 남아 있기는 하다. 교양 있는 미국 남성들은 보통 공중 화장실에서 사용할 수 있는 소변기가 있는 한 절대 변기에서 소변을 보지 않는다. 만약에 변기에서 소변을 본다면 그것은 가정집이나 아파트에서 전형적일 텐데, 그들은 변기 뚜껑과 변좌(便座)를 모두 올려 둔다. 물론 공중 화장실이나 같이 쓰는 변기의 경우 사용 후 즉시 모든 소변기와 변기의 물을 내린다. 사용 후 남성들은 공중 화장실의 변좌를 올린 채로 두지만 많은 사람들은 그것을 내리고 가정집에서는 뚜껑과 변좌 모두를 내려 둔다. 미국식 변기에서 올려 둔 뚜껑은 일종의 등받침을 형성하여 이렇게 두고 일반 의자와 같이 앉을 수 있게 된다. 교양 있는 사람들은 변기를 사용한 후에는 조심스럽게 손을 씻고 가능한 한 화장실을 깨끗하고 신선하게 유지하고자 노력한다. 그래서 사용 중에도 여러 차례 변기의 물을 내리기도 한다. 그들은 변기나 소변기, 혹은 세면대에서만 침을 뱉지, 절대로 쓰레기통이나 다른 곳에 침을 뱉지는 않는다. 공중 화장실이 한국이나 외국의 시골지역에서도 흔하다는 것을 지적하면 두 나라 모두 당신이 그 당시 손님이 아니더라도 공공 건물, 호텔, 상점 그리고 식당에서 화장실을 사용하는 것이 용납된다.

영어권 사람들이 한국식 변기에 맞춰 주어야 할 또 하나는 술집과 식당의 많은 한국식 변기를 여러 사람이 함께 사용하고, 변기에는 칸막이를 사용하지만 소변기는 벽에 부착하는 식이고 세면대는 함께 쓰도록 되어 있다는 점이다. 비록 국제적으로 널리 퍼진 관례이긴 하지만 이것은 남성과 여성의 화장실을 엄격히 구분하는 일반적인 미국식 구분과는 다른 점이며 미국 남성들과, 특히 미국 여성들의 적응을 요한다. 한국의 공중 화장실은 종종 휴지와 타월이 부족할 때가 있기 때문에 영어권 사람들은 자신이 쓸 휴지와 타월을 스스로 준비해서 갖고 오도록 해야 하는데, 한국인들 역시 자신이 쓸 휴지와 종이 타월을 휴대하는 것이 습관화되어 있다.

무릎 꿇기

한국 여성들은 남녀가 함께 있는 연회장에서 무릎을 꿇고 앉거나 두 다리를 굽혀 한쪽 편으로 놓아 무릎을 꿇는데, 자세를 바꾸어가며 무릎을 편안하게 해서 앉아도 오랜 시간 이렇게 앉아 있기는 불편하다. 한국 남성들도 유사한 방식으로 연장자나 조상에 대한 의식을 올리거나 심각한 사과를 하거나 장례식 같은 충심 어린 위로를 표현하는 경우에는 무릎을 꿇어 앉는다. 한국인 남성과 여성들은 사찰의 사당에서는 무릎을 꿇고 엎드려, 손은 바닥에 붙이고 이마를 낮춘다.

영어권 사람들은 무릎방석을 대는 교회 이외에는 거의 무릎을 꿇지 않는데, 이것은 그들이 평소에 얼마나 무릎을 꿇지 않는지를 나타내며, 정원에서 무릎을 꿇는 경우가 있기는 하지만 점차적으로 줄어드는 추세고, 그보다는 땅바닥이나 낮은 의자 위에 있으려고 하는 사람들이 많다. 그들은 아이들과 놀거나 몸을 낮춰서 해야 하는 일들을 할 때에도 거의 무릎을 꿇지 않겠지만, 무릎을 꿇는다고 해도 아주 익숙히지 않아 보인다.

드러눕기

밤에 잠을 잘 때 한국인들은 대개 자는 동안 거의 움직임이 없이 등을 바닥에 대고 잠을 잔다. 이와 반대로 영어권 사람들은 하룻밤 사이에도 40회에서 70회 정도 자세를 바꾸는 것으로 알려져 있다. 영어권 사람들이 가장 좋아하는 것은 옆으로 누워서 한쪽 다리를 끌어 당긴 자세로 자는 것이지만, 영화에서 보면 머리를 대고 자는 자세와 엎드려 자는 자세 사이에서 다양한 자세로 회전한다. 다시 말하면 한국인들은 전투에서 죽기 위해 머리를 엎어지게 한 자세를 하고 있다고 이야기되는 것과 달리 영어권 사람들은 죽기 위해 등을 돌리고 잔다고들 말한다.

11장 몸으로 말하기

<< 조바심을 그치시죠!

몸의 제스처를 다루는 데 있어 첫 번째 문제는 그것을 자세와 구분시키는 것이다. 어떤 사람들은 자세가 몸 전체를 다루는 반면 제스처는 신체 일부분만 다루는 것이라고 말하기도 하지만, 여기서는 달리기와 걷기까지를 포함한 비교적 변함이 없는 자세와 온 몸으로 만드는 순간적인 표시들의 구분을 의미한다. 이러한 몸의 제스처는 기뻐서 뛰는 동작에서부터 죽은 듯 가만히 누워 있는 것까지 다양하고, 한국인들과 영어권 사람들이 보여 주는 몸을 높이거나 낮추는 대조적인 여러 동작을 포함한다. 몸의 제스처의 대부분은 한국인들과 영어권 사람들에게서 공통적으로 나타나고, 심지어 다른 점들까지도 아주 유사한 제스처이며 각기 다른 상황에서 사용되거나 다른 방식으로 억제 혹은 표출되는 경우가 많다. 전형적으로 한국인들은 좀 더 억제된 양상을 보이고 영어권

사람들은 좀 더 자유롭다.

몸의 제스처 가운데 두 문화에서 공통적으로 사용하는 것 중에는 존경, 두려움 혹은 적대감 때문에 조심스럽게 긴장하는 제스처, 안전과 친숙 혹은 애정에서 비롯되어 형식적이지 않거나 중립적인 제스처, 또는 무관심 때문에 비교적 편안함을 느끼는 경우 그리고 안심, 피로 혹은 절망에서 오는 늘어진 제스처 등이 있다. 이 모든 일반적인 동작 중에서 한국인들은 부정적인 태도를 감추는 경향이 있고, 반대로 영어권 사람들은 그런 태도를 자유롭게 표현하는 경향이 있다. 감추는 태도는 영어권 사람들로 하여금 일찍이 말을 삼가거나 지감 혹은 눈치의 명수였던 한국인들에 대해 불가사의한 인상을 가지는 데 기여하지만, 반면 영어권 사람들은 감정을 숨기지 않고 말해서 종종 한국인들이 이들을 순진하고 자유로운, 심지어는 점잖지 못한 사람들로 여기기도 한다.

올려 세우기

기쁨, 공적, 승리, 우월감 혹은 최고가 되는 것과 같은 다양한 '높이'는 사람들로 하여금 그들의 기쁜 감정을 다양한 방식으로 증가시키도록 만드는데, 우리가 이미 〈방향〉에서 보았듯이 높이라는 것이 근본적으로 우세함, 즉 아이들이 어른들에 대해 갖고 있는 생각 같은 것과 연관되어 있다. 따라서 사람들은 경기에서 이긴 복싱 선수처럼 팔을 머리 위로 올리거나 득점한 축구 선수처럼 공중으로 뛰어오른다. 승자는 그 팀이나 모인 사람들의 어깨 위로 들어 올려지고, 그들은 메달을 받을 때 다양한 높이의 시상대에 올라서며, 머리 위로 트로피를 들어 올린다. 정치가들은 팔을 머리 위로 들어 올려 선출되기 위한 바람이나 선출된 것에 대한 축하를 한다. 그들의 인물 사진은 실제보다 크다. 독재자들의 초상화는 대개 5, 6층 건물 높이이고 중요한 인물의 동상은 실제보다 크고 받침대 위에 올려져 있다. 러쉬모어 산에 있는 대통령들의 얼굴상은 그 높이가 6피트나 된다. 지위와 키 그리고 상은 굳이 어원을 따지지 않더라도 많이 연관되어 있다. 미국의 특징적인 몸의 제스처 중에 한국인들에게서 흔하게 사용되지 않는 것으로 기뻐서 발꿈치를 차는 동작이 있다. 이것은 탭 댄스에서 시작된 것 같고 기쁨과 힘을 표현한다.

땅 위로 뛰어오르는 것보다 약간 더 차분한 방식으로는 다양한 형태의 깡충깡충 뛰기, 춤추기, 뽐내며 걷기 등이 있으며 이것은 행복과 승리를 표현하는 데 사용된다. 프랑스의 항복 표시로 히틀러의 짧은 지그 춤이 떠오른다. 훨씬 더 차분한 것으로는 앉거나 누운 자세로 있다가 연장자가 들어오면 그들에 대한 존경과 공경을 표하기 위해 일어나는 여러 방식이 있다. 연장자가 있을 때 그들보다 더 편안함을 취하지 않는다는 일반적인 관례를 따라, 초등학교에서 대학원에 이르기까지 모든 연령대의 한국 학생들은 선생님이 교실에 들어오면 곧장 일어선다. 미국에서도 한때 이런 관습이 행해지기는 했지만 대체로 평등을 구실로 사라졌다. 기자들은 이제 기자회견장에서 대통령이 들어설 때도 일어나지 않지만 의원들은 여전히 일어난다. 미국 남성들은 여성이 들어오면 자리에서 일어서지만 다른 남성이 들어오는 경우는 그들과 명백하게 상관이 없는 경우는 보통 일어나지 않는다.

　미국 남성과 한국인 남녀는 소개를 받을 때 일반적으로 일어서지만 미국 여성들은 예외적으로 아주 고위직의 사람을 대하는 것이 아니면 소개를 받고서도 앉은 채로 있다. 이와 같은 차이의 일부는 영어권 사람들이 여성을 존중하는 데서 비롯되고, 일부는 한국의 소개 방식이 대단히 사적인 추천이며 더 진지하다는 사실 때문에 소개하고 소개 받는 모두에게 상당한 부담을 주기도 한다. 한국인은 오히려 소개하는 사람이 소개 받는 사람을 보증하는데, 이것은 공식석상에서 소개 받은 적도 없는 사람과 교제하기를 꺼리는 미국 상위층의 방식이다. 소개 받은 사람은 자신을 소개해 준 한국인에게 잘 대할 책임이 있다. 미국식 소개도 한때 그런 부담이 있기는 했지만 요즘에는 낯선 사람을 소개하는 경우가 좀 더 많은 편이다. 이들은 소개해 주는 사람의 칭찬에 의존하기보다는 소개 받는 사람의 성격을 자기 스스로 발견할 책임을 갖고 있다.

　이러한 차이의 부차적인 결과로서 한국인들은 일단 소개를 받으면 소개 받은 사람을 낯선 사람이나 조금 아는 사이가 아닌 친구로 대한다. 반면 영어권 사람들은 낯선 사람, 조금 아는 사람, 그리고 친구를 거의 똑같이 대우하는데 이것은 한국인들이 소개 받은 사람을 무조건적인 친구로서 대하는 것과는 다르다. 흔히 한국인들은 절대적인 친구들의 요구나 요청에 대해 불평을 하는데 대가족이나 학교, 회사, 사회적인 접촉을 통해 개인적으로 알게 된 1,000여 명 이상의 사람들에게는 말할 것도 없다. 영어권 사람들은 일반적으로 사회적으로는 덜 부담을 받고 친구가 이치에 맞지 않는 요구나 요청을 할 경우 거절하는 데 주저하거나 양심의 가책을 느끼는 경우가 드물다.

회사에서 일하는 한국 남성과 여성은 상관이 사무실에 들어오면 일어서는 데 익숙하다. 미국 남성과 여성은 상관이 개인적으로 다가온 경우가 아니라면 앉아서 계속 일하는 데 익숙한데, 그들은 예절보다는 부지런히 일하는 태도를 보임으로써 더 좋은 인상을 준다고 여기기 때문이다.

마지막으로 또 다른 예를 들어보자. 영어권 사람들은 계층구조 내의 복종보다는 생산적인 효율성을 더 중시하는 반면, 대체로 한국인들은 사적인 복종을 개인적 관계가 없는 효율성보다 중시한다. 최소한의 노력으로도 자유롭게, 편안함을 보여 주면서 그들 자신이 생산적이라고 과시하기 좋아하는 미국인과 근면성, 노력, 바쁜 모습을 최대한 보여 주려는 한국인들 간에 상당한 문화적인 차이가 존재한다. 그렇지만 한국에서 일하는 외국인들은 한국에 있는 한국인들처럼 사는 것을 좋아할 것이고 한국인 동료들의 안내를 따를 것이다.

존경을 표하기 위해 자리에서 일어나는 것의 다소 특별한 종류로서 기립박수가 있다. 공교롭게도 영화나 텔레비전에서 이것은 꽤 통속화되어서 아주 사실상 뛰어나게 좋은 공연이 아니더라도 어느 정도 괜찮다 할 정도의 모든 공연에서 사용된다. 또한 이것은 다소 무례한 몸의 제스처인데 왜냐하면 관객들이 보기에 공연하는 사람이 그렇게 잘 한 것 같아 보이지 않아 축하하고 싶지 않은 때라도 전체 관객들을 일어서도록 강요하는 면이 있고, 또한 앉아 있는 사람들은 정말 그들이 판단하는 것보다 그 공연에 대해 더 비판적으로 보이기 때문이다. 이런 강요의 극단적인 예로는 히틀러의 연설이 끝난 후 단체로 서 있는 나치 당원들이 경례하는 것이나 중국인들이 문화혁명 당시 자그마한 붉은 책 앞에서 다 같이 손을 흔들어 보이는 것을 들 수 있다. 보통의 박수는 길이로나 소리로나 전형적으로 모든 사람들에게 강제성이 없이 그 공연에 대한 그들의 의견을 표현하도록 해 주어야 한다.

잠자리에 있는 동안 손님을 받는 것이 과거에는 왕족들에 의해 행해졌고 귀족들은 이것을 모방하기도 했지만 오늘날은 사실상 어느 누구도 취침 시간에는 손님을 맞이하지 않는다. 병원에서와 같이 환자가 체력의 약화로 예절을 생각하지 않고 침대에 누워 있어야 하는 경우가 아니라면, 사람들은 일어나서 손님을 맞이하고 종종 연기를 하기도 한다.

자세 낮추기

다른 사람들보다 어떤 사람을 세워 주는 것이 우월함을 증명해 주는 것처럼, 다른 사람과 마주히여 자신을 낮추는 것은 일반적으로 존경을 나타내는 몸의 제스처이다. 즉, 더 높은 위치에서 몸을 낮춘다든지 모자를 벗는 것, 고개를 끄덕이고 인사하고 절하고 무릎 꿇고 무릎을 구부리고 엎드리는 것은 모두 손위 사람에게 존경을 표하기 위해 몸을 낮추거나 키를 낮추는 행동이다. 물론 모자를 벗는 것은 의복의 장신구와 관련이 있는데, 이것은 〈장신구 언어〉에서 다루어질 것이다. 한국인과 미국 남성 모두 손위 사람이 있으면 모자를 벗어 인사하거나 모자에 가볍게 손을 대거나 벗었다가 쓰는 것과 같은 제스처를 부분적으로 나타낸다. 대체로 여성들은 모자를 벗어야 한다는 부담이 없는데 아마 여성에 대한 존중에서 이런 판단이 생겼을 것이고, 교회와 같은 공적인 자리에서 여성은 머리카락을 감추어야 했던 이전의 잔재가 남아 있는 것으로 이해할 수 있을 것이다. 고개를 끄덕이는 것은 머리 제스처이고 이것은 〈머리로 말하기〉에서 다루어졌다.

 존경을 표하기 위해 몸을 낮추는 것에 대한 명백한 대조는 신하들이 서 있는 동안 앉아 있는 왕의 경우를 들 수 있겠지만, 일반적으로 왕은 신하들의 자리보다 높이 있는 왕좌에 앉고 신하들이 서 있는 고통을 감내하는 동안, 즉 300개의 근육 운동을 요한다고 알려진 이런 자세를 취하는 동안 왕은 앉아 있는 편안함을 취한다. 오늘날 부하 직원들이 보고를 하기 위해 서고 사장은 자신의 책상에 앉아 있는데, 간혹 동등성의 차원에서 앉아서 보고하는 영광을 누릴 때도 있다.

고개를 숙이는 인사

 한국인과 미국인 사이에서 가장 대조적인 몸의 제스처는 한국인들이 만날 때와 헤어질 때, 감사나 공감 혹은 후회의 표현인 고개를 숙이는 인사이다. 고개를 숙이는 인사가 한국 문화에서는 미국 문화에서 악수하는 것만큼이나 중요하기 때문에 적어도 고개를 숙이는 인사는 악수 정도의 뉘앙스와 미묘한 의미를 갖고 영어권 사람들이 악수에서 읽어내는 내용들과 아주 유사한 느낌들을 담고 있다. 고개를 숙이는 인사는 계층간의 존경을 표현하는 아주 확실한 방법이고, 악수는 협상을 허락하는 주의 깊은 휴전의 대체 행위로서 평등함을 나타내므로, 고개를 숙이는 인사와 악수가 의미상으로는 상당히 다르다 할지라도 악수를 잘 했을 때 영어권 사람들이 기쁨으로 화답하는 것과 똑같이 한국식의 인사를 잘 하면 한국인들이 유쾌한 환영을 받게 된다. 고개를 끄덕이거나 약간 고개를 숙일 때는 미국식의 악수가 동반되는데, 고개를 숙이는 인사와 악수를 함께 하는 것이 흔하고 현대적이며 국제적인 절충안이 되겠지만 그렇지 않다면 영어권 사람들은 거의 고개를 숙이는 인사를 하지 않거나, 눈을 내리깔고 인사하거나, 아이러니한 경우를 제외하고는 사실상 어떤 정중한 인사도 하지 않는다.

영어권 사람들은 고개를 숙이는 인사가 타인에 대한 존경과 무시를 나타내는 아주 강한 표현 방식이라고 여기기 때문에, 근본적으로 평등주의자이기를 갈망하는 그들로서는 사실상 쉽게 상관에게 인사하면서도 고개 숙이는 것을 불편해 한다. 외국 남성들이 다른 남성에게보다는 여성들에게 더 쉽게 고개를 숙이는 인사를 하지만, 그들은 인사를 일종의 시민의 평등, 즉 미국의 역사와 문화를 설명해 주는 평등에 대한 열망을 포기한 행위로 여긴다. 반면에 한국인들은 솔직히 계층 문화에 익숙하거나 사회 전체나 모든 삶의 수직적인 본성을 현실적으로 받아들이기 때문에 인사에 관해서 영어권 사람들이 보이는 어떤 주저함도 없다. 한국인들은 일반적으로 일본인들보다는 인사에 관한 한 강요를 덜 받고 덜 군대식인 듯하지만, 만나거나 헤어질 때 혹은 가게나 사람들이 있는 방에 들어가거나 거기서 나올 때 약간 고개를 끄덕이거나 짧게 인사하는 것은 무례하거나 외국적인 행위로 받아들여지는데, 외국의 경우는 종종 그런 입장을 취한다. 특히 한국 어른들의 노여움을 사는 것은 미국의 젊은이들이 손을 흔들어 인사하는 행동이다. 또한 손윗사람을 직함도 없이 성으로만 부르는 것도 동등한 입장으로 여겨지게 하는, 한 마디로 잘못된 행동이다.

바른 한국식 인사는 머리에서 둔부까지를 뻣뻣하게 하고 눈은 낮추고 낮은 지점을 바라보는 것이다. 영어권 사람들은 특히 인사할 때 눈을 맞추는 것이 정중함의 표시이기 때문에 눈을 낮추기가 가장 힘들 것이다. 그들에게는 눈을 낮추는 것이 악수의 의미를 망치는 것으로 여겨지기 때문에 차라리 눈을 낮추는 것을 포기하고 오히려 인사를 망치는 편을 택할 것이다. 고개를 얼마나 숙이는지는 악수할 때 얼마나 손을 꽉 쥐느냐 하는 것처럼 다양하다. 아랫사람의 인사가 먼저이며 더 숙여서 하고, 윗사람의 경우는 아랫사람보다 나중에 머리를 조금 숙여 인사한다. 동등한 지위의 사람들은 같은 정도로 고개를 숙이고 어느 쪽이든 먼저 인사할 수 있다. 인사의 엄숙함, 길이, 반복 또한 윗사람보다 더 해야 하고 아랫사람보다는 덜 해야 한다. 반복하는 것은 대개 아랫사람들에 의해 조절될 수 있는데 답례를 너무 오래 해서 윗사람의 기분을 상하게 하지 않으면서 존중의 표현이 전달될 수 있어야 한다.

　흔히 한국인들은 인사를 두 번 깊이, 그리고 아주 가끔은 엎드려 절을 하면서 세 번 절을 하기도 한다. 이것은 장례식을 한다거나 부모님, 조상, 조상의 무덤에서 존경을 표하기 위한 아주 의식적인 행사의 경우에 해당한다. 한국식 인사의 낮춤 정도는 아주 약간 고개를 숙이는 것에서 거의 엎드리는 것까지, 인사하는 사람과 인사 받는 사람 간의 사회적 관계에 따라 달라진다. 이것은 여성과 남성, 젊은이와 어른 모두가 사용한다. 팔에 안긴 아기도 인사할 필요가 있을 경우 그 부모님이 고개를 숙여 인사를 하게 한다. 인사는 대체적으로 손아랫사람이나 하급자가 먼저 하고, 살짝 고개 숙인 답례나 고개를 끄덕이기만 하는 식으로라도 어른이나 상급자의 응답을 하게 되는데, 이것은 주로 두 사람의 나이나 지위에 따른 경우가 많다. 윗사람은 아랫사람에게 먼저 인사하는 법이 없으며, 이것은 미국 남성들이 여성에게 손을 내밀지 않고 여성들에게 손을 내밀도록 하거나 그들이 원하지 않는다면 악수하지 않는 것과 같다.

　가장 흔히 볼 수 있는 한국의 인사는 둔부로부터 약 15도 정도 고개를 숙이고, 등을 곧게 하고, 손은 양 옆으로 가지런히 두며, 눈은 낮추는 자세이다. 이것이 정상적이며 일반적이고 거의 초면이거나 윗사람에게 정중함을 표현하

는 최소한의 인사법이며, 관례상 동급자나 초면인 사람들에게서 아주 유사한 인사로 응답을 받는데, 손윗사람의 경우는 당연히 답례를 약간만 고개 숙여서 할 수도 있다. 경우에 따라 다르겠지만 한국 여성들은 대개 남성들보다 약간 더 낮추어 인사하는데, 남성들의 응답은 여성들의 경우보다 보통 덜 낮추어 인사한다. 인사는 두 사람이나 집단이 단순히 서로 지나쳐 가는 것 이상의 상황이라면 만나고 헤어질 때 하게 된다. 달리는 중이라도, 젊은 한국인들은 지나가는 웃어른 앞에 기꺼이 멈추어서 머리 숙여 인사를 하려고 하는데, 공손한 예절은 어떠한 일보다도 더 중요한 것으로 여겨지며 실제로도 가장 중요한 일 가운데 하나이다.

깊이 고개 숙여 인사하는 것은 둔부에서부터 약 30도의 각도를 이루며, 등을 곧게 하고, 손은 양 옆으로 가지런히 놓고, 눈은 낮추어 인사하는 자세이다. 이것은 두 사람 간에 비교적 거리감이 있거나 형식적인 상황에서 사용되며 대체로 윗사람은 훨씬 몸을 세운 인사로 답한다. 걷는 중에 인사를 하기 위해서는 상당한 어려움이 있더라도 멈추어 서야 한다. 둘 사이에 어떤 차이점이 있는 상황에서 인사를 할 필요가 있다는 점은 차를 타고 있을 경우에도 나타난다. 윗사람이 인사를 받거나 작별 인사를 받는다면 모든 아랫사람들은 남자이든 여자이든, 심지어는 운전자까지도 차에서 나와 가끔은 위험한 상황에서도 인사를 해야 한다.

실수

인사에 관해서 영어권 사람들이 가장 흔히 저지르는 실수는 아랫사람에게 먼저 인사를 하는 것일 텐데, 이것은 영어권 사람들 사이에 있는 평등주의적인 태도의 결과이겠지만 어쨌든 한국인들에게는 어색한 행동이다. 마치 아랫사람이나 남성이 여성에게 먼저 악수를 청하는 것이 영어권 사람들에게 어색한 것과 같다. 영어권 사람들은 어색하더라도 인사를 시작하기 전에, 혹은 인사에 답하고 자신의 인사를 타인에게 제대로 사용하기 전에, 주의 깊게 인사를 나누는 사람과의 사회적 관계를 판단해 보는 습관을 만들어 가야 한다. 예를 들어 한국 학생들은 종종 교수들에게 몸을 아주 낮춰 인사를 한다. 한국인 교수들은 대체로 약간 고개를 숙이든지 고개를 끄덕이는 것으로 답한다. 같은 상황에서 미국인 교수가 그들이 받는 것만큼 좋은 것을 돌려 주는 방식으로 인사하기 위해 똑같이 낮추어 답례 인사를 한다면, 자신이나 학생들 모두를 당황하게 만드는 것이 된다. 물론 영어권 사람들은 젊은이와 어른을 다르게 대우하는 것과, 권력이나 지위에 따라 대단한 차이가 나는 것처럼 사회적 행동에 있어 계급의 구분을 확실히 하지만, 비교적 작은 차이점에는 보통 반응하지 않는다. 반면에 한국인들은 지각할 수 있는 모든 차이점에 응답하는 경향이 있는데, 예를 들자면 쌍둥이라도 먼저 태어난 쪽이 형이나 언니로 불리고 어린 쌍둥이 동생의 존중을 받게 된다.

두 번째로 영어권 사람들이 쉽게 할 수 있는 실수는 어른에게 인사하는 동안에도 계속 눈을 마주치는 것이다. 영어권 사람들은 악수하면서도 자신의 의향, 정중함, 솔직한 마음, 또 동등함까지 나타내도록 눈을 마주치는데 익숙하지만, 고개를 숙여 인사하는 중에 눈을 마주치는 것은 예의를 표현하는 인사와는 어울리지 않거나 모순되는 태도이다. 이것은 마치 악수를 하면서 눈을 피하는 것과 같다. 눈을 낮추는 것은 고개를 숙여 하는 인사에서와 같이 복종의 제스처이고, 좋은 한국식 인사에서 절대적으로 필요한 요소이다.

영어권에서 한국인들이 범할 수 있는 흔한 실수로는 관습적인 인사가 있는데, 이것은 왕족 이외의 거의 모든 신분을 당황하게 한다. 또한 한국인들은 관습적인 인사를 영어권 사람들의 악수와 혼합하는 경향이 있는데, 이것은 절충하려는 좋은 시도이고 고개를 많이 숙이지 않는다면 종종 알아볼 수도 없다. 왜냐하면 영어권 사람들이 악수할 때에도 고개를 같이 약간 숙여 인사하는 경우가 종종 있기 때문이다. 이런 경우 한국인들은 한국식 인사에서 습관적으로 하듯 눈을 낮추기보다는 악수하면서 계속해서 눈을 마주치는 것 같다.

특히 손을 꽉 쥐는 것이 좋은 악수에 필수적인 것이나 한국인들은 손을 쥘 때 부적당한 힘으로 하거나 공격적으로 느껴지기 때문에 악수하면서 눈 마주치기를 피하려 한다. 눈을 낮추면 처음의 인사에 대해 답하는 인사를 보기가 어려워져서 한국인, 특히 여성들은 상대방에게 약간만 낮추어 인사함으로 눈을 낮추고서도 상대방의 인사를 볼 수 있도록 한다. 이것은 인사의 깊이와 길이 그리고 반복되는 답례에 적당히 반응하기 위한 것이다. 또한 머리를 서로 부딪칠 일도 없다.

예의 바른 한국인들과 영어권 사람들은 그들이 알아차리지 못하거나 잘못 알아본 사람의 경우에도 인사로 답해 준다. 우리는 우리에게 잘못 전해온 인사나 우리 뒤에 있는 사람에게 하는 인사에 모두 대답해 왔다. 악수의 경우 비록 이런 실수가 적기는 하지만 그런 경우에도 역시 이런 일은 일어난다. 모든 사람이 다른 사람에게 하려고 했던 인사에 답하거나 뒤나 옆에 있는 사람에게 악수를 청했는데 답을 받지 못하고 무시 당한 경험을 떠올릴 수 있을 것이다. 인사로 답하거나 악수를 청하는 손을 받기를 거절하는 것은 의도적으로 행한 무례이다. 한국인들은 의도적으로 무례한 인사를 본 적은 한 번도 없다고 이야기한다. 영어권 사람들이 악수를 청한 손을 거절할 때는 엄청난 자제력과 정신집중을 요할 뿐 아니라 문제를 일으킬 소지가 있다고 말하는데, 이 때문에 싸움이 나는 경우도 있다.

악수처럼 인사도 사용자에게 상당한 문제점을 낳는데 악수와는 거의 완전한 대조를 이룬다. 인사가 계층구조를 확증한다면 악수는 평등을 추구한다. 인사가 다른 사람의 인사 높이보다 높거나 낮게 답한다면 악수는 받은 만큼으로 답해 준다. 인사할 때 눈을 낮추지만 악수할 때 눈 맞춤은 지속된다. 인사는 계속 할 수 있지만 악수는 만나거나 헤어질 때 한 번씩만 하게 된다. 인사는 신체접촉을 하지 않으려 하지만 악수는 손바닥을 맞대고 꽉 쥐어서 한다. 인사는 길어지거나 반복되지만 좋은 악수는 짧고 깔끔하게 마친다. 종종 한국인들은 정중하게 인사하는 것에 대해 긴장감을 호소하지만 영어권 사람들은 주로 나쁜 악수를 받은 것에 대해 불평한다. 그러나 악수를 제대로 못한 사람들을 그 악수가 나빴다는 사실을 종종 알아차리지 못한다.

세 번째로 한국식 인사는 실제로 절을 하는 것이고 이것은 아래에서 다루어질 것이다.

절*

어린 영국 소녀들은 이따금씩 어른이나 유명 인사들에게 꽃을 바치거나 소개 받을 때 이 제스처를 취하지만, 절은 고개를 숙여 하는 인사의 여성적인 형태로서 영국인의 몸 제스처로는 더 이상 흔하지 않다. 무대에서 공연을 하는 영국 여성들은 남성들과 같이 박수 갈채를 받아들일 때 인사를 하는데, 어른들이 절하는 것은 왕족이나 정교회의 높은 분들에게 인사할 때로 한정되어 있는 것 같다. 이것은 마치 주교의 반지에 키스하는 것을 제외하고는 사실상 사라진 것과 같다. 그렇지만 인사하거나 헤어질 때, 소개하거나 받을 때, 또한 선물이나 상을 받을 때와 유사한 형식적인 상황에서 한국 여성들은 오히려 더 자주 이 제스처를 취하는 경향이 있다.

---

* 절(curtsy): (왼발을 빼고 무릎을 굽혀 몸을 약간 숙이는 여자의) 절, 인사. 한국에서 이야기되는 '절'의 의미와는 약간 차이가 있다(편집자 주).

영어권 사람들의 절은 대체로 오른쪽 발을 왼쪽 발의 한 걸음 뒤에 두고 무릎을 굽혀 상황이나 지위에 따라 점점 더 상체를 숙이며 다소 빨리 원위치로 돌아온다. 한국인의 절은 약간 다르다. 대체로 두 손은 왼쪽 둔부에 대고, 두 발은 왼쪽으로 45도 정도의 각도로 모으며, 무릎을 다소 많이 굽힌다. 이 효과는 한복을 입었을 때 극히 우아하게 나타나지만, 현대의 양장 차림으로는 영어권 사람들에게 엉덩이를 수줍게 보여 준다는 인상을 남기며 우아한만큼이나 매력적인 발랄한 이미지를 보여 준다.

한쪽 무릎 꿇기

바로 위에서 논의된 절(curtsy)보다 좀 더 깊이 절하는 것은 한쪽 무릎 꿇기인데, 이것은 오늘날 카톨릭에서만 사용되는 몸의 제스처이다. 대개 이것은 좌석에 앉거나 일어날 때 혹은 제단 앞에서 십자가를 그을 때 취하는 자세이다. 대부분의 한쪽 무릎 꿇기가 좀 더 피상적이긴 하지만 완전한 자세는 오른쪽 무릎을 바닥에 닿게 하는 것이다. 또한 이것은 고위 성직자에게 종종 행해지는 자세이다. 이제는 교회나 종교 의식 이외에는 이 자세가 쓸모 없어 보이지만 한국인들과 영국 카톨릭 신도들은 똑같이 사용하고 있다.

엎드림

한국식 인사의 세 번째 방법은 불교나 샤머니즘 의식 혹은 장례식에서 부모나 조상이나 죽은 사람들에게 경의를 표하는 종교적인 경우에만 한정되어 사용된다. 동일하게 이 자세는 한국인들에게 제한되어 있으며 외국인들에게서는 거의 찾아볼 수 없다. 이러한 인사는 흔히 손바닥으로 땅을 누르고 얼굴을 손 쪽으로 가져가는데, 무릎을 꿇은 자세에서 엎드리거나 드물게는 완전히 땅에 엎드리기도 한다. 이것은 몇 차례 혹은 여러 차례 반복될 수 있다. 영어권 사람들에게서 이와 유사하게 보이는 유일한 것은 사제들이 성직 수임식을 하는 특별한 경우이다. 이것은 설날이나 단오, 추석 같은 명절에 살아 있는 부모나 조부모 그리고 조상들의 무덤에서 한국 자녀들이 행하는 인사 방법이다.

들어가기와 나가기

한국인들에게만 한정된 제스처는 아니지만 상당수의 한국인들은, 아마 우리가 설명하고 있는 계층이 아니라 하더라도, 다른 사람들이 나오거나 내리기 전에 방이나 엘리베이터, 지하철에 몰려 들어가는 경향이 있다. 이런 행동은 지하철에 부족하기 일쑤인 자리를 차지하고자 하는 의도에서 시작된 것이 분명하지만 엘리베이터나 방의 경우에는 이해가 되지 않는 게 사실이다. 이것은 비행기가 착륙하자마자 앉아 있으라는 요청에도 불구하고 한국인들이 자리에서 일어나려고 하고 이후에는 아주 중요한 약속에 늦기라도 한 듯이 많은 사람들에 앞서 나가려는 태도와 유사한데, 비록 이 행동이 실제로 다급함을 보이기보다는 아마 갇힌 비행기로부터 빠져나가고자 하는 밀실 공포증적인 충동 같은, 경솔한 반사적 행동으로 보인다고 해도, 비행기에서 빠져 나와 입국 수속을 하고 짐을 찾고 마침내 세관을 통과할 때까지 아직도 기다릴 일은 많다. 이것은 일반적인 습관 혹은 싸우고 있는 무리에 대한 반사적인 행동으로 보이며, 유용한 목적이 없을 때에도 계속 되며, 사실상 비행기에서 빠져 나오는 속도를 늦어지게 한다. 이런 태도는 한국인들의 운전 방식에서도 나타난다. 이들은 아마 잠시 동안은 시간을 벌 수 있겠지만 교통 체증이라는 값을 또 치루어야 한다. 영어권 사람들 역시 이런 경솔한 일을 하지만 그 수는 상당히 적다. 그 이유는 버스, 트럭, 비행기에 너무 짐을 많이 싣기 때문인 것 같다. 최후에 짐을 나르는 회전식 콘베이어 앞에서 지연되는 것을 피할 수 없기 때문이다.

강의

연설자가 연단이나 강단 위에 서서 연설을 하는 형식적인 연설에서는 몸의 제스처가 굉장히 제한되는데, 한국인 연설자와 영어권 연설자는 강의에서도 상당한 차이가 있다. 한국인들의 경우 교실은 마치 영어권 사람들이 교회로 생각할 정도로 아주 진지하고 형식적인 곳으로 보인다. 한국의 강의는 연단을 거의 없애지 않고 강의하는 동안 어떤 제스처도 억제하는 경향을 보인다. 반대로 외국의 강의 시간에는 흔히 연단을 없애고 교실 앞, 옆, 때로는 교실 뒤로 걸어 다니며 강의함으로써 학생들의 주의를 끌고자 하므로 동작이 큰 제스처를 사용한다. 흔히 정도를 지나쳐서 주의를 끌기보다는 오히려 산만하거나 보통 한국인들에게는 지나치게 활동적이거나 품위 없는 행동으로 보이기도 한다.

영어권 강의에서 책상에 기대거나 아예 책상에 앉아 발을 덜렁거리거나 꼬고, 의자에 거꾸로 앉는 것과 같은 평상적인 몸 제스처로 교실의 형식적인 면을 줄이려고 노력한다는 것은 분명 사실이다. 이와 같은 제스처에 대해 한국인들은, 마치 영어권 사람들이 교회에서 이야기하거나 웃을 때와 같은 반응을 보인다. 영어권 선생님이 한국 학생에게 그를 잭이나 질이라고 부르라고 말하는 것처럼 형식을 차리지 않는 종류의 시도는 학생과 선생님 모두에게 보통 혼동과 당황을 야기시킬 뿐이다. 어떤 사람들은 이런 행동이 현대 영어권 사람들의 언어적 혹은 비언어적 행위를 증명해 준다고 정당화시키려 하지만, 이런 행동은 한국 교실에서 무난하기보다는 오히려 상황을 어렵게 만들 수 있다.

청중들

　청중들의 몸 제스처는 교사들의 스타일과 유사한 대조를 나타낸다. 한국 청중들은 영어권의 청중들보다 일반적으로 더 억제되어 언어적으로나 비언어적으로나 감정을 잘 표현하지 못한다. 한국인들은 외국의 청중들이 가끔 하듯, 동의할 때 휘파람을 분다거나 공연을 시작할 때 격려하기 위해 다 같이 박수를 치거나 하지 않더라도 기쁠 때는 다소 유사한 행동을 나타낸다. 한국 청중들이 지겨울 때는 그냥 조용히 있고 그 지겨움을 머리를 끄덕이는 것으로 나타내며 가끔은 코를 골기까지 할 것이다. 외국인들은 지겨움을 좀 더 직접적으로 보여 주어 자세를 바꾼다든지 상체를 굽힌다든지 웅크린다든지 귓속말, 심지어는 이야기를 하고 공연자들과 눈 맞춤을 그치는 식으로 표현한다. 한국 청중들이 지겨울 때 영어권 사람들에게는 차분하고 참을성이 많다는 인상을 줄 것이다. 외국인들이 지겨울 때 한국인들에게는 그 지루함을 감추기는커녕 무례하다는 인상을 줄 것이다.

　발표에 뒤따르는 질문들을 영어권 사람들은 성공적인 강의의 표시로 해석하는 반면, 한국인들은 질문을 발표나 발표자의 능력에 도전하는 행위로 보고 피하는 경향이 있다. 영어권 발표자에게 질문이 없는 것은 아무리 존경의 표현이라 하더라도 스스로 실패했다고 여기기에 충분하다.

12장 외모

《《 술, 담배를 끊고 식사는 줄이세요!
그리고 더 운동하세요!

여기서 말하는 외모는 우리가 옷 입고, 머리 빗고, 몸을 드러내거나 감추기 시작하기 전에 신체의 겉모습에 한정되는 의미, 즉 샤워 후에 물기를 떨어뜨리는 때의 신체를 말한다. 외모의 몇 가지 부분은 다른 장에서 다루어질 것이다. 예를 들어, 음성의 특색은 〈소리와 침묵〉에서, 그리고 거침/부드러움의 차이는 〈신체접촉〉에서 이미 다루어진 것과 같다. 여기서 우리가 관심을 가지게 될 것은 주로 키, 몸집, 체중, 신체 비율, 냄새 그리고 취향에 관한 것이다.

일반적으로 비언어적 의사 소통에 대한 정보에서처럼 이번 〈외모〉 장에서도 개인적인 정보는 모호하고 신뢰할 수 없는 경향이 있지만, 좋건 나쁘건 외모에 대한 정보도 사람들이 한 개인에 대해 이야기하는 것과 모순되는 것이기보다는 일치하는 경향이 나타난다. 몇몇 정보가 다수의 정보와 일치하지 않는 것처럼 보일 수 있지만, 이러한 정보들 대부분이 보여 주는 일관성은 상대적으로 우리가 관찰하는 사람들에게서 뽑아내고자 하는 결론에 대해 비교적 신뢰할 만한 확증을 준다.

외모의 중요성은 과대평가하기 어렵다. 데이트나 결혼에 외모가 영향을 미친다는 것은 아주 분명하고, 신뢰나 설득, 지도력에 대한 영향에 대해서도 거론된 바가 있다. 주의를 끄는 것과 끌지 않는 것에 대해서도 역시 많은 연구가 있어 왔고, 2살짜리 어린애들도 외모에 대해 비판적인 판단을 내릴 수 있음을 시사했다. 임산부들은 보통 무시되는 데 반해 젊고 혼기가 찬 여성들은 극도로 좋은 대우를 받고, 심지어는 어머니들까지도 귀엽지 않은 아기보다는 귀여운 아기들을 더 잘 대해 준다. 외모에 대한 우리의 인식은 예리하고, 충동적이며, 반사적이고, 판단적이며 가끔은 무자비하기도 하다. 우리의 판단을 표현하는 것은 우리의 교육 정도를 나타내는 잣대가 된다. 트웨인(Twain)이 말하듯, "매너는 우리가 우리 자신에 대해서 얼마나 많이 생각하며 타인에 대해서는 얼마나 조금 생각하는지를 감추려는 의도를 갖고 있다."

면접에서 고용을 결정지을 때는 흔히 지원자들이 말을 시작하기 전이라고 알려져 왔다. 이러한 결정들은 확실히 비언어석 행동에 의존하는 것이고 외모는 그런 행동의 중대한 일부가 된다.

신체 유형

　일반적인 신체 유형은 보통 외배엽형, 중배엽형, 내배엽형, 대략적으로는 마른 체형, 정상 체형, 비만 체형으로 나뉘는데, 외배엽형과 내배엽형의 극단적인 경우는 보통 식욕부진의 마른 체형과 지나친 비만형으로 부른다. 외배엽형은 원래 신경에 의해 특징지어지고 중배엽형은 근육과 골격, 내배엽형은 지방이 특징적이다. 만일 어떤 사람이 현재의 한국과 영어권의 일반 국민들을 구분해 본다면 한국인들은 마른 체형쪽으로 기울겠지만 영어권 사람들은 적어도 중간으로 기울 것이다. 많은 사람들이 비만 체형일 것이고 상당수는 이미 지나친 비만으로 나타날 텐데, 이것은 영어권 사람들의 3/4 가량이 과체중이며, 다시 말해 다소 통통하고 정확히 1/3은 30파운드나 그 이상인 지나친 비만, 과체중으로 나타났기 때문이다. 최근에는 미국 성인들의 체중이 평균 162파운드라고 보고된 바 있어 이들이 전 세계에서, 그리고 의심할 바 없이 전 역사상 가장 무거운 국민들이라는 점을 시사했고, 지난 10년 동안 평균 8파운드나 증가했다고 한다.
　비언어적 의사 소통의 모든 양상 가운데 외모는 가장 비자발적이며 가장 통제되지 않는 것이 분명하나, 그럼에도 외모는 비언어적으로 중요한 의사 소통에 관여한다. 이제 우리가 보게 되겠지만 외모가 전달하는 메시지는 완전히 신뢰할 만한 것은 못 되며, 모든 비언어적 의사 소통이 아주 상황에 민감하게 작용하는 것과 다르지만, 우리에게 우리가 다른 사람을 좋아하거나 싫어한다는 것을 이야기한다는 것은 중요하다.

외모는 어느 정도 이미 선택 받은 것으로 보통 1년 이상의 기간을 들여 관리를 해야 대체로 효과가 드러난다. 외모가 관리될 수 있는 경우는 대개 다이어트나 운동을 통해서이다. 사람들이 더 많이 먹고 운동은 덜 한다면 결국 체중이 붙고 거의 모든 경우에 있어 더 뚱뚱해질 것이다. 사람들이 덜 먹고 운동을 더 한나면 체중을 줄이고 좀 더 날씬해질 것이다. 이것이 외모를 관리할 수 있는 방법이다. 자신의 외모를 바꾸는 것은 식이요법과 운동, 혹은 양쪽이 훈련을 요한다. 현대 도시의 산업화, 관료화, 자동화된 사회는 대부분의 사람들의 운동량을 감소시켰고, 따라서 많은 사람들이 걷는 대신 자동차를 이용하는 나라의 국민들이 점점 더 비만이 된다는 것은 놀랄 일이 아니다. 자동차, TV, 앉아서 일하는 직업의 결합은 실제로 체중 증가를 보장하는 3중의 마법이다. 값싸고 쉽게 구할 수 있는 음식을 더하면, 당신은 정말 살만 쪄가는 시민들을 쉽게 접하게 될 것이다. 전 세계적으로 특히 영어권 사람들 사이에 널리 퍼져 있는 인상 깊은 체중 감량 산업은 점점 더 앉아서 일하는 현대화된 삶이라는 흥미 있는 뜻밖의 결과를 창출해 낸다.

고정관념들

외모가 전해 주는 것은 일반적으로 사람들이 체형에 관해 생각하는 일련의 진부한 생각들이다. 이런 고정관념들 중에는 야위고 배고픈 외배엽형에 관한 것이 있는데, 이런 사람은 지적이고 예술적이며 만족스러워하지 못하고 내성적이며 신중하고 간사한 특성이 있다고 여겨진다. 중배엽형의 사람은 강인하고 활동적이며 외향적이고 권력 장악형이며 야심이 많고, 민첩한 특성이 있다고 여겨진다. 내배엽형의 사람은 방종하나 명랑하고 사교적이며 외향적이고 느긋하다고 여겨진다. 중배엽형들은 정상이어서 사실이든 아니든 정상 상태의 모든 미덕을 소유하고 있는 것으로 생각된다. 외배엽형과 내배엽형, 특히 지나친 비만과 지나치게 마른 사람들은 표준에서 진보하여 한 쪽이나 다른 쪽으로 무엇인가 결함이 있는 것으로 보인다. 이상적인 표준과 표준에서 일탈하는 것은 인기 배우, 운동선수, 모델, 유명 인사들을 규정하는 사회의 미적 기준을 살펴보면 잘 나타나는데, 이들의 신체 훈련은 때로는 개인 트레이너의 도움까지 받으며 종종 그들이 가꾸어서 보존하는 신체 유형만큼이나 특이하고 인상적이다.

키

외양의 첫 번째 양상으로 우리가 멀리서 알아보는 것은 신장인데, 이것으로 우리는 그 사람의 나이를 적어도 아기, 어린이, 사춘기, 어른이라는 큰 분류로 나누어 꽤 정확하게 판단하게 된다. 어린이일 때 우리 모두는 거인들 사이에 사는 난장이여서 우리는 키를 권력과 높은 지위와 연관시키기 쉽다. 같은 능력을 소유한 경우 키가 큰 사람은 작은 사람보다 더 보상을 받고, 같은 자질의 작은 사람보다 키가 큰 사람이 더 높은 지위를 갖고 더 부유하며 더 학식 있고 잘생긴 것으로 여긴다. 물론 이것은 정상에 한해서 내리는 판단이다. 키가 7 피트나 되는 키다리는 농구가 아니라면 이런 평가를 받기 힘들다.

남성과 여성 모두 보통보다 적당히 키가 크기를 바라는데, 여성들은 대개 자신이 관심 있는 남성보다 키가 크고 싶어하시는 않는다. 한국인과 영국인 모두의 경우 남성들의 표준 키는 여성들의 표준 키보다 상당히 더 크다. 남성들은 일반적으로 자신의 현재 키보다 더 크고 싶어하시만 비정상적으로 커 보이는 것은 꺼린다. 사실과 관계없이 권력, 부, 교육, 사회적 지위 등 키 큰 사람들에게 부과되는 이런 귀찮은 특징들을 고려하면 남성과 여성의 표준 키는 한국인보다는 영어권 사람의 경우 더 크다. 키가 크고 싶은 바람은 매력적인 남자를 묘사하는 "키 크고, 거무스름하며, 잘 생긴"이라는 영어 표현에서, 훤칠하게 키 큰 여성을 "긴 음료수 컵"이라는 표현에서 잘 나타난다. 또 요즘에는 "키는 여성의 신발 밑창의 높이에 달려 있다"라는 말도 있다.

키를 바꾸기 위해 할 수 있는 것은 거의 없다. 키가 작아지길 바라는 키 큰 여성들은 굽 없는 신발을 신거나 상체를 구부려 자신의 자세를 망가뜨린다. 좀 더 키가 컸으면 하고 바라는 키 작은 남성과 여성들은 힐을 신거나 굽 높은 신이나 밑창이 두터운 신발을 신지만, 이런 노력은 다소 제한적이고 보통 일시적인 것일 뿐이다.

몸집

키를 알 수 있는 거리보다는 좀 더 가까이에서, 혹은 비슷한 거리에서 우리는 사람들의 몸집을 알아볼 수 있는데 이것은 체중과 밀접하게 연관되어 있다. 지나치게 야위었거나 뚱뚱한 사람들은 그들이 표준 체형에서 벗어나 과하거나 부족한 결함이 있다고 평가되는 점에서 유사하다. 공교롭게도 한국인들과 영어권 사람들은 나이가 들어감에 따라 몸통은 통통하고 팔과 다리는 가느다랗게 되기가 쉽다. 배불뚝이가 되면서 가슴이 푹 꺼지는 것은 나이가 들어간다는 일반적인 신호인데, 가슴이 처지거나 중년 여성들이 허리가 굵어지는 것과 마찬가지이다. 이런 자연적인 현상들은 "결국은 중력이 당신을 이길 것이다"라는 놀라운 말에서 요약되듯이, 학식이나 재산이 없는 사람들보다는 학식과 재산이 있는 사람들이 사실 더 방어를 효과적으로 해서 상위 계급은 일반적으로 마른 체형이고 하위 계급은 뚱뚱하며 중간 계층은 체중과 지위 면에서 모두 그 사이에 해당한다는 것과 같이 체형으로 어떤 특정 사회 계급을 일반화시키기도 한다.

확실한 것은 아니지만, 당신과 다른 사람들이 낯선 사람들을 그들의 체형에 기초해서 계층을 짐작한다고 생각해 보자. 이 실험은 옷을 벗고 있어 이에 대한 사회적 구분이 많이 이루어지는 수영장이나 해변에서 잘 수행될 수 있겠다. 옷을 많이 걸치지 않고 있거나 혹은 맨몸으로 있는 곳에서 평가를 시작할 수 있고, 마르고 말끔한 체형이 근육질이나 너무 마른 체형, 그리고 물론 비만형보다 좋아 보인다. 윈저(Windor) 공작 부인이 '당신은 결코 지나치게 야위거나 지나치게 부유할 수 없다!' 고 말한 적이 있다고 전해지지만, 분명 아주 마른 사람들을 생각해서 한 말은 아니었다.

전세계적으로 뚱뚱한 것이 마른 문화에서는 가치를 인정 받고, 뚱뚱한 문화에서는 마른 것이 가치를 인정 받는다는 것은 사실이다. 그러나 이런 편애도 정상이라는 일반적인 범위 내에서 가능한 일이다.

한국인을 한 집단으로 볼 때 그들은 영어권 사람들보다 약간 키가 작고 훨씬 가볍다. 이제 한국인들은 차량 보유수가 늘어나면서 운동 부족과 함께 체중 증가로 고생하기 시작하고 있다. 한국인들의 전통적인 음식은 쌀과 체중을 감소시키는 곡물 중심의 아주 건강하고 가벼운 식사이지만, 육류와 유지류가 점점 더 증가하고 걷는 것이 줄고 차를 더 많이 타는 관계로 체중 문제 역시 심각해질 것이다. 현 상태는 운동 기구나 헬스클럽의 광고로 판단해 볼 수 있다.

머리와 피부 그리고 눈 색깔

슬픈 사실인지도 모르지만 전 세계가 어두운 혈색보다는 밝은 색을 좋아하며, 한국인의 피부는 보통 옅은 차(tea)의 색깔을 띠지만 밝은 색을 좋아하는 것은 확실하다. 이것은 한국에서 현재 유행하는 미백 열풍과 같은 화장품 업계에서 확연히 드러난다. 급진적인 정치적 성향을 가진 사람들은 밝은 색을 추구하는 전세계적 열풍이 서구의 '문화 제국주의'라고 불만을 호소하는 경향이 있지만, 자세히 보면 어두운 색보다 밝은 혈색을 좋아하는 것은 서구의 '문화 제국주의'보다 더 오래되었고 더 널리 퍼져 있다는 것을 알 수 있다. 어두운 색보다 밝은 색을 선호하는 것은 태양 아래에서 일하는 것을 훌륭하게 본 적이 거의 없고, 태양 아래서 일하는 사람들은 그 태양을 피하는 것 이외에는 열망하는 것이 없다는 사실에서 비롯된다. 따라서 여러 세대를 거쳐 밖에서 일한 사람들은 살이 그을렸고, 태양 아래에서 일하는 것을 가까스로 피한 사람들은 좀 더 밝은 얼굴빛을 갖게 되었다. 이후에 밝은 피부색이 가져온 명성은 태양을 쬐며 일하지 않는다는, 즉 비교적 우위의 사회적 지위를 가지고 있다는 사실을 함축하여 밝은 피부색이 어두운 피부색보다 선호되었다.

전세계적으로 특히 여성들은 태양과 그로 인한 어두운 피부색을 피하려고 엄청난 노력을 한다. 햇볕을 피하고자 열심히 노력하는 야외의 일꾼들에서부터 모자를 쓰고 양산을 든 도시의 숙녀들까지, 여성들은 본래 타고난 것보다 피부색이 더 어두워지는 것을 피하고 그들의 원래 피부색을 밝게 보이게 하려고 화장품을 사용하는데 일심동체가 된 듯하다. 밝은 피부를 갖기 위한 이런 노력의 극단적인 예로는 일본인 게이샤들, 이들은 서구의 '문화 제국주의'에 확실히 앞섰고, 현대의 펑크족은 분명 그것에 다소 뒤진 이들이다.

전통적으로 여성들은 집안일을 하고 남성들은 바깥일을 했기 때문에 사람들은 여성들보다 남성들의 피부가 더 어둡기를 기대한다. 영어권 남성의 이상형인 '키 크고, 까무잡잡하고, 잘생긴' 남성은 원래의 피부색을 말하는 것이겠지만 여성들보다는 태양을 덜 가리고 볕을 더 쬐었을 것이다. 백인에서부터 흑인에 이르기까지 거의 모든 문화에서 밝은 피부색을 어두운 색보다 좋게 여기는 피부색의 서열이 적어도 여성에게는 존재하는데, 보통은 남성과 여성 모두 마찬가지이다. 식민주의 역사는 유럽인들의 옷, 갑옷, 말, 배, 총은 물론이고 그들의 얼굴색이 밝은 것에 대해서도 존경을 받았다고 기록한다. 좋건 싫건, 밝은 피부색은 기가 그런 것처럼 고급스러워 보이고, 원래 주어진 색을 바꿀 수 있는 방법은 아주 제한되어 있다.

아이러니하게도 영어권 사람들은 1920년과 1970년 사이에 선탠(sun tan)을 즐겼는데, 겨울에 태양 아래에서 즐길 수 있다는 것은 능력과 운동을 암시했기 때문이고 점차적으로 백인의 얼굴색을 향상시켰으나, 1960년대 암 연구 결과가 발표된 이래 학식 있는 사람들은 더 이상 태양 아래에 있으려 하지 않았고 태양을 피하고자 했다. 햇볕에 그을리고 싶다면 햇볕을 쬐거나 선탠을 하는 긴 의자를 구하기보다는 오히려 어두운 색으로 화장을 한다. 무엇이든 선탠은 상류층보다는 하류층을 의미하게 되었다.

눈 색깔은 색을 입힌 콘택트 렌즈로도 바꿀 수 있지만, 일반적으로 사람들은 자신의 눈 색이 어떻든 간에 비교적 만족하므로 어려움을 겪는 일이 거의 없다. 눈 색깔은 확실이 푸른색이 거의 백인에게 한정되어 백인을 의미한다는 것을 제외하고는 사회 구분을 야기하지 않았다. 많은 사람들, 특히 여성들이 자신의 머리 색을 바꾸려고 애쓰는 점으로 미루어 볼 때 머리 색은 바꾸기도 쉽고 좀 더 중요하게 여겨지는 듯하다. 남성과 여성 모두, 한국인과 외국인 모두 흰 머리를 꽤 자주 염색하는 경향이 있는데 이것은 나이를 먹는다는 확실한 증거이기 때문이고, 여성이 남성들보다 더 자주 염색을 해서 대개 평범한 사람들과 다르게 보이려고 한다. 스칸디나비아 여성들은 금발이 평범하기 때문에 머리를 검게 염색한다. 반면 갈색이나 검은 머리 색이 평범한 곳에서는 여성들이 금발이나 붉은 색으로 염색을 한다. 한국인들과 영어권 사람들 간에 이런 점들에서 대조가 되는 것은, 한국인들보다는 영어권 사람들이 머리 색을 바꾸는 횟수가 더 빈번하다는 것뿐인 듯하다.

신체비율

키, 몸집, 체중에서 이상형을 추구하는 것과 같이 이상적인 신체 비율도 신체의 전 부분에서 발견된다. 몸뚱이가 길고 다리가 짧은 것은 몸뚱이가 짧고 다리가 긴 것만큼이나 매력이 없다. 인공적인 변장 이외에는 신체의 불균형에 대해 거의 아무것도 할 수 없는데, 이것은 몸을 가리기는 하지만 균형을 바꾸지는 못한다. 안짱다리나 O형 다리도 감출 수만 있을 뿐이다. 서양 배처럼 상체가 무겁고 하체가 가볍거나, 하체가 무겁고 상체가 가벼운 체형은 식이요법이나 운동 같은 훈련으로 적어도 약간은 바꿀 수 있다. 시간이 지남에 따라 어깨와 무릎 사이 근육과 체중을 분배할 수도 있지만, 이것은 오랜 기간을 목표로 하고 운동을 통해서만 가능하다. 지나치게 큰 가슴, 허벅지, 엉덩이 그리고 배도 좋아할 사람이 없다.

이와 유사한 이상적인 비율은 신체의 모든 부분에서 발견할 수 있겠지만 특히 얼굴에서 나타난다. 성형학에서는 삭은 코와 작은 입을 이상적으로 보지만 눈과 입술은 큰 것을 이상적으로 여긴다. 이와 같은 이상적인 비율들은 물론 전문 모델들의 경우에 채당되어 그 외의 나른 사람들은 많든 적든 여기에 필적하고자 노력할 뿐이다.

성징

어깨, 가슴, 엉덩이, 생식기 그리고 머리 길이는 성을 나타내는 주요 표시들이지만 여성들의 이상인 허리가 잘록한 체형과 남성들에 해당되는 역삼각형 체형 또한 일반적으로 성을 나타낸다. 성에 대해서는 거의 혼동하는 경우가 없으나 대개는 옷이나 머리 길이와 같은 꾸밈 때문에 혼동하게 된다. 성 표시를 바꾸는 것은 옷, 머리 스타일, 가슴 패딩이나 임플란트 같은 인공물에 한정되는 듯하다. 가슴이나 어깨 또는 엉덩이에 속을 채우는 것은 가장 흔하게 사용되는 인공물 이용 방식이다. 이런 꾸밈들은 이 같은 성징의 이상적인 형태를 추구하려는 노력을 반증한다. 이것은 〈소품들〉 장에서 자세하게 다루어질 것이다.

머리와 손톱

긴 머리는 보통 여성을 나타내지만 어떤 경우는 급진적이거나 자유분방한 남성을 나타내고, 짧은 머리는 보통 남성을 가리키지만 소수의 여성은 긴 머리 스타일을 거부한다. 극소수의 남성과 여성들은 아예 머리를 밀어버리지만 그들의 계층은 물론 성적 정체성을 혼란시키지 않듯이 머리 길이는 성을 나타내는 주된 특성이다. 전형적으로 머리 길이는 꾸밈에 해당하고, 머리 염색, 머리 밀기, 탈모와 같이 꾸밈은 〈소품들〉에서 상세히 다루어질 것이다.

얼굴에 난 털은 남성을 나타내고, 수염을 단 여성은 서커스 광이며, 머리결과 색은 인종, 연령, 민족을 이야기해 주는 지표이다. 대머리는 반드시 남성들에게만 국한된 문제는 아니지만 흔히 거의 예외 없이 남성의 표시로 여겨진다. 귀를 파거나 코를 후비려고 새끼 손가락의 손톱을 길게 기른 채로 유용하게 두는 것은 한국인들과 영어권 사람들 사이에 계층 차가 있음을 시사하지만, 여기서는 한국인들과 영어권 사람들의 계층 차이를 비교하지 않겠다. 마찬가지로 유용한 일을 하는데 방해가 되는 여성의 손톱 길이는 우리가 여기서 기술하고자 하는 계층의 한국인과 외국인 모두가 회피한다. 그러나 보통 남성들보다는 여성들이 손톱을 기른다.

얼굴

우리는 얼굴을 알아 보고 기억하는 재능을 타고난 듯하며 이것은 우리가 얼굴에서 상당한 양의 정보를 읽어내는데 똑같이 타고난 재능이 있다는 것을 시사한다. 얼굴에서 우리는 남성과 여성의 아름다움에 관한 통계적 분포도뿐만 아니라 그들의 인종, 성, 연령, 민족성 그리고 계층까지도 각각 정확도가 떨어지기는 하지만 읽어낼 수 있다. 얼굴색뿐 아니라 촉감이 거칠고 부드러운 것도 아마 직업, 일반적인 인생 경험 그리고 계층에 대해 상당 부분을 이야기해 줄 것이다.

한국과 영어권 여성들은 신체 부위 중 고치고 싶은 부분이 있느냐고 물으면 보통 눈, 가슴, 또 가끔은 그보다 좀 더 큰 엉덩이와 허벅지 그리고 보통은 그 외 작은 모든 부분이라고 할 것이다. 한국 여성들은 가끔 수술로 눈을 크게 하고, 상당 수의 영어권 여성들은 성형수술로 가슴을 부풀리고 코를 높이며 얼굴을 들어올린다. 고른 이는 모든 사람의 소망이어서 많은 사람들은 치아 교정을 하려고 한다. 한국인들은 특히 쌍꺼풀을 열망해서 이것 역시 성형수술로 만들어낸다. 몇몇 골상학적인 연관성으로 넓고 높은 이마가 지적이고, 쑥 들어간 턱이 허약함을, 주걱턱이 완고함을 나타내는 것으로 여겨지기도 한다.

노출

일반적으로 한국인들은 영어권 사람들보다 더 확실히 몸을 가린다. 한국인들은 영어권 남성들이 허리까지 벌거벗고 달리기하거나 테니스를 치거나 야구 경기를 보는 것과 영어권 남녀가 적절하지 않은 상황에서 짧은 바지를 입고 있는 것, 심지어는 영어권 여성들이 팔 윗부분, 어깨 그리고 가슴을 너무 많이 드러내는 옷차림을 하는 것 등을 시끄럽게 불평한다. 영어권 사람들은 비슷한 상황에서 한국인들에 대해 불평하는 경우가 거의 없지만 스포츠나 관광 같은 활동에서 한국인들이 지나치게 옷을 많이 입는 것에 불만을 나타내기는 한다.

반면에 한국 아이들은 영어권 아이들보다 훨씬 더 오래 해변가에서 벌거벗고 뛰어다니는데, 영어권 아이들은 흔히 처음부터 그리고 언제나 옷 두 세벌을 걸치고 있다. 남성들의 노상방뇨에 대해 한국인들은 영어권 사람들보다 훨씬 더 편안하게 생각하는 것 같다.

연령 표시

수염과 대머리는 남성이 나이가 들어가는 표시이고, 체중, 주름살, 팔꿈치, 치아는 남성과 여성, 한국인과 영어권 사람 모두에게 똑같이 연령을 표시한다. 사람들은 나이가 들면 자연스럽게 체중이 늘어나기 때문에 체중은 보편적으로 연령을 나타내주는 표시가 되지만, 그래도 식이요법과 운동을 통해 가장 조절하기 쉬운 부분이다. 머리 장식, 가발, 옷 그리고 화장품처럼 장신구들만으로도 여타 연령 표시들을 감출 수 있다. 치아는, 최악의 경우 없어지기도 하지만, 갈거나 바꾸어 끼울 수 있어서 오래 유지될 수 있기 때문에 나이와 계층을 가장 오류 없이 나타내주는 표시이다.

냄새

향수, 비누, 콜로뉴 그리고 그런 종류의 인공물들 외에도 몸 자체가 지니는 냄새가 있다. 금방 샤워를 해서 물을 떨어뜨리면서도 어떤 사람들은 공교롭게도 불쾌한 냄새를 풍기고 어떤 사람들은 원래부터 다소 향긋하다. 이런 면에서 한국인들이 영어권 사람들보다 향긋한 냄새를 풍기는 것으로 알려졌다. 한국인들을 달아오르고 기분 좋게 하는 정도의 온도라도 영어권 사람들은 보통 땀을 뻘뻘 흘리고 흠뻑 젖는다. 한국 민속에서는 영어권 사람들에게서 비교적 나쁜 냄새가 나는 것은 그들이 고기를 먹고 혹은 목욕을 자주 하지 않기 때문이라고 말한다. 이런 말들에 보통 한국인과 영어권 사람들 모두 동의를 하지만 그러나 사실 둘 다 그 원인은 아니다. 아마 이것은 영어권 사람들이 대체로 체중이 더 나가고, 물론 확실히 계층에 따라 다르지만 결과적으로는 인종 차이에 의한 이유도 있을 것이나 어떤 경우든 그것을 부인하기는 어렵다. 자연스러운 조절 방법 혹은 가능한 변화는 자주 목욕하는 것 외에 없어 보이는데, 깨끗한 옷으로 갈아 입는 것은 주된 장신구 조절 방법이다.

김치, 양파, 마늘, 담배, 알코올 같은 인공적인 냄새들이 냄새를 만들기는 하지만 이것은 여기 〈외모〉 장에서보다는 향수, 비누, 콜로뉴와 같이 〈장신구〉 장에서 다루어질 것이다.

맛

마지막으로, 신체가 좋거나 나쁜 맛을 지니고 있다는 사실도 인정해야 한다. 물론 맛이라는 것은 일반적으로 연인들에게 해당하는 것이지만 그렇다고 실제와 거리가 먼 것은 아니다. 유지하는 노력과 무관하게 어떤 신체는 솔직히 달고 어떤 것은 시다. 좋든 싫든 젊은이들은 달콤한 경향이 있고 늙은이들은 시다. 여기서는 외모의 흔한 경우처럼 원래부터 주어진 것을 바꾸기 위해서는 근본적으로 아무것도 할 수가 없다. 이러한 사실은 상점에 왜 그렇게도 많은 향수와 방향제가 있는지를 설명해 준다. 외모를 바꾸기 위해 어느 정도 무엇인가를 할 수는 있는데, 그것은 우리 자신을 나타내주는 기본적이며 중요한 것이 되며 우리 자신을 큰 소리로 말해 주는 것이 된다.

13장 소리와 침묵

≪ 조용히 하세요!

여기서 주제로 삼는 소리는 육체적인, 음성적인 그리고 비언어적인 소리이며, 이 모두는 일반적으로 소리나 행동으로 답하는 형식이 아니더라도 응답을 받고 의사 소통을 하게 된다. 침묵은 상대적으로 소리가 없는 것인데 완벽하지는 않으나 아주 바람직하다. 이러한 주제들을 책 전체의 순서에 따라, 개인적 차원에서 환경으로 진행시키는 것이 가장 바람직할 것 같다.

몸이 내는 소리들

사실 신체는 극도로 소란스러운 존재이며 특히 태어날 때 그렇다. 눈과 귀는 축복을 받았다고 할 만큼 조용하지만 다른 부분들은 소리를 만들어낸다. 코부터 시작해 보자면 우리는 코골고, 한숨 쉬고, 웅성대며,

코를 훌쩍이고, 재채기하고, 숨을 헐떡인다. 코고는 것은 가끔이고 보통 같이 잠을 자는 사람들에게만 영향을 미치지만, 만일 그 사람이 음악회나 방음이 잘 되지 않는 침실에서 잔다면 그 소리는 옆 사람을 방해하게 될지도 모른다. 소리와 소란스러움, 무의식적 행동 그리고 코고는 사람을 깨우기 위해 주변 사람들이 약 올리는 것 사이에는 아무런 차이도 없어 보인다. 한숨, 웅성임, 헐떡임도 비슷한 의미를 지니며 보통 다른 사람들을 짜증나지 않도록 하기 위해 가능한 한 자제하게 된다. 재채기와 코를 훌쩍이는 것과 코를 푸는 것에는 흥미로운 차이가 있다. 영어권 사람들은 코를 푸는 태도를 받아들이는 데 있어 한국인들보다 더 호의적이다. 한국인들은 오히려 코를 훌쩍이는 편을 택한다. 한국인들은 정당한 사유를 들어 공공 장소, 특히 식사 자리에서 큰 소리로 코를 푸는 영어권 사람들을 비난한다. 특히 그들은 추운 계절에 공석에 선 외국 강연자가 연단에 서서 말하기 전에 큰 소리로 코를 푸는 것을 보고 충격을 받는다. 교양 있는 영어권 사람들은 이런 행동을 피하거나 최소화하려고 노력하지만, 꼭 해야 하는 경우는 조용히 조심해서 식사 자리에서도 코를 푸는 것을 허용한다. 한국인들만은 영어권 사람들이 큰 소리로 과시하듯 코를 푸는 행동, 특히 식사 시에 하는 행동을 싫어하며 강의 전에 연단에서 큰 소리로 코 푸는 강연자의 행동을 상당히 꺼릴 것이다.

코

 한국인들은 코 푸는 것은 금기하면서도 식사 자리에서조차 코를 훌쩍이는 태도에 대해서는 굉장한 자제력이 있다. 영어권 사람들이라면 식사 시간 동안 코를 훌쩍이는 것보다는 한번에 코를 풀어버리려고 할 것이지만, 한국인들은 공공 장소에서 코를 푸는 것보다 차라리 계속 훌쩍이는 편을 더 예의 바른 행동으로 여기는 것이 확실하다. 한국인들은 감기 걸린 사람들이 코 푸는 것을 꺼리면서 훌쩍이기를 바라기 때문에 이것은 사실 문화적 차이이며, 날씨가 차가운 때 공적인 모임은 코 훌쩍임의 교향곡과 유사하다.
 한국인들은 종종 기침하고 재채기할 때 큰 소리가 나는 걸 과시하는 것 같다. 비록 그들의 미소가 자기 만족이기보다는 사과의 의미를 담고 있기는 하지만, 기침이나 재채기를 자제하려는 어떤 노력도 보이지 않고, 사실 그들이 그것을 즐기며 그 주변의 사람들도 그것을 즐겨야 한다는 의도를 가진 듯하다. 물론 영어권 사람들은 병균이나 바이러스에 극도로 민감해서 기침이나 재채기를 자제하거나 억제할 수 있도록 거리를 두고 다른 곳으로 이동하며 주위 사람들에게 건강상의 위협을 한 것에 대해 사과한다. 교양 있는 영어권 사람들은 기침과 재채기를 억제할 수 있도록 거의 항상 손수건을 휴대하고, 추울 때는 두 개도 준비해 하나는 자신이 기침하고 콧물 흘리고 재채기 할 때 사용하고, 다른 하나는 응급 상황에 대비해 다른 사람에게 깨끗한 손수건을 건네 줄 수 있도록 한다. 휴대용 티슈는 춥거나 건초열이 기승을 부리는 계절에 기침하고 재채기 하고 코를 풀기에 훨씬 간편하다.

입

우리는 입으로 숨쉬고, 헐떡거리고, 울고, 흐느끼며, 휘파람 불고, 씹고, 침을 내뱉고, 트림하고, 소리 내어 마시고, 홀짝 대며 마시고, 웃고, 입맛 다시고, 기침하고, 하품한다. 물론 말하고 노래도 하는데, 이것은 뒤에서 다루기로 한다. 우리가 음식을 먹는 동안 만드는 이런 소리들의 대부분에서 우리는 꽤 중요한 문화적 차이를 발견할 수 있다. 간단히 말하자면 한국인들은 먹는 동안 상당한 양의 소리를 내는 경향이 있지만 이야기는 많이 하지 않는 반면, 영어권 사람들은 이야기를 많이 하고 먹는 소리는 거의 내지 않는다. 한국인들은 영어권 사람들이 말을 많이 하지만 너무 조용하게 식사를 해서 한국 음식을 즐기지 않는 것 같다고 생각하는 명백한 문화적 차이가 존재하는데, 영어권 사람들은 오히려 한국인들이 먹을 때 소리를 너무 내고 이야기는 충분히 하지 않는 것을 못마땅하게 여긴다.

말하는 것의 차이 외에도 먹을 때 내는 소리에 대한 태도의 차이 또한 아주 현저하다. 한국인들은 먹을 때 내는 다양한 소리를 적절하고 바람직한 행동으로 여기며, 음식에 대해 말로 칭찬을 하지 않더라도 음식에 대해 감사한 마음을 가지고 있다. 그들은 대개 음료나 스프를 한 모금씩 마시고 면류를 다소 시끄럽게 소리 내어 먹는데, 어떤 때는 입이 이미 음식으로 가득한데도 입을 벌려 소리 내어 입맛을 다시고 씹어 먹고, 음식에 대한 평가로 흥얼거리거나 한숨을 쉬고, 음식을 삼킨 후에는 '아~' 하며 기분 좋은 상태를 표현하고, 흔히 만족감에 트림이나 딸꾹질을 하며, 이렇게 소리를 내고 먹는 것을 받아들여 주는 주인에게 음식에 대한 감사를 종종 표하기도 한다. 반면 영어권 사람늘은 먹든지 마시든지 어떤 소리도 내지 않으려고 노력하고, 사실은 소리 내서 먹는 사람들을 교양이 부족한 사람으로 여긴다. 그들은 음시이나 음료에 대해 날로 칭찬을 하지 먹는 소리로 하지 않는다. 말로 칭찬하는 것이 거짓되었다거나 조용히 음식을 먹고 음료를 마시는 것이 음식을 싫어하는 표현이 아닌 것이다. 항상 그렇듯이 해결방법은 영국인의 식탁에서는 먹을 때 내는 소리를 줄이고 말로 칭찬을 많이 하는 것이며, 한국 식탁에서 영어권 사람들은 먹을 때 내는 소리를 늘이고 말로 하는 칭찬을 줄이는 것이다. 비록 한국과 영어권 주인과 요리사들이 말로 하는 칭찬에 가치를 두더라도 그렇다. 두 경우 모두 주위에 있는 사람들의 행동을 따른다면 행동이 나쁜 사람으로 오해 받는 일은 거의 없을 것이다. 한국에서는 한국법을 따르자!

하품과 웃음 소리

하품하고 웃는 것도 이만큼이나 흥미 있는 문화적 차이를 나타낸다. 교양 있는 영어권 사람들은 공공장소에서 하품할 때 입을 가리는 것에 다소 주의하여 입을 벌리기보다는 시계를 보거나 손목 시계를 흘끔 보는 것처럼 지겨움이나 피로를 나타내는 반면, 한국인들은 하품할 때 입을 가리는 것에 대해 좀 더 편안하게 생각한다. 아마도 이는 남을 향한 것이라기보다는 자연적이며 개인적인 일로 여기기 때문인 것 같다. 그러나 웃을 때는 적어도 한국 여성들은 다소 조용히 웃는 경향이 있고 윗사람과 같이 있을 때는 미소 짓거나 웃을 때 입을 가리려고 하는데, 이것은 입을 벌린 것을 감추기 위한 것이기도 하고 어른에 대한 예의이기도 하다. 마치 그들이 연장자와 같이 밥을 먹고, 술을 마시고, 혹은 같이 담배를 피우는 경우가 아니라면 윗사람이 함께 있는 자리에서 담배를 피우거나 술을 마시거나 무엇을 먹지 않는 것과 같다.

반대로, 영어권 사람들은 윗사람과 함께 있을 때도 입을 가리지 않은 채로 입을 벌리고 다소 크게 웃는 경향이 있다. 물론 한국인들은 이런 행동을 점잖지 못한 것으로 본다. 한국인들 남녀가 모두 그렇지만 특히 여성들은 웃을 때 손으로 입을 가리고 조용히 웃는데, 영어권 사람들은 보통 비교적 큰 소리로 치아가 드러나게 입을 벌려서 심지어는 '소리치는' 듯한 미소와 웃음을 웃는다. 〈손으로 말하기〉에서 지적되었듯 한국인들이 무엇인가를 가리는 제스처는 영어권 사람들이 보기에는 한국인들이 그들이 같이 이야기하는 영어권 사람들에게 비밀스럽게 웃는 것으로 오해 받기도 하지만, 이 제스처는 하품이나 기침을 할 때 입을 가리는 것과 같이 예의 바른 행동일 뿐이다. 웃음 소리의 크기는 영어권 사람들의 솔직함, 표현, 고집과 한국인들의 좋은 태도인 비교적 친밀함, 자제, 정숙함 간의 일반적인 대조를 반영한다. 보통 한국인들은 영어권 사람들보다 얌전한데, 따라서 영어권 사람들과 같이 있을 때 사연스러운 태도를 취함으로 비위를 거스르는 일이 거의 없을 듯하다. 한국식의 상황에서 외국인들은 원래부터 타고난 표현을 당연히 줄여서 하고 이야기할 때 목소리를 낮추며, 특히 치아를 가리거나 입을 크게 벌려 열정적으로 보이려고 큰 소리로 웃는 것은 피해야 할 것이다.

한국인은 또한 실수를 범하거나 과오를 저지를 때 키득거리거나 웃는 경향도 있지만 같은 상황에서 영어권 사람이라면 찡그리고 미안해하며 말로 사과를 할 것이다. 이 상황에서 취하는 한국인들의 행동은 종종 뉘우치는 반응을 기대하는 영어권 사람들에게 오해를 받기 쉽다. 한국인들은 심각한 상황을 가볍게 만들기 때문이다. 반면 한국인들은 영어권 사람들이 슬프고 죄의식 있는 표정을 보이거나 사과를 함으로써 작은 일을 오히려 크게 만든다고 생각하기 쉽다.

나지막한 소리들

위가 소리를 내고 내장이 꼬르륵거리는 소리가 본의 아니게 들리는 경우가 흔히 있다. 한국인들은 이런 소리를 못 알리거나 알아차릴 수 없다고 여기거나 아예 무시하는 것 같지만, 영어권 사람들은 그런 소리에 대해 솔직히 사과를 할 것이다. 이런 반응이 새로운 것이 아니라는 사실은 1930년대의 채플린 영화에서 이미 나타나듯 그는 배속에서 꼬르륵거리는 소리 때문에 매우 당황하여 사과를 한다. 다리의 힘줄도 계단을 오르내릴 때면 가끔 딱하고 꺾인다. 우리가 최소한으로 내는 소리는 보통 화장실에 한정되며 보통 다행히도 우리 자신에게만 들리는 소리이다. 그렇지만 한국과 영어권 간에 확실한 문화적 차이는 방귀이다. 일반적인 영어권 사람들의 태도로 이 소리는 통제 가능하고 다른 사람들과 함께 있을 때는 통제되어야 하는 것이라서 유식한 영어권 사람들은 전형적으로 이 소리를 자제하거나 적어도 억제하고, 숨기고, 혹은 감춘다.

한국인들은 이 문제에 대해 훨씬 자유로워 확실히 덜 억제하는 듯한데, 특히 남자들끼리 있는 경우는 그것을 자제해야 할 이유를 스스로 느끼지 못하는 듯하다. 예를 들어 한국인 해군 사관 집단과 함께 식사를 하던 중 다른 사람 앞에서 어떤 사람이 점심식사를 마친 후, 낮잠을 자기 위해 테이블에서 떠나기 전에, 한쪽 엉덩이를 살짝 들어올리더니 다른 사람들이 모두 들을 정도로 소리 나게 방귀를 뀌었다. 한국인들이 명심해야 할 것은 영어권 사람들의 식탁 예절상 여러 사람이 함께 있는 자리에서 방귀를 뀌는 것은 트림보다 더 꺼려진다는 사실이다. 사람들 앞에서 이것을 억제하지 못하는 것은 영어권 사람들을 대단히 당황하게 한다. 이것은 영국의 식탁 예절에서는 최소한의 소리를 요구한다는 의미이다.

이상에서 본 바와 같이 신체가 만드는 비교적 무의식적인 소리들에 더해 어떤 사람들은, 비록 우리기 다루고 있는 그룹의 사람들은 그러지 않을 테지만 껌을 씹는 소리나 치아로 쩝쩝 씹는 소리, 목과 손가락 마디를 꺾는 소리, 큰 소리로 하품하는 소리, 목구멍을 시원하게 하려고 내는 소리, 손가락을 딱딱 거리거나 기침해서 가래를 뱉고, 침 뱉고, 휘파람 불며, 음악에 맞춰 발가락으로 박자를 세거나 손뼉을 치며, 입을 벌려 볼을 톡톡 치고, 심지어는 한 손을 겨드랑이에 끼고 방귀 소리를 흉내내기까지 하며 주위의 사람들을 짜증나게 하는 행동들을 일삼는다. 교양 있는 영국식 게임의 명성은 가능한 한 소리를 적게 내도록 하는 데 있고, 이것은 거의 항상 공공장소에서는 어디에서나 동일하게 적용된다.

신체가 내는 이런 소리들을 다루는데 있어 잊어버리면 안 되는 사실은 모든 사람들이 이런 소리를 내지만, 어디에서 이런 소리를 내는 게 적절한지에 대한 생각이 한국인과 영어권 사람 사이에서 다르다는 사실이다. 개인적이거나 사적인 장소에서인지 아니면 공적인 장소에서인지, 즉 화장실에서인지 혹은 가족과 함께 한 자리에서인지 아니면 동료와 함께 한 자리에서인지에 대한 생각이 다르다는 것이다.

담화

언어가 문화의 4/5 정도를 차지하기 때문에 한 개인이 외국을 방문하기 전에 가장 좋은 대비는 언어를 배우는 것이다. 이 책의 독자들은 외국 문화에서 살고 있고 이미 언어를 공부하는 학생들이기를 바란다. 한국인과 영어권 사람 간의 차이점들이 사실 위압적이기는 하지만 외국 문화를 정복하거나 적응하기까지는 어느 정도 언어의 통제를 요한다. 영국에 있는 한국인들은 영어를 배워야 하고, 한국에 있는 영어권 사람들은 한국어를 배워야 한다. 모국어 몇 마디조차도 의사 소통을 하는 두 사람의 관계를 완전히 변화시킬 수 있다. 영어권 사람들은 한국말을 구사하는 것에 대해 한국인들에게 끊임없는 칭찬을 듣도록 준비되어 있어야 하고, 많든 적든 젓가락을 사용하는 경우와 같이 그들이 기꺼이 한국말을 구사할 수 있다면 그렇게 하도록 해야 한다. 사실 한국말을 어지간히 하는 외국인들은 일반적으로 한 가정에 침입한 사람들처럼 느껴지기 쉽다. 영어를 하는 한국인들은 그렇게 인식될 가능성이 적은데, 이것은 외국의 경우 인종적으로, 언어적으로 상당히 혼합되어 있기 때문이다.

속어와 외설은 특히 은밀한 언어라서 아주 뛰어나진 않더라도 이런 말을 구사하는 것은 지나치게 참여적이거나 통속적인 경우로 받아들여질 수 있다. 영어권 사람들도 한국 물건에 일어를 사용하지 말라는 경고를 듣는다. 아직도 한국에서는 반일 감정이 격하고 어떤 점에서는 그것이 마땅한 듯하다.

성이 없이 이름만 부르라고 허용된 경우처럼 특히 한국에서 아직도 이렇게 편안해 하지 못하는 사람들을 위한 조언이 있다. 호칭 사용은 한국인들을 대우해 주는 태도일 뿐 아니라 그 호칭을 사용하는 영어권 사람들에게도 좋은 인상을 준다. 영어권 사람들은 한국인들과 친밀해지는 데 서둘러서는 안 되는데 한국인들에게 친밀삼이라는 것은 영어권 사람들이 생각하는 것보다 더 많은 부담을 가져오기 때문이다. 영어권 사람들과 이야기하는 한국인들은 상대방이 이름을 가르쳐 주었다면 성 없이 이름만 편하게 불러도 된다. 사실 외국인의 경우 통성명은 한국인들과 비교해서 비교적 빨리 이루어진다. 한국인들은 대단히 감정적인 민족이어서 경우에 따라 보통 외국인보다 더 감정적이고, 차가운 머리에서보다는 따뜻한 마음에서 나온 말에 더 가치를 둔다. 한국인들이 기본적으로 생각하는 것은 조화인데, 이것은 우정과 다른 사람들의 표정과 기분에 대한 조심성 있는 존경을 필요로 한다. 어떤 거절이든 가능한 한 부드럽게 해야 하고 거절하는 사람의 입장에서 개인적인 선택권을 최소화하는 믿을 만한 이유를 대야 한다. 영어권 사람들이 기억해야 할 것은 한국인들은 첫 번째 제안 받은 것을 으레 정중하게 거절한다는 사실이며, 마치 "제가 수락할 때까지 계속 말씀해 주세요"라고 말하듯이 정중한 제안이 계속되기를 기대한다. 한국인들은 영어권 사람들이 대개 진지해서 첫 번째의 거절 또한 심각하게 받아들인다는 사실을 명심해야 한다.

　일반적으로 영어권 사람들은 한국인들보다 남의 대화에 더 잘 끼어드는데, 특히 어른들이나 상관들과 함께할 경우에 그렇고 여성들이 남성들의 대화에 끼어드는 경우도 그렇다. 영어권 사람들도 예의 바르기는 마찬가지라 하지만 한국인들보다는 눈에 띌 만큼 훨씬 덜하다. 영어권, 특히 영어권 여성들은 한국인 웃어른, 윗사람 혹은 남성들의 말에 끼어드는 데 보다 주의해야 한다. 두 문화의 남성들은 여성들의 말에 다소 잽싸게 끼어들지만, 이것은 한국 남성들의 경우 더 심하다. 한국인들은 한국을 비판하거나 한국적인 것을 비판하는데 굉장히 민감한데, 이 나라가 지난 100년이 넘는 기간 동안 침입의 역사를 지니고 있었기 때문이다. 외국인들의 비판은 특히 가혹하고 고통스럽다. 영어권 사람들은 자신들의 비판을 명확한 사안에 한정시키도록 하고, 좋은 친구 관계인 경우나 상대방 한국인이 국제적인 사고방식을 지녀 객관성에 가치를 둘 줄 아는 경우에 한해서만 비판을 표현하는 것이 좋겠다. 영어를 하는 한국인들은 원래 영어 연습을 하기 위해서 낯선 영어권 사람들과 일상적인 대화를 하려고 한다. 대체로 영어권 사람들은 이와 같이 한국인들과 종종 풍성한 개인적인 접촉을 하는 것에 대해 반가워하지만, 때로는 다소 이용된다는 느낌에 대해 불평하기도 한다. 그러나 한국인들은 아마 낯선 외국인들을 대하는 위험부담을 감수해야 하며, 초기에 그가 함께 이야기하기를 꺼리는 표를 내거든 그와 같은 노력은 포기해야 한다.

　영어권에 있는 한국인들 또한 약간 주의할 필요가 있다. 영어를 사용하는 한국인들에 대한 가장 흔한 불만은 영어권 사람들의 나이에 대해 물으려는 자연스러운 경향에 관한 것이다. 영어권 문화는 젊은이 중심이기 때문에 영어권 사람들 특히 여성들은 이 정보를 주기를 상당히 꺼린다. 한국인들이 여성들의 나이를 알아 맞추려고 무슨 띠인지 물어보는 것과 같이 한국인들은 영어권 사람들의 나이에 대해 예의를 지켜 추측해야 하고 그 후에 좀 더 명확한 질문에 귀 기울여야 한다. 영어권 사람들은 그들의 나라나 문화를 외국인들이 비판하는 것에 대해 한국인들만큼 민감하지는 않을 것이다. 비록 그들 중에도 대단히 비판적이고 외국인들의 비판을 이성적인 비판으로 받아들일 것 같은 사람들이 있지만 아주 기뻐서 그러지는 않을 것이고, 자기 나라가 분명히 가족으로 비춰질 것이다.

한국인들은 영어권 사람들이 사적인 질문으로 여기는 결혼 유무, 자녀, 직업, 옷, 가격, 수입, 그 외의 질문들에 대해 직설적으로 묻는 경향이 있다. 한국인들은 이런 경우에 약간 인내력을 갖고 영어권 사람들이 무슨 말을 하는지에 귀를 기울여야 한다. 그들은 전형적으로 이 정보에 대해 많은 답을 하겠지만, 대화상으로는 나이, 수입, 가격 등에 대해서는 이야기하지 않을 것이기 때문이다. 외국식 칵테일 파티의 기술은 가능한 한 많은 사람들을 만나 직설적인 질문을 하지 않고서도 그들에 관해 많은 것을 배우는 데 있다. 이것은 대체로 비언어적인 행동을 주의 깊게 듣고 읽어내는 데 달려 있는 추측 게임이다.

한국인들이 흔히 불평하는 것은 자신들이 귀머거리도 아니고 멀리 있지도 않은데 영어권 사람들이 큰 소리, 큰 제스처, 과장된 표정을 사용한다는 점이다. 한국인 남녀는 모두 전형적으로 영어권 사람들보다 낮은 소리로 말하고, 보통 더 웃음을 자제하며, 입을 적게 벌리고, 특히 한국 여성들의 경우는 미소를 띠거나 웃을 때 이빨을 보이지 않도록 입을 가린다. 이것은 한국인들로부터의 합당한 불평인데 이렇게 영어권 사람들이 큰 소리로 말하는 것은 여러 가지의 다른 이유에서이다. 첫 번째는 간단히 큰 소리로 말하는 규칙 때문인데, 그렇게 말하는 영어권 사람들은 한국인들보다는 일반적으로 공공 장소에서 좀 더 공격적으로 행동한다. 이것은 아마도 근본적으로 개개인을 법적으로 보호하는 역사의 차이인 듯한데, 이는 〈환경〉에서 다시 다뤄질 것이다. 이런 규범도 대충 영어권 사람들의 계층에 따라 바뀌는데, 계층이 낮을수록 높은 규범을 갖고 높은 계층일수록 낮은 규범을 갖는다.

 한국인들은 이와 반대로 더 점잖은 방식의 공적인 행동을 한다. 이런 규범도 역시 계층과 반대된 연관을 갖고 있기는 하지만 말이다. 예를 들어 한국 지하철에서 한국인들의 목소리보다는 영어권 사람들의 목소리를 비교적 더 수월하게 들을 수 있다. 이런 사실은 레스토랑에도 적용되며 한국의 길거리도 그렇다. 더 큰 소리로 말하고 좀 더 공격적인 영어권의 규범을 한국인들은 일반적으로 좋은 것으로 여기지 않고, 영어권 사람들은 이런 부정적인 견해를 알아차려서 그들의 목소리 크기를 조절해야 하며, 특히 한국의 공공 환경에서는 웃음 소리나 소리치는 상황의 목소리 크기도 조절 해야 할 것이다. 이런 식으로 한국인들의 일상 행동은 영어권에서 어떤 특정한 적응도 필요로 하지 않을 것이다. 그들의 전형적으로 예의 바른 공적인 행동은 영어권의 사람들이 듣기에는 사려 깊고 교양 있는 행동으로 해석될 것이다.

이와 같이 나라간의 차이점은 특이한 것이 아니다. 여행객들은 파리 지하철에서 독일인들의 목소리를 들을 수 있는데, 그들은 프랑스인들보다 확실히 좀 더 높은 데시벨로 이야기를 즐기기 때문이다. 예를 들어, 스드라스부르크(Strasbourg)의 거대한 레스토랑에서 아스파라거스를 먹는데, 어떤 사람들이 눈에 띄게 큰 목소리를 냈고, 종업원에게 그들이 독일인인지를 물었다. 그 질문에 확실히 당황하게 된 종업원은 꺼리는 듯 대답했는데, "아뇨, 알사스(Alsatian)인입니다!" 즉, 굉장히 독일인화 된 프랑스 사람들이라고 대답했다.

영어권 사람들의 목소리가 큰 두 번째 이유는 그들이 전형적으로 단일 언어를 구사하기 때문이다. 그들은 일반적으로 영어만 구사하기 때문에 다른 사람들이 자신들을 이해하는데 어려움을 겪는다는 사실을 단지 영어를 이해하지 못하기 때문이기보다는 잘 듣지 못해서라고 해석해 버린다. 그들의 아주 민첩한 성격이 우리가 이야기하는 부류의 사람들이 아닐지는 모르지만, 영어를 매끄럽게 구사하지 못하는 한국인들과 대화할 때 소리를 좀 더 높이면 의사 소통을 향상시킬 수 있으리라는 확신에서 그들의 목소리를 높인다. 한국어를 배우고자 시도해 본 영어권 사람이라면 이 두 언어간의 차이점이 아주 크고, 유창하게 말하기 위해서는 대개 오랜 시간의 연습을 요한다는 사실을 이해한다. 이 사실을 이해한다면 한국인들이 귀머거리인 듯 자신의 목소리를 높이기보다는 일상적인 크기의 목소리로 이야기하면서 전달 속도를 좀 낮추고 비어라든지 특수한 표현들을 피하고자 노력해야 하는데, 이것은 영어를 처음 배우는 사람들에게는 특히 어려운 영어 표현들이기 때문이다.

식탁에서

담화의 주된 차이점은 식탁에서의 대화와 관계가 있다. 한국관광진흥공사에서 발간한 여행 안내책자는 솔직히 '한국에서는 식사 시간에 말을 너무 많이 하는 것은 예의에 어긋난다'고 설명한다. 사실 이것은 식사 중에는 최소한으로만 이야기해야 한다는 의미이다. 이런 차이를 몇몇 한국인들은 먹고 마시는 즐거움에 집중하는 것으로부터 식사를 방해받지 않기 위한 정중한 태도라고 설명하지만, 다른 한국인들은 모든 음식이 없어지기 전에 먹어 둬야 했던 역사적인 이유로 해석한다. 어떤 이유에서건 한국인은 식사 시간에 대화를 꺼리는 경향이 있지만 영어권에서는 장려된다는 점이 확실하다. 한국인들은 '식사 중에 나는 귀머거리이며 벙어리이다' 라는 러시아 속담만큼 극단적이지는 않지만, 영어권 사람들 정도로 이야기하지는 않는다. 입에 음식을 가득 넣지 않고 빵을 자르면서 작은 크기로 칼질을 하고 마시거나 이야기하기 전에 입을 깨끗이 하는 것은 외관상 대화에 방해가 되지 않게 준비하는 것으로, 진심이든 그런 척하는 것이든 이것이 바로 사회적 모임의 주된 목적이다. 결과적으로 한국 식탁에서의 소리는 음식에 대한 간략한 칭찬뿐 아니라 영어권에서 꺼리는 쩝쩝거림, 꿀꺽 삼키는 것과 같은 비언어적인 소리들을 포함한다. 반면, 영어권에서는 대화가 지연되고 침묵의 기간이 생기면 성공적이지 못한 것으로 간주된다. 꽤 논리적인 한국인의 생각처럼 식사의 중요성은 음식을 먹는 것이지만 영어권 사람들의 생각은 적어도 대화가 중심이며 음식은 유쾌한 동반자일 뿐이라는 것이다.

아마도 이것은 영어권 사람들이 비교적 말이 많다는 흔히 알려진 또 다른 양상인데 외국인들은 상대적으로 다양화된 문화 구성원들 사이에 설명이 필요하다는 말을 종종 하고, 비교적 말이 적은 한국인들은 문화적 동질성에서 비롯되어 무엇이 그렇게 널리 공유되는지 설명할 필요가 적다는 식으로 설명한다. 이것은 나이 많은 일본인 부부와 세 가지 불평에 관한 오래된 농담을 상기시킨다. 샐러리맨 남편이 집에 와서 투덜대자 아내는 목욕을 준비한다. 목욕 후에 남편이 또 투덜대자 아내는 저녁을 준비한다. 저녁 후에 남편이 또 투덜대자 아내는 잠자리를 준비한다는 이야기다. 이유야 무엇이건 간에 영어권 사람들은 일반적으로 한국의 식사 시간은 조용하고 따라서 빨리 끝난다는 것에 주목할 것이고, 한국인들은 영어권의 식탁에서는 말이 많고 그 시간이 길다는 점을 대체로 주목할 것이다. 두 경우 모두 상대방의 문화에서 자신의 모습을 보는 단체의 규칙에 다소 맞출 필요가 있을 것이다. 영어권 사람들은 길게 이야기하려는 천성적인 성향을 억제하고 대화 중에 침묵하게 되는 것에 당황하여 말을 더 하려는 행동을 자제하고, 오히려 먹는 속도를 좀 더 내서 차라리 먹는 소리들을 좀 더 내는 것이 좋을 것이다. 한국인들이 영어권에서 식사할 때에는 스스로 좀 더 편한 자세로 좀 더 천천히, 그리고 조용히 먹고 이야기를 좀 더 하는 것이 아마 그들의 관습에 가까울 것이다.

전화하기

한국인들은 식사 중에는 비교적 조용하지만 전화할 때는 종종 언성을 높이고 심지어는 소리를 지르는 등 큰 소리로 말하려는 경향이 있다. 이들은 전화 받는 사람과의 거리를 의식하기 때문인지 주위의 소음 때문에 더 큰 소리로 이야기하는 것인지 아마 예전에 통화가 잘 안되었던 기억 때문인지 큰 소리로 통화한다. 영어권에서도 역시 전화할 때 소리를 지르기는 하지만 일상적인 상황이 아니라 화가 나거나 흥분했을 경우에 그렇다.

이것은 한국인이든 외국인이든 통화 대기음의 문제와 연관된다. 전화를 하는 사람들 중 80% 정도는 클래식 음악을, 20% 정도는 유행가를 못견디어 한다. 이렇게 모두가 흔히 듣는 음악을 사용하더라도 아무런 해결책이 없어 보인다. 영어권 회사들이 가끔 영국식 액센트를 전화 접수부로 고용하긴 하지만 그들이 클래식 음악을 신호 대기음으로 사용할 것 같지는 않다. 아직 실행되지는 않았지만 한 가지 제안으로서 파도나 바람 혹은 새의 노랫소리를 통화 대기음으로 사용하면 클래식, 유행가

가운데 선택을 해야 하는 불편함을 피할 수 있을 것이다.

흥얼거림과 휘파람

한국인과 영어권 사람들 모두 휘파람이나 흥얼거림, 노래하는 것을 스스로 즐기는 사람들을 상스럽게 여기거나 하찮게 보기보다는 그가 스스로 즐기는 것으로 본다. 그러나 한국인들이 영어권 사람들보다는 이를 좀 더 싫어하는 듯하다. 흥얼거리거나 휘파람을 불거나 노래하는 것은 그 소리를 듣기 싫어하는 사람들은 고려하지 못하는 사려 깊지 못한 행동으로 생각하기 때문이다. 오히려 이것은 테이프나 라디오를 너무 크게 틀어서, 조용함이나 주위에서 나는 소리를 듣기 좋아하는 다른 사람들에게 억지로 음악을 듣게 하는 것이나 다름 없다. 한국인들은 특히 다른 사람의 주의를 얻기 위해 사용된 휘파람에 민감한데, 이것은 아마도 휘파람이 개를 부르며 "이리 온"을 뜻하는 손바닥을 아래로 한 제스처를 동반하기 때문인지도 모르겠다.

노래하기

한국인들은 식사 중에는 비교적 말이 없고, 식사보다는 술을 마시는 사람들과 사교적인 모임을 갖기 위해 남겨 놓은 듯 술을 마실 때는 쉽게 노래를 부르는데, 영어권에서는 극소수의 사람들만 노래할 준비가 되어 있을 뿐이다. 노래방이라는 개인적으로 노래하는 공간에서부터 가라오 케라고도 하는 나이트 클럽까지 마이크를 갖고 녹음된 음악에 맞춰 노래하는 장소는 한국인들이 노래할 준비가 되어 있다는 점을 보여 준다. 대학가의 미인이나 탤런트 대회에서 8명의 젊은 여성들 중 6명은 자신의 재능을 과시하기 위해 노래를 하기로 결정했고, 검은 띠를 한 사람은 태권도에서 멋진 자세를 보여 주며, 마지막 사람은 연설을 했다. 노래방에서 커플이나 그룹을 이룬 사람들은 오디오 시설을 갖춘 작은 방을 빌리며, 그 방에서는 녹음된 음악에 맞춰 노래할 수 있고 음료수나 맥주를 마시면서 그들의 노래를 녹음할 수도 있다. 영어권 사람들은 종종 그들이 한국 노래를 부르고 시대에 뒤떨어진 외국 노래들을 부른다고 불평하는 경우가 있다. 가라오케에서 각각의 사람들은 무대에 올라가 밴드에 맞춰 마이크에 대고 노래하거나 저장된 음악에 맞춰 노래하게 되는데, 노래를 듣는 사람들은 음악에 맞춰 스푼이나 젓가락으로 테이블을 치며 박자를 맞추면서 아무리 노래를 못해도 노래하는 그 사람들을 격려하고 박수 갈채를 보낸다.

  한국인들은 수없이 많이 영어권 사람들에게 노래를 청할 것이다. 예를 들어 한국의 디즈니랜드인 에버랜드로 가는 관광 버스나 가라오케를 제공하는 어떤 나이트 클럽에서 그렇다. 영어권 사람들은 보통 당황하고 사람들 앞에서 노래하는데 익숙하지 않아 거절하려고 할 것이다. 점잖은 목소리를 가진 영어권 사람들이 생각할 수 있는 것이 '생일 축하곡'이나 '언덕 위의 집' 같은 노래뿐이더라도 한국인들은 다소 끈질기게 조르는 경향이 있다. 한국에 있는 영어권 사람들은 이런 경우를 대비해서 몇몇 노래를 준비해 두는 것이 좋고 아무리 실력이 없더라도 노래 부를 준비를 갖추는 것이 좋다. 만약 그들이 한두 곡쯤 한국어로 부를 수 있다면 훨씬 좋을 것이다. 영어권 사람들은 한국에서 여러 사람들 앞에서 노래 부르는 것에 당황할 필요가 없는데, 왜냐하면 한국인들은 이렇게 노래하는 것을 대회가 아닌 독일식 옥토버페스트(Oktoberfest) 정도의 상호 유대감을 다지는 '다 같이 바보가 되어 봅시다!' 라는 의식쯤으로 여기기 때문에 노래에 열정적이고 비록 실력이 형편없더라도 자제할 줄 알며 오히려 고마워할 것이다. 그들은 아무리 노래를 못하고 끔찍한 목소리를 가진 사람들이라도 그들 스스로 친근해서 기꺼이 그 집단의 한 사람이 되고자 보여 준 노력 때문에라도 진심 어린 박수를 보낸다.

반면 한국인들은 영어권 나라에서는 훨씬 노래할 기회가 없을 것이며 더욱이 혼자서 노래하는 법은 절대로 없을 것이다. 그들은 한국에서 흔한 노래 부르기와 독창하기를 그리워할 것이다. 실력은 전혀 없지만 계속 노래하는 사람들에게 한국인들이 보여 주는 자제력은, 집단을 이뤄 여러 소리로 불협화음을 내는 사람들에게 영어권 사람들이 참을성을 보여 주는 것과 같다. 독창에 대해서는 영어권 사람들은 다소 비판적이어서 많은 사람들이 꽤 노래를 잘 하는 그들에 비해 노래를 더 잘 하는 경우가 아니라면 한국인들은 독창하는 것을 자제하는 것이 좋을 것이다. 연습을 통해서든 재능이 있어서든 많은 한국인들은 노래를 참 잘 하나 영어권 사람들은 소수만이 노래에 소질이 있는 것 같다.

한국인들의 노래는 특히 술과 섞이면 너무 열정적이어서 때로 영어권에서 한국인들의 노래하는 태도는 한국인들이 고요함을 깨고 심지어 내적인 폭력까지 일으킨다고 불평하며 경찰을 부르게 되기도 한다. 술을 마시고 노래하는 것은 한국의 남성 유대 의식으로 아주 중요해서, 흔히 술을 권하고 마침내는 완전히 술에 취할 것을 강요하기도 해서 공석상에서조차 경찰에 의해 저지되거나 아침 일찍 사람들에게 저지되기도 한다. 한국 남성들은 때론 자신의 술 마시는 습관을 두고 아일랜드인이나 러시아인들과 동일시한다. 사실상 그들은 술 마시는 습관에 있어서는 일본인들과 가깝지만 그렇게 연관시키는 것을 싫어한다. 영어권에서 한국인들은 청교도들이나 영어권의 법이 어떤지 생각해야 하고 공적인 술 마시기가 죄스러운 자기 방종임을 알아야 한다. 집에서도 밤늦게 소리를 지르는 것은 이성적이지 못하다는 생각을 가진 영어권 사람들의 제한에 따라야 한다.

아이들

많은 한국인 부모들은 우리가 설명하는 계층이 아니더라도 전형적으로 공원, 식당, 역, 공항, 대기실 등의 공적인 장소에서 학식 있는 영어권 부모들보다 약간은 더 아이들이 제멋대로 굴도록 두는 경향이 있다. 특히 어린 소년들은 한국 부모들에게서 거의 완전한 자유를 받은 듯하여 그들은 특히 시끄러운 것 때문에 상당히 많은 사람들을 짜증나게 하는 행동을 공공 장소에서 일삼는다. 대체로 이것이 일반적인 문화적 차이이기보다는 계층의 차이라 한다 해도 정확히 말하자면 문화적인 것이다. 어떤 사람들은 그것을 아들이 가정의 대를 잇고 조상을 모시는 전통을 이어갈 보증인이라 여기는 신유교적 특권이며 면허인 셈이기 때문이라고 설명하기도 한다. 또 어떤 사람들은 그것을 같은 상황에서 아주 일반적인 남성 우월의 탓으로 돌린다. 어떤 사람들은 일본 사람들에게 그 탓을 돌리고자 하는데, 일본인들도 그들의 어린 아들들이 제멋대로 굴도록 허락하기 때문이라는 식이다. 다른 사람들은 그것이 공공의 안위나 평온에 대한 부모들이 무관심 탓이라고 이야기하는데, 이때 공공의 집단은 알 수 없고 보이지 않으므로 무시될 수 있다. 이유야 무엇이건 간에 그 차이점은 아주 명확하고 만연되어 있다.

영어권 부모들은 한국인 부모들보다 대체적으로 자식들, 특히 안달복달하는 아들들을 더욱 엄격히 통제하며, 아이들을 통제하지 않는 부모들에게 사회로부터 주어지는 일반적인 오명과 책임을 더 잘 알아차리고 그에 대해 더 염려하는 듯하다. 영어권 사람들은 남의 아이들이 자신을 방해할 때 적어도 말로써는 아주 쉽게 간섭하는 것 같다. 그들은 구타를 하지는 않지만 그래도 부모들을 꾸짖고 가끔은 시끄러운 논쟁이나 반소(反訴)를 하기도 한다. 영어권에서는 할 수만 있다면 그런 부모들의 권위를 들먹이며 쉽게 불만을 털어 놓는다. 반면 그들이 보기에 한국인들은 통제 불가능한 남의 아이들, 특히 소년들에 대해 믿기지 않을 정도로 오래 참는 모습을 보여 준다.

때때로 어떤 한국 부모, 대체로 어머니들은 자녀들이 행동을 엉망으로 해서 다른 사람들을 짜증나게 할 때 완전히 지치고 관계를 끊은 듯이 눈을 감고 앉아 있기만 한다. 또 어떤 사람은 아이가 기차 대합실에서 미친 듯이 소리지르는 동안 어쩔 줄 모르는 모습으로 마비된 듯 서 있으며, 실제로 아이를 조용히 진정시키려는 어떤 노력도 하지 않고 이것을 바로잡거나 도움을 주려고 아무도 끼어들지도 않는다. 반면 영어권 부모는 한국인 부모들보다 훨씬 빨리 아이를 꾸짖고 데려간다. 한국 어머니들은 종종 아들의 완전한 노예처럼 보이기도 하며 특히 그 아들이 외아들인 경우는 더욱 그러하다. 그는 마치 그 무엇보다도 중요한 사람처럼 대우 받고 그가 원하는 것은 가족 누구보다도 먼저 충족된다. 확실히 이것은 한국에서 남성들과 아들들을 흔히 우월시하는 결과이지만 영어권 사람들에게 이들은 종종 단지 버릇없는 자식들로 보인다.

학식 있는 영어권 사람들은 재빨리 아이들을 벌주지만 사람들 앞에서는 조용히 할 뿐이다. 사람들 앞에서 아이에게 매질하고 소리지르며 시끄럽게 아이들을 꾸짖는 영어권 사람들은 그들의 계층을 저버리는 것이다. 예의 바른 외국인들은 시끄러운 아이를 교회에서 재빨리 끌고 나오거나 잘못된 행동을 하는 아이를 화장실, 즉 그나 그녀가 심각하게 꾸중 들을 수 있는 곳으로 데려가지, 사람들이 있는 곳에서는 심하게 꾸짖지 않는다. 영어권 나라들의 법에는 아이들의 잘못 때문에 부모가 처벌받는 조항은 없지만, 문화의 민법상으로는 공공 장소에서 아이들이 잘못 행동하는 것이 전적으로 부모의 책임이라고 보기 때문에 영어권 부모들은 흔히 이것을 십자가를 지는 것처럼 참고 그들을 꾸짖기 위해 영웅적인 노력을 하면서 사람들 앞에서는 아이들 때문에 엄청나게 당황한다. 한국 부모들이 아이들을 대하는 것은 영어권 부모들에게는 종종 마치 수감자들이 수용소를 장악하게 허락하는 듯, 혹은 교육 받지 못한 계층처럼 여겨지며 때로는 정말 그렇다.

십대들

한국 자녀들과 어린 학생들은 무리를 지어 다니는 경향이 있다. 그들이 버스나 지하철을 타거나 박물관이나 공항에 가는 경우, 영어권 사람들에게는 그들이, 그들을 감독할 권한이 없거나 감독할 수 없다고 보고 아주 신이 나서 다소 엄청난 소란을 피우며 자신들이나 감독관 혹은 여러 장소의 관리인들에게 저지 받지 않는다고 여겨 버릇없이 구는 것처럼 보인다. 영어권 자녀들도 만일 허락된다면 같은 식으로 행동하는 경우가 있지만 보통은 적은 그룹이기 때문에 좀 더 통제가 쉽고, 특히 감독관들에게 확실히 더 통제를 받게 된다. 차이점이 있다면 확실히 학교 집단에서 함께 다니는 한국 아이들의 수가 더 많다는 것이다. 한국에서는 술을 마시는 적은 수의 무리가 산책하며 인도를 따라 걸어가는 모습을 볼 수 있고, 상급 학교 아이들의 훨씬 더 큰 집단이 박물관이나 미술관에서 바닥과 계단을 뛰고 미끄럼을 탐으로써 응당 소음으로 인해, 그리고 그 수로 인해 타인의 즐거움을 심각하게 방해하는 걸 보게 된다.

영어권 학교의 아이들은 박물관을 방문할 때 그 곳에 가는 영어권 사람들에게 거의 환영을 못 받는다 해도, 그들은 선생님이나 박물관 수위에게서 꾸중을 듣거나 통제되지 않는 한국 학교 아이들이 내는 그런 소리는 절대 내지 않을 것으로 기대된다. 한국인들과 외국인들 모두 아마 한국 학생들이 방문하는 날에는 박물관에 가고자 하지 않을 것이다. 그런 날 아이들은 흔히 볼 수 있는 바쁜 시장의 소란스러움보다도 더한 소음을 실내에서 낼 수 있을 것이다.

인간의 비언어적 소음

영어권 사람들이 다소 놀라는 소음은 한국인들이 어려운 질문에 대한 답을 생각하면서 흔히 치아 사이로 공기를 빨아들이는 것이다. 한국인들에게 이런 '쉿쉿' 하는 소리는 영어권에서 발화하는 '어' 하는 소리만큼 중립적인 것인데, 침묵함으로 대화의 장에 굴복하기보다는 통화 대기음을 설정하듯 그들이 답을 생각하는 중에 대화의 장에 참여하고 있다는 것을 보여 주기 위한 것이다. 공교롭게도 이런 '쉿쉿' 하는 소리는 흔히 영어권 사람들이 문자적으로나 비유적으로 뜨거운 것에 데었을 때 내는 소리이다. 이것은 몸 앞으로 손가락을 내밀어 위 아래로 흔들면서 화상 입은 손가락을 식히거나 식히는 것처럼 하는 행동이다. 이것은 사고나 긴급 상황에 대한 약간의 충격을 동반하지만 한국에서는 이런 제스처에 어떤 것도 동반되지 않는다.

이미 지적했지만 영어권에서 '쉬' 하는 소리를 사용하는 것은 검지를 입술로 올려 '조용히 해' 라는 의미로 쓰이는데, 이는 한국에서도 동일한 손 제스처가 사용되어 '조용히 해' 라거나 '비밀을 지켜' 라는 의미로 사용된다. 하지만 영어권에서 내는 소리는 한국인이 어린 아이들을 소변 누일 때 사용되기도 한다. 영어권 사람들의 제스처는 그것을 접하는 한국인들 사이에서는 꽤 많은 즐거움을 야기시키는데, 괄약근 조절은 모든 사람들의 걱정거리이고 걱정거리는 모든 이들에게 유머의 원천이 된다.

기침하기

한국인들은 흔히 자신이 도착했다는 것을 남들에게 통고할 때 기침을 하지만 영어권에서는 일반적으로 유사한 통고를 하기 위해 문을 두드리거나 다른 행위를 한다. 이것은 정말 문화적인 차이로서, 기침 신호에 익숙하지 않은 영어권 사람들은 그 신호를 종종 놓치기 때문에 한국인들이 노크도 없이 덥석 문을 열고 들어오는 당황스러운 상황에 대해 불평을 한다. 한국인들은 노크하는 것이 너무 직접적이고 건방지며 충격적이고 확실히 무례하다고 여기는 반면, 기침은 부드럽고 미묘하며 예의 바른 것으로 여긴다. 이것을 들은 영어권 사람들은 문을 닫은 경우에 기침 소리가 들리지 않는다고 여전히 불평한다. 이것을 들은 한국인은 노크를 하지만 흔히 너무 조용하게 문을 두드려 안에서 듣지를 못한다. 한국에 있는 외국인들은 가서 문을 열기 전에 크게 기침하거나 조용히 노크하는 것이 좋고, 외국에 있는 한국 사람들은 다소 강하게 노크하고 들어오라고 할 때까지는 문을 열지 않는 것이 좋다.

　한국인과 외국인 모두 사람들 앞에서 '에헴' 하고 목을 가다듬는 소리를 내거나 '에에' 하는 소리를 내는데, 이것은 입을 닫은 채로 다소 시끄럽게 목청을 가다듬는 것으로 헛기침을 하거나 침을 뱉듯이 입을 열고 하지는 않는다. 물론 헛기침을 하고 침을 뱉는 것은 한국인이나 외국인 모두가 엄격히 화장실에서 내는 소리이며 특히 공공 장소에서 듣기에는 대단히 불쾌한 소리이다.

　외국인들은 지속적인 주의를 나타내고자 종종 '어허'라는 표현을 반복한다. 물론 이것은 '예' 하는 것보다는 형식상 열등한 표현으로 사용되지만 가끔은 더 나은 표현으로 사용되기도 한다. 공교롭게도 그것은 한국 윗사람들이 아랫사람의 말을 잘 알아듣고 있다는 표시로 사용하는 소리와 거의 같다. 서로 다른 문화에서 한국 웃어른들은 그것을 적어도 부적당하며 최악의 경우는 그들의 특권을 빼앗은 것으로 여기기도 한다. 영어권 사람들은 주의를 끌기 위한 이런 비형식적인 '어허'를 한국 어른들이 말할 때는 피하는 것이 좋다. 같은 소리가 영어권 사람들에게는 '예/아니오' 형식의 질문에 답하기 위해 아주 평이한 동의를 표할 때 사용된다. 이것 역시 한국인들을 상대하는 외국인들은 피해야 할 표현인데, 그것이 아주 비형식적이기 때문이다. 동급자들조차도 지나치게 친밀하거나 냉담하게 받아들여 이 말에 기분이 상할지도 모르겠다. 비형식적인 '허어'는 유사하게도 비공식적인 '아니오'를 의미하므로 동일한 주의가 요구된다. 이러한 비언어적 표현들은 확실히 친밀한 사람들, 동급자 또는 아랫사람들에게 가장 자주 사용된다.

외국인들이 끝을 내리면서 '오오'라고 말하는 것은 닥쳐오는 어떤 어려움이나 위협을 전달하거나 어떤 것이 나쁘다는 의미인 반면, 한국인들은 흔히 '에이'라는 말을 쓴다.

동물 소리

꽤 유사한 준언어로는 한국인들과 영어권 사람들이 다양한 공통의 동물들이 내는 소리를 표현하기 위해 선택한 소리들을 들 수 있다. 한국 개는 '멍멍멍' 하고 짖지만 영어권에서는 '바우-와우'나 '알프'라고 짖는다. 한국 고양이는 '야-옹, 야-옹' 하고 우는 반면 영어권에서는 '미오우, 미오우' 하고 운다. 한국 소는 '음메, 음메' 하는 소리를 내지만 영어권에서는 '무' 하고 소리 낸다. '아-히히히, 아-히히히'는 한국 말이 내는 소리이지만 '네이히, 네이히'는 영어권의 말 내지는 스위프트(Swift)에 따르자면 말의 나라에서 하는 말이다. 한국 돼지는 '꿀-꿀-꿀' 하고 소리 내는 반면 영어권에서는 '오잉크, 오잉크, 오잉크'라고 말한다. 한국 양은 '음-메에에, 음-메에에'라고 소리 내는 반면, 영어권에서는 '바아-바아, 바아-바아' 하고 소리 낸다고 말한다. 한국 암탉은 '꼬꼬댁-꼬꼬, 꼬꼬댁-꼬꼬' 하고 말하는 것 같지만 영어권에서는 '클럭, 클럭' 하고 소리 내는 듯하다. 한국 수탉은 '꼬꼬꼬꼬, 꼬꼬꼬꼬' 하고 울지만 영어권에서는 가장 그럴 듯하지 않게 '각거두들두' 하고 소리 낸다고 한다. 한국과 영어권의 오리는 더 비슷해서 한국에서는 '꽥, 꽥, 꽥', 영어권에서는 '쾌, 쾌, 쾌' 하고 소리 낸다.

카드, 서양장기, 체스 그리고 마작

한국인들은 카드 놀이, 특히 화투를 쉬는 시간이면 공원, 기차와 비행기, 술집, 집 평상에 앉아서, 혹은 높은 아파트 건물의 뜰 테이블에서, 아니면 바깥의 작고 편리한 가게에서 언제 어디서나 가게를 돌보거나 상품 진열대를 지키는 동안에도 화투를 한다. 그들이 하는 게임은 사람들이 카드를 바닥에 철썩 치도록 하거나 그렇게 하도록 북돋운다. 비록 많은 사람들이 이 소리가 꽤 유쾌하다고 여기고 휴식 중이나 한가로울 때 이 카드 놀이를 하지만 다른 사람들은 그 소리를 굉장히 싫어하는 듯한데, 아마 시간 낭비나 도박의 성향이 있다고 여기기 때문인지도 모른다. 특히 비행기, 기차, 버스와 같이 폐쇄된 공간에서 들리는 이 소리를 싫어한다.

한국인들은 서양 장기나 체스 혹은 마작을 할 때에도 비슷한 소리를 낸다. 사실 마작을 하는 객실이나 공원의 조용한 모퉁이에서 서양 장기를 두는 대부분의 매력은 그런 놀이에 사용되고 섞이는 카드와 장기 알이 내는 소리에 있다. 이것이 바로 특색 있는 한국의 소리이며 영어권 국가들에서는 사실상 들을 수 없는 소리이다. 빠찡코를 하는 곳에서도 핀볼이 떨어질 때 낮게 울리는 소리가 나는데, 어떤 사람은 그 소리가 활발하고 편안하다고 하는 반면 다른 사람들은 시간과 돈을 기계적으로 낭비한다는 의미로 들어 그런 소리들을 싫어한다. 이와 견줄 수 있는 유일한 영어권의 소리는 핀볼과 컴퓨터 게임장에서 나오는 소리가 될 텐데, 그 곳 사람들은 보편적으로 이를 유아적이거나 심술궂은 소리 중의 하나라고 여긴다. 그것은 내기 당구상이나 카지노의 '외팔의 강도'로 불리는 슬롯머신의 소리, 룰렛을 굴리고 딸랑거리는 소리들이다.

음악

한국이나 외국에서나 사심 없는 구경꾼들에게 자신이 좋아하는 음악을 억지로 들려 주어서는 안 된다. 대형 휴대용 카세트 라디오를 공원에서 사용하면 비난 받을 뿐만 아니라 보통 그곳에서는 사용을 금지한다. 싸구려 유행가 음악을 크게 틀어 그 곳의 분위기를 향상시키고 있다고 생각하는 사람들은 단순히 자신들을 무식한 평화의 방해꾼으로 전락시키고 있는 셈이다. 몇몇 저급 외국인들은 그들의 아파트나 차에 거대한 스피커를 달고 창문을 열어 자기 취향의 음악을 자신과 이웃에게 큰소리로 들리도록 하는데, 이것은 확실히 듣기를 원하지도 않는 사람들을 기쁘게 한다기보다는 스스로를 더 좋지 않은 쪽으로 몰아가는 행위가 된다. 영어권 아파트에서 사는 사람들은 라디오나 TV, 혹은 스테레오를 너무 크게 틀어서 그 소리가 벽, 바닥, 천장을 뚫고 이웃에 전해져 이웃들의 생활을 심하게 방해하는 경우가 꽤 빈번하게 있다. 반면 유사한 건물에 사는 한국인들은 이런 기계 소리에 특이할 정도로 민감하고 그런 소리로 이웃을 방해하는 일은 거의 없다고 본다. 공교롭게도 이 같은 한국의 고층 아파트에는 공동 방송 시스템이 있어 거주자들은 보통 듣고 싶어하지 않겠지만 불이 났다거나 지진이 났다는 방송 이외의 상당히 많은 소식과 공지사항을 알려 주는데 거주자들은 그 스피커를 통제하거나 끌 권한이 없다. 외국의 아파트는 그런 공유를 보통 최소화하고자 하는데, 그것이 좀 더 위험하게 사는 삶을 의미하더라도 그런 소리를 최소화하고자 한다.

큰 소리로 음악을 틀어 자신들의 상품을 광고하는 한국과 외국의 상점들도 다르지 않아서 어떤 사람은 그들이 잠정 고객에게 떨어져 있으라는 식의 경고를 하고 있다고 주장할 수도 있겠다. 그들은 음악에 있어서 그 질을 판단하고 구별할 수 없을 아주 어린 세대들을 겨냥하는 듯하다. 아마 그런 상술의 밑바닥에는 디스코장이 있을 텐데, 거기에는 교양 없는 사람들이 모여 귀먹고 눈멀고, 몸을 가볍게 흔들고 땀을 내며, 찾고 발견하고, 너무 시끄럽고 어둡고 눈부셔 대화도 할 수 없는, 상대방을 제대로 볼 여지가 없는 그런 곳에서 데이트를 한다. 디스코장는 거의 차이점이 없지만 교양 있는 한국인이나 외국인들이 똑같이 피하고자 하는 곳이다.

문

아주 흔하며 독특한 한국의 소리는 문을 쾅 닫는 소리이다. 사무실이든 학교든 혹은 아파트에서든 외국의 경우와 비교해 볼 때 문을 쾅 닫는 소리는 한국에서 더 빈번하게 들리는 것 같다. 장치의 차이는, 한국 문의 경우 문 버팀 쇠나 문을 자동으로 닫히게 하는 장치가 부착되지 않은 경우가 특히 많다는 것이지만, 아마 훨씬 더 중요한 것은 문이 확실히 닫혔음을 확인하려 하는 의도나 다른 사람 뒤에서 문이 세게 닫혀도 방심하는 데 있다 하겠다. 외국의 공공 건물에서 대부분의 문은 조용히 닫히고, 또 세게 닫히는 것을 방지하기 위한 장치가 부착되어 있기 때문에 한국인들이 외국에서 이런 소리를 내는 경우는 드물다. 그렇지만 뒷사람이 들어오거나 나갈 때 문을 세게 닫지 않도록, 특히 고층 아파트에서 복잡한 시간이나 학교에서 다음 수업을 들으러 갈 때는 종종 들을 수 있는 포병대의 연발사격이 멀리서 들려오는 듯하다. 따라서 영어권 사람들은 보통 때보다 문을 닫을 때 더 주의해야 할 것이다.

운전하기

한국에 있는 외국인 운전자들은 한국인들이 늘 그렇지는 않지만 빈번하게 경적을 사용한다는 사실을 즉시 알게 된다. 반대로 영어권 사람들은 위급 상황에만 경적을 사용하도록 보통 법으로 규정되어 있어 폐차 시에는 수 년 동안 그것을 사용하지 않았다는 보고를 하기도 한다. 처음에, 아니 어느 정도 시간이 지나도 그들은 한국에서 운전을 많이 한다면 이미 갖게 되는 대단한 스트레스에다, 경적을 사용하는 한국인들이 꽤 성급하고 유치하며 무능하고 당연히 아주 짜증나는 행위를 함을 알게 된다. 그러나 한국에서 운전하는데 조금만 더 익숙해지면, 외국인들은 경적을 그렇게 자주 울리는 것이 사실상 필요하고 공손하기까지 하다는 사실을 알게 된다. 문제의 핵심은 한국의 교통 상황에 있어 느린 속도로 따라가기가 아주 어렵다는 것인데, 한국에서는 운전자들이 최대한 안전하게 달려 줄 것을 요구한다. 일단 멈추면 원래 속해 있던 줄의 속도를 맞춰 따라가는 것이 거의 불가능하게 된다. 계속 끼어드는 차들 때문에 처음에 양보했던 운전자는 가만히 서 있을 수밖에 없고, 다른 운전자들에게는 잘 보이지 않는 공간에 남게 된다. 여기서 천천히 움직이기는 하지만 좋은 방법은 경적을 울리는 것이고, 전투적으로나 화가 나서가 아니라 공손하게 다른 운전자들이 잘 볼 수 없는 곳에 당신이 있다는 것을 단순히 알리기 위한 것이다. 이렇게 예의 바르게 경적을 울리는 것은 화내거나 짜증내거나 덤비는 행위와 쉽게 구분되며, 경적을 울린 전체 수 중 상당수가 이 예의 바르게 울린 경적의 경우이다.

    한국인들과 외국인들 모두 외국의 도심에서 교통 체증은 흔하게 발생하는 현상이며 한국에서는 당연해서 거기서 허비하는 시간에 교통 체증에서 오는 소음과 함께 완전히 무익하고 부주의하게 경적을 울리게 된다고 비난한다. 한편, 한국에서의 운전이 아직 캘리포니아의 간선도로에서 보고되는 격렬함의 살인적인 수치에는 미치지 않았다는 보도가 다행이긴 하다.

　한국인들은 외국인들 자신이 경적을 사용했다고 말하는 것이 보통은 칭찬이나 자랑이 아니라 경적 없이는 운전할 수 없는 참을성 없고 무능하며 이기적인 운전자를 비난하기 위한 것임을 알아야 하는데, 이는 외국에서 좋은 운전 방식으로 여겨진다. 영어권 사람들은 경적을 울리는 운전자들을 탐탁하게 여기지 않고, 그런 행동은 비난 받거나 처벌해야 한다고 해석하는 경향이 있는데 다른 운전자들을 경계시키거나 그들의 주의를 끄는 것은 꽤 흔하게 사용된다. 영어권 국가에서 경적에 민감하게 반응한다는 점을 고려할 때 그들은 정말 드물게 경적을 사용하고, 사용하더라도 위급 상황에서만 사용하는 경향이 있다. 한국인들은 경적이 외국인들을 화나게 만들 수도 있다는 이런 차이를 알아둘 필요가 있으며, 이것은 마치 한국 교통 상황에서 외국 운전자들이 경적을 빈번하게 사용할 필요가 있음을 알아둘 필요가 있는 것과 같다.

　한국에서 비교적 새 차는 지위를 나타내는 표시로 인식된다. 외국인들도 역시 차 모델에 따른 사회 서열을 갖고 있지만 차를 소유하는 것이 보행자들에 비해 완전한 우월감을 준다고는 거의 생각지 않는다. 그렇지만 한국에서는, 페인트칠 한 횡단보도로 길을 건너려고 하는 보행자들에게, 차를 세울 생각도 하지 않고 자신이 먼저 길에 대한 권리를 가진 듯이 경적을 울리는 운전자들은, 보행자가 먼저 건너고 차들은 서 있어야 한다는 보행자들의 생각에 시끄럽게 경적을 울리며 반대를 표한다. 반면 영어권 사람들은 길을 건너는 보행자를 완전히 존중하는 것은 아니라도 한국인들의 경우보다는 훨씬 낫다. 그러나 보통 그들은 운전자들이 항상 법을 준수한다기보다는 굼뜬 특성 때문에라도 차를 우선 멈추고 보행자가 지나가도록 해 준다.

외국에서 버스와 트럭 운전사들은 길에서 가장 유능하고 예의 바른 사람들인데 이것은 아마 그들의 버스 번호나 트럭 고용자의 폰 번호가 종종 '이 운전사가 조심해서 운전하고 있습니까?' 라는 질문을 제시하며 표시되어 있기 때문일 것이다. 한국에서도 버스나 트럭 운전수는 도로상에서 가장 유능한 사람이라는 것은 사실이지만, 그들은 크기나 경적소리로 볼 때 흔히 싸움대장인 경우가 있고, 위험은 말할 것도 없으며, 운전에 대한 스트레스와 소음을 상당한 만큼 더해 주고 있다.

지하철

영어권의 지하철이나 지하도는 대단히 시끄럽기는 하지만 한국도 플랫폼만 본다면 이와 상응하리만치 시끄러운 반면 내부는 훨씬 조용하다. 에어컨이 작동되어 한국인들은 대부분의 지하철에서 창문을 닫고 있을 수 있어 외부로부터의 소음을 크게 줄일 수 있다. 한국에서 지하철이 도착할 때는 플랫폼 내에 큰 소리의 안내방송이 나오는데 이것은 역에 있는 벤치에서 잠을 자 보려고 하는 사람들을 깨우기 위한 것인 듯하다. 외국의 지하철은 이런 방송, 즉 열차가 접근하는 소리로도 잠들거나 그 열차를 놓치기 힘들 것이기 때문에 그런 방송 없이도 잘 운행된다. 한국의 지하철 내에서는 역 안내방송을 한국말과 영어로 하는데, 이것도 외국 지하철에서는 적어도 그 만큼의 소음을 줄이기 위해 사용하지 않는다. 한국 승객들은 외국 승객보다 보통 더 조용하고 내부는 흔히 더 부드러운 느낌을 주며, 좌석은 직물 같은 것으로 덮여 있다. 영어권의 지하철은 대개 낡고 에어컨이 없는 경우가 종종 있어서 창문을 열어 두어야 하며, 따라서 더운 날씨에는 매우 시끄럽다.

지하철에서 나는 고음은 음악을 듣는다고 더 나빠지지 않는데, 한국 지하철에서 각 정거장마다 하는 방송은 보통 열차가 내는 소리보다 더 잘 들리도록 하기 위해 아주 큰 소리를 낸다.

버스

공교롭게도 한국 버스의 경우는 지하철의 경우와 같다고 이야기할 수 없다. 한국의 버스 운전자들은 승객의 취향일 수도 있겠지만 대개 자신의 취향에 따라 라디오 방송과 음악을 크게 틀어 두어서 버스 안에서 승객들이 책을 읽거나 그냥 조용히 있도록 하지를 않는다. 먼저 시끄러운 버스나 도로의 소음을 피하고자 방송을 아주 크게 튼다. 영어권 버스가 만약 그런 장치들을 갖고 있다 하더라도 영어권 버스 운전자들은 대개는 음악이나 방송을 들을 수 없도록 되어 있다. 그 버스들이 보통은 더 조용해서 읽을 거리를 들고 타지 않았다면 아마도 보다 지루한 여정이 될 것이다. 그들은 대중 교통에서 러시아인들과 같이 주목할 만한 독서가는 아니지만 일반적으로 단지 조용하게 있는 것에 만족하는 것 같고 옆으로 지나가는 풍경을 바라보는 것에 만족하는 것 같다. 그렇지만 한국인들은 소음에도 불구하고 상당히 많은 사람들이 잠을 자고, 그러면서도 내릴 곳이 되면 잠에서 깨어 내린다.

택시

택시에 대한 차이점은 거의 없다. 한국이나 외국이나 택시 운전사들은 자신이 좋아하는 라디오를 트는 경향이 있고, 그렇지만 승객이 라디오 소리를 줄이거나 꺼달라고 요청하면 대개 그렇게 해 준다.

고요함

식사 시간이나 혹은 대화 시에 비교적 조용한 한국 분위기는 오랜 침묵을 나쁜 것으로만 여기지 않지만 외국인들을 놀라게 해서는 안 된다. 특히 보통 때보다 더 말을 많이 해서 비교적 조용하다는 인식을 바꾸려고 노력하지 않는 것이 중요하다. 적응하는 데는 시간이 좀 걸리지만 그렇게 할 수는 있다. 반대로 한국인들은 외국에서 식사 시간이나 대화할 때 습관적으로 조용한 태도를 그리워할지도 모르겠다. 한국인들은 외국인들이 식사 중에 하는 잡담들과 끊이지 않는 대화를 하는 것을 다만 참아 주는 법을 배워야 할 것이다. 피곤하긴 하겠지만 그래야 한다.

사라져가는 한국 관습 중에, 대화가 있기 전에는 사람들이 눈에 보이지 않는다고 실제로 말하기까지 하는 것이 있다. 고전적인 예를 들자면 관리가 어느 농부의 집을 방문했을 때 관리는 작업복을 입은 농부를 우연히 만난다. 둘 중 아무도 농부가 옷을 갈아 입을 때까지 말을 하지 않고 그 일이 한 방에서 벌어지더라도 상황은 똑같다. 옷을 일단 갈아 입으면 농부는 관리에게 인사를 하고 이야기가 시작된다. 이 장면은 현대 사회에서는 찾아 보기 힘들지만 그 잔재가 가끔 발견되는데, 어떤 자리가 어떤 식으로 형성될 때까지는 대화가 늦추어지고 그 후에야 비로소 각 사람들을 바라보던 사람들이 진행을 하는, 즉 이야기를 시작하는 경우가 그렇다.

외국인들뿐 아니라 한국인들도 한국에 사생활이 없는 것을 불평하고 사생활 없이는 침묵하기가 어렵다고 하지만, 이것은 도시에 사는 사람들이 하는 불평이다. 시골에서는 침묵을 상당히 찾을 수 있고 아마 원하는 정도보다 더 많을 것이다. 무엇보다도 가장 조용한 장소는 관광객이 없는 산꼭대기, 11월이나 12월에 눈이 내려 사람들이 모여들지 않는 깊은 사당이다. 눈이 쌓여 소리를 비롯한 모든 것을 차단 시켜 거기서는 눈이 떨어지는 소리도 바로 알아차릴 수 있고, 이런 고요함을 관통하는 것은 처마 끝에 매달려 가끔씩 딸랑거리는 풍경이며 거의 바람 없이 떨어지는 눈 오는 날에는 거의 움직이지도 않는다. 눈이 너무 두텁게 덮여 한낮에도 어두울 정도이다.

　외국에서 교회는 일요일을 제외하고는 침묵의 오아시스와 같다. 도서관에 사람들이 드문드문 있다면 조용할 것인데, 사람들로 가득해서 약간 시끄러운 한국 도서관과는 다르다.

　자연의 고요함은 외국보다는 한국이 더 가능할 텐데, 비록 인구가 약간 더 많긴 하지만 국토의 70%가 보통 완만한 산들로 덮여 있기 때문이다. 그래도 외국 사람들은 도시나 시골에서 좀 나가면 한국인들보다 더 쉽게 조용한 곳을 찾을 수 있는데, 한국은 방글라데시 다음으로 지구상에서 가장 인구밀도가 높기 때문이다. 만일 이것이 고요함에 대한 짧은 참회라면 그것은 한국이나 영어권 국가에 들르기가 너무 어렵기 때문인 것 같기도 하다.

II. 소품 언어

14장 소품 언어

>> 단추를 끼우세요!

우리는 이제 비언어적인 의사 소통에서 세 가지 중요한 부분인 신체 언어, 소품 언어, 환경 언어 중 두 번째인 소품 언어에 도달했다. 앞에서와 같이 소품에 관한 조사는 사람들이 신체의 가장 가까이에 두고 친밀하게 사용하는 부가물로부터 제멋대로 밖으로 확대시킨 수송 도구까지를 말한다. 사람들이 보통 문자 그대로의 피부와 옷, 차, 사무실 그리고 집, 이렇게 다섯 가지의 '피부'를 갖고 있다고 생각해 보자. 기본적으로 그들 모두는 생활에 필요한 열 조절 장치들을 갖고 있다. 〈소품〉에서 우리는 우선 세 가지의 '피부'에 대해 이야기할 것이고, 〈환경〉에서 나머지 두 가지를 이야기할 것이다.

노출

노출, 즉 신체가 얼마나 드러나 있는가로 논의를 시작하는 것이 타당할 것 같다. 또 아이들로부터 시작하자면 한국인과 영어권 사람들 모두 그들의 아기를 벌거벗겨 사진을 찍고 해변에서 아장아장 걷는 아이들을 옷을 벗긴 채 두지만, 영어권 사람들은 한국인들보다 상당히 더 일찍 아이들에게 옷을 입히기 시작한다. 외국인들은 대체로 세 살짜리 아이에게 수영복을 입히고 세 살짜리 어린 소녀들에게 입히는 자그마한 수영복 브라가 있는 반면, 한국인들은 아이가 대여섯 살이 되어 옷을 입혀야겠다고 느낄 때까지 황갈색 피부로 장난치며 놀도록 놔 둔다.

일단 옷을 입고 나면 그때부터는 두 문화 모두 그 상태를 유지한다. 어느 한쪽도 나체로 있거나 상체를 드러낸 수영복이나 끈만으로 하체를 가리지는 않는다. 아마 이들 중에서 소수의 사람들은 이런 관행을 지키고 있는지도 모르겠다. 미니 스커트는 아주 젊은 여성들에게 아주 짧아질 수 있지만 어느 문화에서건 쾌락만큼 모욕을 주기도 해서 거의 허벅지 중간보다 더 짧게 입지는 않는다. 맨발은 두 문화에서 대체로 모두 반대하고 해변이나 수영장에서는 허용된다. 물론 한국인들은 가정집에서 문간에 신발을 벗고 집안에서는 맨발로 다닐 수 있다. 영어권 사람들은, 나이 든 한국 어른들 중 많은 사람들이 맨발을 싫어하기 때문에 방문 시에는 반드시 양말을 신어야 한다는 사실을 알고 있어야 한다. 전형적으로 한국인들은 집에서 스타킹이나 슬리퍼를 신고 손님이 원하는 경우 슬리퍼를 준다.

한국인과 외국인들이 비슷한 신발과 양말을 신지만 외국인들보다는 한국인들이 자신의 신발이나 양말에 신경을 덜 쓰는 것은 사실이다. 집이나 식당 입구에서 신발을 벗는 습관 때문에 한국인들은 다른 많은 공간에서 외국인들보다 더 쉽게 신발을 벗는다. 예를 들어, 기차에서 한국인들은 외국인들보다 더 쉽게 잠들 뿐 아니라 신발과 양말까지도 더 쉽게 벗는다. 비행기에서 한국인들과 외국인 모두 흔히 신을 벗지만 양말까지 벗는 것은 한국인들뿐이다. 집밖에서 한국인들은 종종 신발을 슬리퍼로 갈아 신고 계속 그렇게 신고 있기도 하지만 외국인들은 거의 이런 식으로 하지 않는다.

한국 여성들은 대체로 목덜미와 어깨를 심하게 드러내는 옷이나, 어깨나 등이 노출되는 옷을 입지 않고 잠옷으로도 그렇게 입지 않는데, 유사한 상황에서 흔히 외국인들이 입는 것보다 좀 더 빈틈없는 모습을 보인다. 전통 한국 의상인 한복은 손, 목, 머리를 제외한 전 부분을 가리도록 디자인되어 가능한 한 여성을 침묵의 존재로 만들어왔다. 외국 여성들은 자신의 모습을 감추기보다는 오히려 강조하기 위해서 옷을 입지만, 얼마나 노출을 하는가는 엄격히 제한되기는 한다. 대체로 계층이 높을수록 노출이 적다.

대부분의 한국 도시인과 사실상 모든 영어권 사람들이 매일 혼자 목욕이나 샤워를 하지만, 한국인들은, 외국인들이 사실상 공중 목욕탕에서 시작된 뜨거운 욕탕을 즐기는 것과 매우 비슷한 방식으로 공중 목욕을 즐긴다. 지붕이 하나로 되어 있든 아니든 한국의 공중 목욕탕은 거의 모든 경우 남녀 구분이 되어 있고, 수건으로 몸을 가려서 타인의 눈을 피하고자 한다. 상대편을 몰래 보기도 하지만 공공연하게 보는 것은 특히 무례한 것으로 간주된다. 한국 공중 목욕탕에서는 샤워할 때나 또는 낮은 의자에 앉아서 씻을 때 벽이나 물 꼭지 쪽을 향해 앉아 비누칠을 하고 씻고 피부를 문지르는데, 피부를 문지를 때는 거칠게 생긴 장갑 내지는 이태리 타월이라는 것을 가지고 씻는다. 보통 뜨거운 물, 따뜻한 물, 찬 물 이렇게 세 가지 온도로 나뉜 탕으로 들어가기 전에 사람들은 완전히 씻고 문지른다. 어떤 사람은 따뜻한 물에서 시작해서 뜨거운 물로 들어가고, 마지막에 찬 물에 들어갈지도 모른다. 그런 다음 편안한 의자에 앉아 책을 읽거나 TV를 보는 것이 흔한 일이고, 머리를 자르거나 손질하는 사람도 있으며 매니큐어를 바르거나 마사지를 하기도 하고 옷을 입기 전에 그냥 잠깐 자는 사람도 있다.

    외국 온탕에서의 에티켓은 보통 그 모임이 직계 핵가족이나 일곱 살 이하의 아이들로 제한된 경우가 아니라면 수영복이 필요하다. 이런 경우조차도 온탕에서는 헐거운 옷을 입고 물 속에서는 벗지만 대신 수영복을 입는 것이 보통이다.

향수와 오드 콜로뉴

한국 남성과 여성들은 향수와 콜로뉴를 상당히 많이 사용하는 것 같지만 이것은 직접 향기를 느끼게 해서라기보다 신문상으로 보도되는 내용이다. 신문에 따르면, 한국인들은 비애국적이라고 할 만큼의 돈을 수입 향수와 수입 화장품에 소비하고, 이 때문에 소비-지출 가계부에 적자 재정을 만들고 있다. 다행히 한국 남성과 여성은 향수와 콜로뉴를 너무 잘 발라서 일반 사람들은 알아차리지도 못하며 거의 주위 사람들에게 피해를 끼치지 않는다. 반면, 영어권에서는 사람들이 무엇을 얼마나 사든 정부가 규제하지는 않지만 사람들 개개인이 입고 바르는 양에 대해서는 종종 이의를 제기한다. 많은 외국인들은, 우리가 예로 드는 계층에서는 일반적이지는 않지만 향수나 콜로뉴에 목욕을 하고 그 향기를 스크린 삼아 누워 있는데 그 향이 너무 진해서 지나다니는 사람들까지 향을 맡고 옷에 향이 배며 가끔은 알레르기 반응까지 일으킨다고 불만을 호소한다. 비록 교양 있는 외국인들은 향수나 콜로뉴를 지나칠 정도로 사용하지 않지만 교육을 덜 받은 사람들 사이에는 흔한 일이다. 향수를 지나치게 사용하는 것은 계층을 나타내는 부정적인 표시인데 특히 한국인들에게는 금방 눈에 띄게 될 것임을 명심해야 한다.

📇 화장품

    화장품에 관한 한 한국인들과 영어권 사람들의 가장 큰 차이점은 젊은 한국 도시 여성들이 꽤 짙게 화장을 하고 대단히 꾸미며 멋을 추구하는 경향이 있다는 점이다. 반면 젊은 외국 도시 여성들은 화장을 눈에 띠게 적게 하고 근면하며 화장기 없는 모습을 추구한다. 몇 년 전에 외국의 젊은 여성들은 '퇴색된 모양'이라 불리는 유행의 영향을 받았다. 다행히 오래 가지는 않았지만 현대 한국인들이 화장을 추구하는 것과 같은 양상을 어느 정도 띠고 있다. 한국인들은 비교적 옷을 잘 입는 데다가 주목할 만한 피부를 가지고 있지만, 외국 여성들은 일반적으로 길에서 허름한 옷을 입고 다니며 아름다운 얼굴에 고형분과 아이 라이너나 진한 립스틱을 바르는 것은 공적인 무도회를 위해서 꾸미는 것쯤으로 생각한다. 많은 외국인들은 본래 한국인들이 가진 붉게 그을린 매력적인 얼굴을 열렬히 추구하고, 그래서 햇볕을 쬐며 누워 있거나 램프 아래 혹은 문자 그대로 얼굴에 색조 화장을 하기도 하는데, 교양 있는 외국인들은 아무리 매력적이라도 일반적으로 더 이상 피부를 그을리려고 하지 않는다. 햇볕에 피부가 노출되면 피부암의 위험성이 있어 그 두려움 때문에 자제하는 것이다. 한국 여성들은 피부를 검게 하기보다는 밝게 만들려고 노력하고, 밝은 것이 더 좋게 여겨지기 때문에 그을린 피부를 선호하기보다는 오히려 피하려고 한다.

문신

한국인과 외국인 모두에게 문신은 대개 하류 계층의 표시이다. 유식한 한국인들과 외국인들은 문신을 가급적 피한다. 어떤 이들은 경솔하거나 반항적인 젊은 시절에 한 문신을 제거하기 위해 상당한 노력을 기울이기도 한다. 요즘 외국의 젊은이들 사이에는 간단한 문신이 유행인데, 우리가 비교하는 집단들은 대개 이런 유행도 피한다. 문신에는 피부를 뚫는 것도 포함된다. 교양 있는 한국인들과 외국 여성들은 귀설이를 하려고 귀볼을 한 번 뚫지만 여러 군데 뚫거나 신체의 다른 부위를 뚫는 것은 피한다. 귀볼 이외의 부위를 뚫는 것은 문신보다도 하류층임을 더 잘 나타내 주는 확실한 표시일 것이다. 다행히 이것은 한국인들보다는 외국인들에게 더 많은데, 반항하는 젊은이들의 어리석은 행동 중의 하나라고 할 수 있다.

머리

삶의 대부분의 양상들과 유사하게 한국인들은 대체로 외국인들보다 더 예쁘게 머리를 자르고 손질을 한다. 한국에 있는 외국인들은 이발소와 미용실을 똑같이 표시하는 이발소 간판이 그렇게 많은 것에 대해 놀랄 것이다. 한국의 이발소에서 아주 다른 서비스를 하는 것은 아니더라도, 이 곳에는 외국에서는 제공되지 않는 마사지를 하고 귀를 파주는 등 다양한 서비스가 있어서 이 곳에 가 보면 놀라운 일이 많다. 한국인들은 제공되는 서비스를 많이 이용하고 상당한 양의 돈을 이발소에서 사용하는 경향이 있지만, 외국 남성들은 샴푸해 달라거나 또 몇몇은 매니큐어나 파마를 하기도 하나 대체로는 머리를 다듬거나 잘라줄 것만 요구한다. 한국인들은 외국인들보다는 이런 서비스와 다른 것들을 훨씬 더 빈번하게 요구하는 것으로 보인다.

 한국인들의 머리는 공통적으로 검거나 어두운 갈색이지만 외국인들은 금발, 붉은색, 갈색, 검정색에 이르기까지 다양하다. 물론 둘 다 나이가 듦에 따라 머리가 하얗게 된다. 외국인들에게 머리 염색은 꽤 흔하며, 그들은 종종 그들의 본래 머리 색, 특히 흰 머리를 싫어해서 쉽게 금발이나 빨간 머리로 만들기도 한다. 나이 든 외국 여성들은 머리를 약간 푸른색이나 분홍색으로 바꾸기도 한다. 한국인들은 흰머리를 검게 하려고 꽤 자주 염색하고 아주 가끔은 붉게도 하지만, 금발로 하는 경우는 극히 드물다. 물론 모든 염색은 힘들고 색을 바꾸는 것도 보통 어렵다. 특히 금발을 더 어두운 색으로 바꾸는 것이 힘들다고 하는데, 왜냐하면 대개 머리 뿌리가 다른 색을 하고 있어서 금발을 어두운 색으로 바꾸는 쉬운 방법이 없기 때문이다. 눈에 띄게 다른 '뿌리'를 갖는 것은 공공 장소에서 롤러 스케이트를 신는 것과 유사한 계층의 표시이다. 외국 여성들보다는 한국 여성들이 비록 미용실을 더 빈번하게 이용하지만 염색을 하는 횟수는 적다.

교양 있는 외국 여성들은 빗질과 스프레이로 상한 긴 머리를 꺼리는 경향이 있고, 교양 있는 외국 남성들은 길고 꼬리처럼 묶은, 혹은 어떤 종류든 부자연스러운 스타일을 피한다. 교양 있는 한국 여성들은 아주 긴 머리를, 교양 있는 한국 남성들은 길거나 부자연스러운 머리를 피하는 경향이 있다. 여기서 말하는 한국과 외국의 차이점들은 최소한의 차이일 뿐이다.

의복

신체에 관한 이야기에서 벗어나 원래 타고난 신체에 장신구를 덧붙이는 것으로 화제를 돌리려면 우선 일반적인 차이점들을 언급해야 하겠다. 일반적으로 한국인들은 외국인들의 경우보다 외모를 훨씬 더 강조하고 옷차림을 중시한다. 공적인 장소에서 외국인들은 집에서와 반대로 옷을 허름하게 입지만 한국인들은 잘 차려 입는다고 말하는 게 전혀 틀린 말은 아닐 것이다. 이런 차이에 대한 속담이 있는데, 중국인들은 음식에 많은 돈을 쓰고, 일본인들은 집에, 그리고 한국인들을 옷에 많이 투자한다는 것이다. 이 대조는 한국인들이 조깅하면서 길이나 뜰, 언덕을 오르기 전에 가벼운 운동을 할 때에도 완벽하게 옷을 차려 입는 것을 보면 알 수 있다. 반면 외국인들은 덜 완벽한 옷차림으로 운동을 한다. 이런 경향은 아직 기어 다니는 아기들에게 무릎 받침을 해 주는 것에서도 나타나는데 외국에는 이런 소품이 아직 알려지지도 않았다. 한국을 방문하는 외국인들은 아기, 어린이, 10대, 평상복, 정장 혹은 스포츠 웨어 등 신발과 옷 가게가 많은 것에 놀랄 뿐 아니라, 도시 중심부에서 찾을 수 있는 세계적으로 유명한 디자이너샵, 용품상, 의류상 등의 비싼 고급 의상실까지도 있고, 특히 그것이 한국의 주요 대학 근처에 많다는 점에 놀란다. 옷만 파는 가게와 다른 품목들도 같이 파는 상점의 비율은 유사한 외국 상황과 비교할 때 현저하게 높아 보인다.

고급의 아주 비싼 가죽 품목, 화장품 그리고 액세서리 가게들이 한국에서는 어떻게 서로 경쟁에서 살아 남을 수 있는지 외국인들을 궁금하게 만든다. 현재 한국인들은 비교적 옷 입는 것에 더 큰 관심을 가진다. 이것은 15세에서 25세까지의 결혼 연령에 해당되는 외국인들의 경우와 같다. 80년대 이전 외국인들은 옷을 잘 입는 경향이 있었지만, 지난 20년 동안 허름하게 옷을 입는 것이 영어권 세계에서는 눈에 띌 정도로 보편화되었다. 지적해야 할 점은, 한국에서 상당한 비율의 고등학교와 대학교 학생들이 교복을 입지 않을 때에는 외국인들과 같은 식으로 옷을 허름하게 입는 경향이 있다는 것이다. 전혀 허름하지는 않더라도 청바지를 입고 보통 배낭을 메고, 티셔츠에 가끔은 해석할 수 없는 영어로 적힌 적당한 슬로건이나 록 그룹이 찍힌 스웨터를 입는다. 외국에서는 가방에 끈이 하나만 있어 어깨 위로 두르고 다니는 것과 달리, 흥미롭게도 한국의 배낭은 끈이 두 개 있어 양 팔에 걸치도록 되어 있다. 여전히 한국인 집단의 일반적인 모습은 외국의 현재 학부 규칙보다 확실히 덜 따분한데, 외국에서는 옷을 초라할 정도로 허름하게 입는 것이 때로는 멋으로 여겨진다. 이유가 무엇이건 간에 이런 대조가 두드러지고 또한 사실이어서 한국에 사는 외국인들은 외모지상주의의 한국인의 태도를 가끔은 야유하고, 책의 표지를 보고 책을 판단해서는 안 됨을 상기시키는 조언을 하기도 한다. 반면 한국인들은 낡고, 구멍 나고, 더럽기까지 한 옷을 입고 다니는 외국인들에 대해 비난한다. 이 차이점은 어떤 경우에도 명확히 남아 있다.

가정이라는 사적인 공간에서는 부자인 한국 여성까지도 슬리퍼에 양말을 신고, 추리닝 바지에 허벅지까지 오는 티셔츠나 헐렁한 운동복 셔츠를 입고 머리띠를 하고 있지만 집밖으로 나갈 때는 가장 편안하고 약식 스타일이라 여기는 옷을 입는데, 이는 단순히 주위 동네를 뛴다기보다는 비싼 온천에서나 더 어울릴 법한 운동복을 입고 나가는 것 같다.

의상

물론 의상은 그 자체로 책 한 권의 가치가 있겠지만 여기서 제공할 것은 몇몇 일반적인 차이점에 국한시키겠다. 한국 전통 의상인 한복은 종종 특별한 의식에서 입는데, 한복을 입은 한국 남성들은 아주 드물고 기껏해야 아주 전통적인 혼례식에서나 입는 듯한데, 나이가 든 남성들은 가끔 시원한 하얀색 마로 된 전통 여름 정장을 입고 하얀 밀짚 모자와 하얀 신발을 신기도 한다. 카우보이 복장이나 챙 넓은 모자, 굽 높은 부츠와 같은 전통적인 영어권의 복장은 지역적인 경향이 있어서 미국 서부 외곽이나 호주 내륙에서 많이 입는다. 그 외 일반적인 서양식 복장은 한국과 외국인 모두의 경우 형식에 구애 받지 않는 스포츠 의류에서 가장 형식적인 파티복까지로 특징 지워진다. 옷의 디자인에 관한 차이는 한국인들은 옷을 잘 차려 입고 외국인들은 허름하게 입는다는 차이점에 비하면 미비한 정도다. 경우에 따라 다르겠지만 한국인들은 옷을 좀 더 격식을 차려 입고 외국인들보다 좀 더 주의해서 입는 경향이 있다. 한국 여성과 남성은 똑같이 완벽하거나 잘 다듬어진 앙상블로 입는데, 예를 들어 한국 여성들은 신발과 가방을 잘 조화시키고 단정한 정장, 우아한 액세서리 등 모두를 조심스레 다리고 다듬어 입는다. 한국 남성들은 커프스 단추와 타이핀을 달고, 열쇠 고리와 셔츠를 준비하고, 스리피스의 정장을 잘 다리고 다듬어 입는 경향이 있다. 이와 비교해서 같은 상황에서 외국인들은 약간은 덜 주의를 기울이고, 완전히 정장으로 차려 입거나 심사숙고는 하지 않으며 여성들도 화장이나 머리 정리를 덜하는 편이다.

가장 더운 날씨에도 한국 남성들은 넥타이에 반소매 셔츠를 입고 양복 바지를 입으며 보통은 우아한 액세서리를 하는 반면, 외국인들은 목이 드러나는 스포츠 셔츠에 넥타이는 하지 않고 최소한의 액세서리만 하려고 할 것이다. 유사하게 한국 여성들은 아주 가볍지만 격식을 차린 정장을 입고 아주 따뜻하다면 가끔 스커트를 입는 반면, 외국 여성들은 가볍고 허름하게 옷을 입고 멋을 많이 부리지 않는다. 이런 차이는 기차나 비행기에서 가장 잘 나타나는데 한국인들은 여행중에도 잘 차려 입는다. 다른 여행객들과 비교할 때 너무 편안한 옷일지 모르지만 외국인들은 놀라울 정도로 옷을 허름하게 입는 경향이 있다. 가장 더운 날씨 가운데서도 한국 남성들은 사업상 재킷을 입는다. 때로는 더위에 그만 형식성을 굴복하고 그 옷을 벗으라고 권하는 사람들도 있다. 외국인들이 한국인들보다는 업무상 쉽게 재킷을 벗기는 하지만, 재킷은 사업상의 적당한 옷차림으로서 최소한의 차이점을 나타내는 것일 뿐이다.

요즈음 영어권 학생들이 일상적으로 쓰는 모자가 아직 한국 학생들을 잠식하지 않았다는 사실을 전하게 되어 기쁘다. 반면 외국 학생들은 그것을 집안에서든 밖에서든 쓰고, 심지어는 식사 시간에도 쓴다. 모자를 거꾸로 쓰고 더럽게 하고 다니는 것은 외국 학생들 사이에 일어나는 최근의 사태로서, 아직 한국 학생들에게는 전혀 영향을 주지 않은 것 같다. 지저분하고 불쾌한 이런 멋은 제2차 세계대전의 파일럿들을 모델로 한 것이다. 또한 한국 남학생들이 가장 더운 날씨에도 소매 없는 러닝셔츠를 사 입지 않는다는 것도 다행이다. 이 옷은 한국인들과 외국인들 모두에게 계층의 표시인 셈이다. 한국에서나 외국에서나 주간 학생들이 산업 근로자인 야간 학생들보다도 서로 비슷한 옷을 입는다는 것은 놀랄 만한 일이 아니다. 야간 학교 학생들은 대체로 낮에 일을 끝내고 학교에 오기 때문에 옷차림이 더욱 다양하다. 한국과 외국의 주간 학생들은 초등학교나 중학교에서 흔히 볼 수 있는 교복을 입기 싫어하지만, 사실 교복은 자발적이라 해도 결국은 똑같이 입어야 한다는 부담이 싫은 것이다.

많은 한국 여학생들은 보편적으로 흔히 아주 작고 우아하며 멋진 가방을 메고 다니는데, 남학생들 사이에도 적지 않게 보인다. 외국의 남학생과 여학생들은 서로 비슷한 수만큼 배낭을 메고 다니지만, 보통은 큰 가방으로 한국 학생들이 들고 다니는 수의 절반 가량만이 휴대한다.

주목해야 할 것은 스커트가 점점 쓸모 없어진다는 사실이다. 이는 겨울뿐 아니라 여름에도 한국과 외국의 젊은이들과 학생들 사이에서 공통적으로 나타나는 사실이다. 겨울에 바지를 입어야겠다고 생각하기는 하지만 여름에 바지를 입는 것이 훨씬 평등하고 옷에 대한 남녀 차별이 없음을 반영하는 듯하다.

비록 한국이 여전히 말 그대로 전쟁 중이라서 남성들이 군복을 상당히 갖고 있긴 하지만, 오늘날 군복은 길이나 교실에서 외국의 경우보다는 덜 눈에 띈다. 군사시설과 그 주변은 수가 확실히 더 많지만, 한국인이건 외국인이건 군인들은 대개 사복을 입고 시설 밖으로 나와서 크게 눈에 띄지 않는다.

남자건 여자건 비교적 바지 길이를 길게 해서 땅에 끌리게 입는 게 현재 유행하는 한국 스타일인 것 같다. 이것은 한국의 남녀노소에게 공통적인 스타일이다. 한국인들에게는 비교적 드물지만 한국의 구식 유행이라고 할, 다 해진 청바지를 입고 옷을 차려 입는 것에 일반적으로 반대하는 것이 외국인의 성향이라 하겠다.

또한 한국 남녀가 모자를 쓰지 않는 것도 주목할 만한 일이다. 한국 남성들은 영어권 남성들보다 머리를 잘 간수해서 대머리나 노인 남성들만 모자를 쓰는 것 같다. 여성들도 모자를 가급적 피하고 한겨울이나 머리가 엉망일 때만 쓴다. 케네디(Kennedy)는 너무 불편하지만 않다면 언제든 그것을 피하긴 했다지만 영어권의 남성들과 여성들은 추울 때뿐 아니라 햇볕이 내리쬘 때도 모자를 쓴다. 한국 여성 원예사들은 습관적으로 깊숙이 들어간 보넷에 수건을 늘어뜨려서 태양으로부터 얼굴과 목을 보호한다. 사실 그들은 바지에 긴 소매 옷을 입고 한여름에도 장갑을 껴서 온몸을 가리는데, 이것은 외국 농장이 여성들이 깊은 보넷을 쓰고 태양을 피하는 것과 유사하다.

한국과 영어권 여성들은 옷에 대한 관심이 엇비슷하다. 한국 여성들이 좀 더 맵시 있어 보이기는 하다. 그들은 신발과 가방을 잘 조화시키고 옷을 아주 잘 다려 입으며, 모피 제품을 입는데 현대의 외국 여성들처럼 주저함이 거의 없다. 외국 여성들은 아주 좋은 모피도 안감이 어느 정도 레인코트 재질의 천으로 되어 있어 모피 옷을 입는데 숙고하지만, 한국 여성들은 자신이 입는 것이 모피이든 가죽이든 주저하지 않고 입는다. 위선적이고 자화자찬 격이며 정치적으로 동물을 동정하는 행동은 한국에 아직은 영향을 미치지 못한 것이 분명하다.

액세서리

아마 액세서리에 관한 한국인들과 영어권 사람의 가장 큰 차이점은 여성들뿐 아니라 몇몇 나이든 한국 남성들까지도 태양으로부터 보호하기 위해 우산이나 양산을 사용한다는 점이다. 중절모와 함께 우산은 영국의 중상류층 샐러리맨의 진부한 상징이며, 영어권 남성들은 사실 우산을 피하는 경향이 있다. 비 때문에 들고 다니기는 하지만 그 반대의 경우는 우산을 잘 사용하지 않는다. 영어권 여성들은 햇빛을 가리기 위해 우산을 사용하는 경우는 아주 드물고 남성들은 거의 사용을 하지 않지만, 햇빛이 한국만큼 뜨겁거나 한국에서보다 더 뜨겁더라도 마찬가지이다. 원래부터 그을린 피부를 가진 한국인들은 피부를 더 태우고 싶어 하지 않지만, 대체로 하얀 외국인들은 태양 때문에 좀 타게 되더라도 신경 쓰지 않는다. 이유가 무엇이건 이들의 대조적인 양상은 사실이다.

한국인들의 일반적인 패션 성향은 적어도 보석류 같은 액세서리에까지 확장된다. 한국인들과 영어권 사람들이 모두 펜이나 연필, 손목시계, 반지, 안경, 지갑 등의 액세서리를 휴대하지만 한국인들은 경우에 따라 영어권 사람들보다 더 많은, 그리고 더 예쁜 액세서리를 갖고 다닌다. 외국인들은 보통 형식적인 자리에서 커프 소매를 입지만, 많은 한국 남성들은 일상적으로 그런 옷을 입는다. 넥타이 핀, 지폐 보관용 클립, 열쇠 꾸러미, 접은 옷깃에 다는 핀, 넥타이 클립, 가슴 쪽 주머니에 손수건을 넣는 것을 보통 외국인들은 하지 않지만 한국 남성들은 꽤 흔하게 이런 차림을 한다. 흥미로운 차이점은 한국의 젊은이들이 어른들 앞에서 선글라스를 끼는 것이 버릇없게 여겨지는데, 앞으로 살펴 보겠지만 심지어는 같이 하지 않는다면 그들 앞에서 먹고 마시는 것조차도 버릇없는 행위임을 알게 될 것이다.

영어권에서 약혼하고 결혼한 여성들은 대체로 약혼반지와 결혼반지를 왼손의 네 번째 손가락에 끼지만, 한국 여성들은 왼손의 네 번째 손가락뿐 아니라 중간 손가락에 끼기도 한다. 둘 다 이런 반지를 자주 끼고 아직 결혼 전이라고 하더라도 원치 않는 남성들의 접근을 막기 위해서 반지를 끼기도 하는데, 남성들은 여성들이 두 번째 손가락에 낀 반지를 접근해도 괜찮다는 표시로 해석한다. 몇몇 한국인들도 이것을 접근해도 괜찮다는 표시로 본다. 영이권 사람들은 결혼반지를 끼지 않는 것 이외에 접근해도 괜찮다는 것을 나타내는 특별한 방법이 없다. 이와 반대로 한국과 외국의 젊은 여성들은 여러 손가락과 여러 관절에싸시 여러 반지를 끼기도 한다. 이렇게 많은 반지는 보통 젊은 미혼의 여성임을 나타내주고, 따라서 접근해도 괜찮다는 표시로 읽힐 수 있다.

먹기와 마시기

한국의 젊은이들은 전통적으로 어른들을 대단히 공경하고 예의가 바른데, 이것은 좀 더 평등주의적인 영어권의 젊은이들과는 대조를 이룬다. 영어권에서는 가정에서든 어디에서든 웃어른을 덜 공경하고, 그들에게 예의 바르지도 않다. 전통적인 한국의 행동 방식은 여전히 자리잡고 있어 만일 어른들이 같이 먹는 경우가 아니라면 젊은이들이 어른들과 함께 앉아서 혼자 음식을 먹거나 술을 마시거나 담배 피우는 것을 금한다. 이런 경우에 젊은이들은 행동을 멈추고 아닌 척하거나 혹은 숨긴다. 외국의 젊은이들은 하던 일을 계속할 수 있고 어른들이 그런 태도를 예의 없다고 여길 리는 만무하다.

한국과 영어권의 문화 모두 공공 장소에서 걷거나 지하철이나 도심 버스를 타는 동안은 먹고 마시는 것을 다소 금기시하는데 둘 다 비행기와 시외 버스에서 먹고 마시는 것은 어느 정도 허용된다. 공원, 축제, 서커스 등 특별한 상황에서도 그것은 계층의 표시로 여겨진다. 한국인들은 기차와 버스에서 귤과 오징어를 먹기 좋아하며 여러 종류의 음료와 영양 강장제도 마신다. 영어권 사람들은 음료와 함께 사탕, 땅콩, 감자칩을 우적우적 씹어 먹을 것이다. 한국인들은 캔 음료를 먹을 때 빨대를 얻으려고 주의하는데, 영어권 사람들 그리고 점차 한국인들도 캔 음료를 빨대를 사용하지 않고 그냥 마신다. 커피나 차는 대체로 종이컵에 나오지만, 점차 기계로 만든 캔 음료가 보급되어 빨대를 제공하지 않는다. 시원한 캔 음료는 유리병으로 제공되거나 빨대가 없고 대개 두 나라에서 형식적인 사업상의 회의에서도 마찬가지이다. 알코올을 포함한 음료들은 기차의 자기 자리에서 즐기거나 이동하는 시외 버스에 들고 탈 수 있지만 외국 기차에서는 전형적으로 식당차에서만 먹을 수 있거나 남들이 보지 않게 은밀하게 버스에서 마시기도 한다.

아이들이나 젊은이들의 알코올과 담배 이용은 영어권 나라들보다 한국에서 훨씬 더 적기 때문에 한국에서는 아주 어린 아이가 부모님과 어른들을 대신해 담배나 술을 사러 상점에 가는 일이 흔하다. 그러나 이것은 불법이며 외국에서는 아동 학대로 치부된다. 한국인들은 길에 다니며 음식을 먹는 외국인들을 종종 예외적이라고 생각하지만 자세히 보면 여러 계층들이 두 문화에서 꽤 유사하게 행동한다. 두 경우 모두 상류층 사람들은 길에서 먹고 마시는 것을 금하는 반면, 두 경우 모두 하류층은 길에서 먹고 마시는 경우가 종종 있다. 길에서 음식을 먹을 수 있는 곳은 두 경우 모두 같은 정도로 빈번하게 발견되고, 이 곳을 이용하는 사람들은 대체로 서서 그 곳을 이용하고 그들이 거기서 산 음식을 먹으면서 걸어 다닌다.

아마 먹고 마시는 것에 관한 가장 현저한 차이점은 한국의 하루 세 끼 식사는 거의 같다는 것이고 외국의 경우는 비교적 다양하다는 점이다. 한국 음식의 특정 재료들은 비록 빈번하게 변하기는 하지만 일반적인 형태는 그대로 유지된다. 상당히 많은 도시 한국인들이 요즈음 서양식 아침이나 시리얼과 과일 주스 같은 서양식 품목을 선택하지만 여전히 한국인들의 경우는 국, 찐 쌀 그리고 대부분의 채소 양념들, 즉 국, 밥 그리고 반찬이 식사의 주된 구성이다. 반찬은 항상 김치, 즉 맵게 발효시킨 중국식 배추를 포함하지만 종종 곰국, 양파, 멸치, 콩, 고추, 고구마, 고구마 줄기, 보리 등을 포함하기도 한다. 비교적 별식으로 구운 소고기인 불고기가 있으며 연한 닭을 인삼 뿌리와 함께 끓인 것도 있다. 한국 음식은 짜고 양파 맛과 마늘 냄새가 나는 경향이 있으나 외국 음식은 달고 기름기가 많다고 묘사된다. 두 경우 모두 꽤 정확한 것 같다.

한국의 음료로는 대개 물, 보리차, 맥주, 소주 그리고 차나 커피가 있다. 한국 음식은 종종 신선한 과일을 마지막으로 먹는데 외국의 디저트로는 보통 케이크, 단 것, 아이스크림이 나온다. 한국에서 흔히 먹는 것으로 6-8인치 정도로 얇고 둥근 쌀로 만든 쿠키 혹은 케이크라 할 수 있는 뻥튀기를 먹는데, 이것은 두꺼운 토르티야와 비슷하게 생겼고 부푼 쌀 같은 맛이 난다. 외국에서 휴일에 종종 먹는 음식으로는 크래커-잭(당밀로 뭉쳐 놓은 팝콘)과 솜사탕이 있다.

식탁에서

대개 금속으로 만들어진 국그릇은 오른쪽에 놓고, 많은 경우 금속으로 된 밥그릇은 왼편에 두며, 여러 가지 작은 접시에 담긴 반찬은 밥과 국 옆이나 위에 둔다. 영어권 사람들은 밥을 국의 오른쪽에 두지 않도록 주의해야 하는데 이는 죽은 조상에게 제사를 지낼 때 하는 방법이라서 그 의식 외에 다른 때에는 금하는 것이다. 도구로는, 금속으로 된 젓가락을 반찬을 집어 먹을 때 사용하고, 국을 먹는 숟가락은 밥과 국을 먹을 때 사용하지만, 한국인들은 칼을 식탁에서 쓰는 것은 야만스럽다고 생각하기 때문에 칼은 사용하지 않는다. 비슷한 방식으로 젓가락과 숟가락은 식사 중이거나 식사 후에 식탁에 놓아야지 밥그릇에 수직으로 세워 꽂아 둔다든지 국이나 밥 그릇에 가로질러 두어서도 안 된다. 왜냐하면 밥 그릇에 꽂아 두는 것은 죽은 조상들을 기리기 위해 사용되는 향을 꽂는 방식이고, 가로 놓아 두는 것은 장례식에서의 위치이기 때문이다. 죽음은 영어권 문화에서보다 한국 문화에서 훨씬 더 금기되는데 말로나 비언어적으로나 모두 그렇다. 칼이 없어서 식탁에서는 칼질을 못하기 때문에 고기나 갑각류를 자를 때는 주방용 가위가 있지만, 이것은 영어권에서는 식탁에 있는 것이 이상할 정도인데 숨기든 숨기지 않든 화장실 휴지가 냅킨 대신 주방의 식탁에 있는 것과 같다.

영어권에서 식탁을 차릴 때 전형적으로 칼과 티스푼을 꽤 큰 접시의 오른쪽에 냅킨에 얹어서나 냅킨과 함께 두고 포크를 왼쪽에 둔다. 아침은 과일 주스, 시리얼 그리고 차나 커피로 구성되고 좀 더 무거운 아침 식사로서 달걀, 베이컨이나 생선 혹은 소시지 그리고 토스트가 제공된다. 전형적인 점심 식사는 스프와 샌드위치로 구성될 것이다. 대체로 저녁은 같은 비율의 고기나 생선, 감자나 쌀, 혹은 얌과 같은 녹말 약간, 그리고 콩, 꽃양배추 혹은 브로콜리 같은 채소로 구성된다.

한국 식탁에서 손님들은 많이 먹고, 먹을 때 소리를 내기까지 해서라도 잘 먹었다는 표현을 하도록 기대된다. 한국인들은 좀 더 먹고 마시도록 권하고, 때로는 정말 원하는 것보다 더 먹길 바란다. 이것은 대개 좀 더 원하더라도 한두 번은 정중하게 거절하는 것이 한국인들에게는 빈번한 일이기 때문이다. 영어권 사람들은 정말 수락하기 전에 세 번 정도는 한국인이 거절할 것으로 예상해야 한다. 반면에 한국인들은 외국인들의 첫 번째 거절을 심각하게 받아들일 준비가 되어 있어야 한다. 외국인은 한국인에게 다소 인색한 사람들로 보일 수 있으나, 다만 정중한 의식적 거절을 습관화하지 못했기 때문이다. 이러한 차이의 근간에는 부족하고 남는 문화라는 전통적인 차이점이 자리잡고 있는데, 이 차이를 따를 필요는 없더라도 결과적으로 외국인들은 자신들이 원하는 양보다 더 먹으라고 한국인들에게 강요 받는 느낌을 가질 것이고, 한국인들은 그들이 외국인들에게서 바라는 것보다 덜 받았다고 여기거나 그들이 바로 수락하거나 무시 당함으로써 무례하게 여겨질 수 있다.

외국에서 음식, 음료 그리고 잠자리의 첫 번째 제공을 정중하게 거절해서 추위에 떨거나 배고파 했던 경험이 있는 한국인들의 이야기는 그런 일이 비일비재한 만큼 슬픈 것이다. 외국에 있는 한국인들은 외국인들이 필요한 것이 있는지 묻거나 무언가를 해 줄 때 대체로 진심이라는 사실을 기억해야 한다. 그들은 대체로 자신들이 바라기에 남들이 거절할 것 같은 것은 제안하지 않고, 그들이 받아들였을 때 기뻐할 만한 것으로만 베푼다. 한국에 있는 외국인들은 한 번 이상 어떤 제안을 받은 것에 대해 강요 받았다는 느낌을 가져서는 안 된다. 그들은 그것을 원하지 않는다면 계속 거절하기만 하면 된다. 친절한 첫 번째 접대 이후에 하는 거절은 보통 수락하는 것만큼이나 정중한 것이다.

술마시는 풍습

한국인과 영어권 사람들 모두 가끔은 회사 경비로 제공되는 호화로운 점심을 즐기고 점심 식사 이후에 심각하게 해야 할 중요한 일이 없을 때는 마티니를 곁들인 점심을 먹기도 하는데, 보통은 식사 시간과 별도로 5시 이후의 해피 타임 때까지, 때로는 더 늦게까지 기다렸다가 술을 마신다. 외국인들은 한국인들보다 점심 시간에 술을 마시는 것에 대해 더 자유로운 듯한데, 한국인들은 다른 방식으로 외국인들이 일반적으로 보여 주는 것보다 더 고급의 직업 윤리를 보여 준다. 반면, 외국인들이 저녁 식사 시간 전까지의 휴식 시간에 술을 마시는 것에 대해서는 말로 난색을 표하지만, 한국인들은 오전에 술을 마시는 것에 난색을 표한다. 어떤 사람들은 술을 마시는 것이 한국인 전체의 취미라고 본다. 한국에서는 식사 시간 중에는 말을 최소한으로 하지만, 술을 마실 때는 말을 많이 하고 목소리가 평상시보다 크며, 노래를 부르기도 한다. 한국에서 식사는 영양 보충을 위해서 하지만 술을 마시는 것은 사회 생활을 하고 즐기기 위한 것이다. 가라오케나 노래방은 한국인에게 인기있는 곳으로, 한국 문화에서는 술도 먹고 노래도 할 수 있는 장소라는 인상을 준다. 외국인들은 한국인들과 술을 마시는 중에는 거의 언제든 아무리 노래를 못하더라도 항상 노래할 준비를 하고 있는 것이 좋다.

  한국의 술 문화에서 술을 따르는 것은 〈손으로 말하기〉 부분에서 다루었지만, 한국인들이 건네는 유리잔을 거절해서는 안 되며, 외국인이 내미는 손도 그 사람을 모욕하려는 의도가 아니라면 거절해서는 안 된다는 사실은 반복해도 좋겠다. 한국인들은 이미 충분히 마셨음에도 흔히 사람들이 술을 더 하도록 강요하는데, 다행히 아직 술이 남은 잔에는 술을 더 따르지 않아서 술을 더 하기 싫은 사람은 잔에 충분히 술이 남아 있다면 정중히 살짝 맛을 보고 그 잔을 비우지 않으려고 하거나 할 수 있다면 아무도 보지 않을 때 그것을 버리거나 새로 술을 따른다. 흔히 한국인들은 자신들을 아시아의 아일랜드 사람들이라고 표현하는데, 예상대로 그들은 누군가가 한 번에 잔을 비우는 것을 보면 찡그릴 것이므로 천천히 마시는 것이 가장 좋고 원래 마시는 속도보다 더 느린 척하는 것이 좋다.

한국인들, 특히 한국 남성들은 취중진담이라는 말에 확실히 대단한 믿음을 갖고 있는데, 이 말은 술에 진실이 있다는 말이며 만취한 상태에 종종 동반되는 정직함을 높이 평가하는 표현이다. 그들은 같이 술을 마시면 시끄럽더라고 술에 취한 것에 대해 실제로 엄청난 자제력을 보여주고 금주가들에 대한 공손한 불신을 표현한다. 그들은 일본 사람들이나 러시아 사람들만큼 흔하게 간경화에 걸릴 것 같지는 않지만 그래도 가능성이 많다. 오히려 반대로 외국 사람들은 그들이 맑은 정신으로 지탱하고, 더 취하더라도 결국 나무처럼 쓰러지듯 행동을 공손하게 하는 것에 대해 점점 더 단호하게 자랑스러워한다. 외국 사람들과 여성들, 그리고 경찰은 한국인들보다는 모두들 공적인 장소에서의 만취상태를 잘 못 참는다. 한국인들은 외국에서 파티를 할 때 이러한 사실을 알고 주의해야 한다.

담배

한국인들과 영어권 사람들 간의 주된 차이점은 담배를 사용하는 데서 나타난다. 우리가 주로 다루는 계층의 외국인들은 일반적으로 다양한 형태의 담배도 전혀 사용하지 않는다고 이야기할 수 있다. 물론, 오래 전부터 담배를 피워온 나이 든 외국인들 중 소수는 계속 담배를 피우지만 용서할 만한 니코틴 중독자들로 여겨지는 반면, 그런 관용은 그들이 스스로에게 가하는 해악에만 적용될 뿐 다른 사람에게 부과되는 건강상의 위험에까지는 적용되지 않는다. 젊은 흡연자들은 계층을 나타낼 뿐 아니라 최하층의 천민으로까지 여겨진다. 담배 사용은 지금까지 줄어들었고 지난 20년에서 25년 사이에는 외국인들 사이에 담배 사용이 확실한 계층 표시가 되었다. 나이 든 중독자들을 제외하고 교양 있는 외국인이라면 어느 누구도 담배, 파이프 담배, 엽궐련을 더 이상 피우지 않고, 교양 있는 외국인들은 19세기 초 이래로 코담배도 사용하지 않았으며 씹는 담배도 마찬가지였다. 엽궐련이 다시 판매된다는 소식이 있지만 그것은 대부분 뚜렷한 소비를 촉구하는 상업 매체의 이벤트일 뿐이다. 때때로 유명 인사나 여피족이 엽궐련을 피우겠지만 심각하게 엽궐련을 피우는 사람들은 씹는 담배나 코담배처럼 계층에 따라 다르다. 법적으로 점점 더 확대되는 금연 장소에서 오늘날 흡연하는 것은 인정 없고 이기적이며 자살적인 행위로 여겨진다. 남은 흡연자들이 함께 모일지라도 담배 피울 장소가 점점 더 없어지고, 자유와 자기 결정에 대해 논쟁한다 하더라도 외국인들에게 담배는 이제 일반적으로 흔하지 않은 현상으로 간주된다.

  불행히도 건강과 명성을 위해 많은 한국인들은 계속 담배를 피우고 있고, 남성들 간에는 여전히 유대 관계를 위한 의식으로 이용된다. 주고 받으며 함께 빵을 떼는 것과 같이 한국에서 담배를 피우는 것은 아주 흔한 나눔과 순응이라는 사회 의식이 있다. 한국인들은 엽궐련이나 파이프 담배를 피우는 것 같지는 않지만, 담배는 25년 전 폐암 사례가 보도되기 시작했던 외국에서처럼 여전히 보편적으로 이용된다. 담배는 19세기 중반 이래로 퍼져 나갔고 1880년대 이래로 '수명을 단축시키는 것'이라 불렸다. 사람들은 담배를 들여온 직후부터 건강이 나빠지기 시작했다는 것을 알지만 1970년대까지는 담배 회사들만 그 치명적인 영향을 부인했고, 그들은 예나 지금이나 아직도 거짓말을 하고 있다. 지난 25년이 넘도록 그렇게도 많은 교양 있는 사람들이 금연을 시작하여 이런 습관은 무식하고, 소식 불통의 혹은 일부러 자살하려는 사람들의 표시가 되어버렸다. 프린트되어 나오는 건강에 대한 경고문들은 흡연이 하류층을 나타내는 것이라고 알려지기 전까지는 별 효과가 없어 보였지만, 그 이후로는 그 사용이 급격히 줄어들었다.

똑같은 일이 한국에서도 벌어지고 있는 것 같으나 레스토랑의 식탁이나 가정집 그리고 사무실에는 여전히 재떨이가 있다. 다행히 한국 비행기에는 더 이상 흡연할 수 있는 곳이 없지만 레스토랑에 있는 흡연석과 금연석은 아주 적긴 하더라도 여전히 몇몇 존재한다. 담배를 피우는 한국인들은 외국인들로부터 다소 강한 반응에 대한 대비를 해야 하는데, 외국인들은 우선 자신들의 건강을 염려하고 다음은 한국 흡연자의 건강을 염려할 것이다. 반면, 외국인들은 다수의 한국인이 여전히 담배를 피우는 것을 비교적 해가 없고 외국인들이 괜히 쓸데없이 나쁜 이야기를 퍼뜨린다고 생각한다는 점을 알아야 한다. 간접 흡연이 직접 흡연만큼 치명적이라는 것이 확실하다고들 하듯이 외국인들은 한국인 흡연자에 대해 점점 더 부정적인 견해를 가질 것이다. 반면에 특히 한국 흡연자들은 그들의 반응이 청결하고 건강에 좋은 것이라 하더라도 지나치고 이기적이며 무례하고 붙임성 없으며 불쾌하다고 여길 수도 있다. 한국인들은 외국에서 흡연이 줄어들고 있다는 사실도 명심해야 하고, 외국의 담배 회사들은 여전히 흡연이 보편화된 외국시장들을 수출의 목표로 하고 있다는 사실을 알아야 한다. 한국인들이 저항해야 할 수입품 중에서 건강에 확실히 나쁜 것들은 먼저 제한해야 하고, 담배는 그 중에서도 첫째 가는 품목이어야 한다.

여러 장치들

한국과 영어권의 시계, 세탁기, 전자레인지, 어디에나 있는 밥솥과 팬을 제외한 부엌 도구들, 라디오, 텔레비전, 비디오, 컴퓨터, 마사지 기계, 전동 칫솔과 같은 기계들 간에는 아주 작은 차이만 있어 보이지만, 외국에서는 사용되지 않는 한국의 장치들, 혹은 한국에서는 사용되지 않는 외국의 장치들은 많은 차이를 보인다. 한국 호텔에서 전자키를 사용하는 것은 특이한 일이 아니며 종종 이 키들을 방안의 작은 구멍에 끼워야 가전 제품들을 사용할 수 있는 경우도 있어서 그 사람이 키를 들고 방을 나가면 모든 불이 꺼지도록 되어 있다. 한국의 변기는 이중 물내림 장치로 되어 있어서 물내리는데 필요한 물의 양을 조절하고, 적은 양을 선택할 경우 매번 3갤런 정도의 물을 절약할 수 있다. 새 아파트는 중앙 보안 장치가 되어 있어서 벨을 누르는 사람들을 조그만 텔레비전 화면으로 비추고, 아파트나 건물에는 화재에 대비해 자동 경보 장치가 달려 있어 건물 감독관들이 그들이 선택하는 어떤 주제에 관해서든 거주자들에게 장광설을 늘어 놓을 수 있게 되어 있다. 한국에는 거의 사생활이 없어 보일 정도로 1평방 마일 안에만도 800명의 사람들이 거주하지만, 사람들이 있을 것 같은 곳에, 때로는 사람이 살지 않는 곳도 있어 한국인들의 일체감과 외국인들의 개별성의 또 다른 차이를 보여 준다.

한국 거리 청소부들의 쓰레받기에는 손잡이가 붙어 있는데, 집에서 쓰레기를 주워 담기 위해서 허리를 굽힐 필요가 없는 것이나 마찬가지이다. 비록 열쇠를 갖고 다니기에 특별히 멋진 방법은 아니라 하더라도 한국 열쇠 꾸러미에는 특별한 클립이 달려 있어 벨트에 매달 수 있도록 되어 있다. 욕실에 불이 켜지면 샤워 후에 거울에 김이 끼는 것을 막기 위해서 욕실의 거울에 가열장치가 작동된다. 통신장비들은 대체로 유사하지만, 모든 연령층의 한국인들은 외국인들이 일반적으로 갖고 있는 것보다 훨씬 더 많이 케이블 TV를 갖고 있는 것 같다. 이런 외국의 농담은 주목할 만한데, 한국인들의 명함에는 전화와 핸드폰과 팩스, 휴대용 무선 호출기, 카폰의 번호가 쭉 나열되어 있어 그것을 본 사람이 "난 이렇게 연락하기가 쉬운 사람과는 이야기를 하고 싶지 않습니다!"고 말했다는 것이다.

외국에서는 쓰지만 한국에서는 흔히 사용되지 않는 것으로는 부엌에서 쓰는 설거지 기계, 쓰레기 분쇄기, 얼음기계, 제빵기계, 전기 칼, 거실의 벽난로, 창고의 문 여는 기구, 욕조의 샤워 커튼, 화장실의 물 분사식 구강 세척기, 침실의 전기요가 있겠지만 이들 중 어느 것도 사실 한국인들에게 새롭거나 직접 봤을 때 쩔쩔매게 하는 것은 없다.

선물

선물을 하는데 가장 큰 차이점은 아마 한국은 선물을 주는 문화이지만 영어권 문화는 그렇지 않다는 말로 설명할 수 있을 것이다. 물론 과장된 표현이기는 하지만 이 말에는 많은 사실이 담겨 있다. 한국의 개개인들은 만나는 사람들에게 주려고 사탕이나 펜, 연필, 껌, 담배 등을 갖고 다니는 것 같은데, 이것은 외국에서 삼촌이나 할아버지가 어린 질녀나 조카, 손주들에게 베푸는 것과 같은 식이다. 외국인들은 간단히 말하자면 일반적으로 이런 종류의 선물을 하지 않는다고 하는 것이 사실상 안전하겠다. 영어권 사람들은 경우에 따라 선물을 주고, 선물이나 우연히 생겨서 받은 무언가를 함께 나누지만 사탕이나 껌, 담배를 갖고 와서 누구든 만나는 사람들에게 선물로 줄 것 같지는 않다.

경우에 따라 선물을 줄 때의 차이점에는 결혼 선물도 포함된다. 영어권에서는 흔히 여러 종류의 가계 용품들, 도구들, 침구, 수건 등을 결혼 선물로 준다. 이 선물들은 주로 결혼이나 결혼 후에 둘러서거나 앉아서 부페식의 만찬을 하는 피로연 전에 보내거나 운반된다. 돈을 선물로 주는 것은 대체로 피하거나 대단히 개인적으로, 보통은 가족 구성원들이 하는 선물이다. 손님들은 대개 결혼식에 참석하는 것으로 자신의 비용을 부담하도록 기대되고, 결혼 비용의 대부분은 대체로 신랑신부 부모님의 몫이다.

한국인들의 결혼 선물 중 가족 구성원이 주로 하는 것은 침구, 수건, 도구, 은, 도자기 같은 용품들이지만 가족이 아닌 사람들이 가장 흔하게 하는 선물은 결혼식장에서 빨간 봉투에 담겨 전달되는 돈이다. 결혼식을 하는 커플의 친구들은 축의금을 주는 사람과 그 액수를, 그들이 결혼할 때 다시 돈을 되돌려 줄 수 있도록 조심스레 기록해 주고, 버스 비용이라고 불리는 그에 상응하는 돈을 하얀 봉투에 담아 전달함으로써 결혼식에 와 준 성의에 대해 보답한다. 이것은 축의금을 주는 사람이 결혼과 피로연 비용을 부담하게 되어 있는 것과 같으며, 여기서 피로연은 주로 앉아서 만찬을 하는 형식이다.

전형적으로 한국인들은 아주 흔히 방문하는 가정이 아닌 경우에는 방문 시 작은 선물을 준비한다. 이때 선물은 케이크, 꽃, 사탕이 될 수 있고 어떤 때는 김치나 과일을 주기도 한다. 한국인들은 그 내용물만큼 형식에도 관심을 쏟기 때문에 한국인들이 주는 선물은 포장된 채로 두 손으로 주어야 한다. 영어권 사람들은 방문 시에 대체로 선물을 가져 가지 않지만 저녁 만찬에 초대되었을 때는 집에서 만든 빵이나 포도주를 갖고 가기도 한다. 아주 절친한 친구 사이에, 교환이 빈번하게 이루어지는 경우는 그런 선물을 생략하기도 하는데, 이처럼 환경 안에서의 주고받기는 초대하는 사람과 초대 받는 사람 간의 어떤 거리라든가 절차를 나타낸다. 이런 선물은 굳이 두 손으로 줄 필요는 없지만 포장을 하고, 친한 친구 사이에는 공들여 하는 포장은 생략될 수 있다.

한국에서 추석에 하는 선물들, 즉 아이들의 옷과 장난감 등은 그냥 포장 없이 주기도 하지만 외국인들은 크리스마스, 생일, 기념일의 선물처럼 가끔 히게 되는 선물들은 항상 포징을 해서 준다. 한국을 방문할 때 갖고 가는 선물이나 외국을 방문하는 한국인들에게 받는 선물은 보통 음식, 음료수, 방문자 나라의 특징적인 기념품 같은 가정용품들이다.

수송 수단

차가 그 집의 움직이는 방과 비슷하다는 것은 이미 언급된 사실이다. 상류층 사람들은 차를 공적인 장소로 생각하고 사적인 행동을 자제하는 반면, 하류층 사람들은 그것을 움직이는 사적 공간으로 여겨 경우에 따라 그것을 화장실, 부엌, 침실로 여긴다. 한국과 영어권의 승용차 자체에는 차이점이 극히 적다. 비록 한국 도로상에서 발견되는 외국차는 수적으로 드물지만, 사실 한국 차는 외국 도로상에서 상당한 비율을 차지한다. 몇몇 영어권에서는 차를 왼쪽에서 몰고 한국과 대부분의 영어권 나라들에서는 오른쪽에서 몬다는 것 이외에 운전하는 습관은 많이 다르지 않지만 한국인들은 멈춤 신호에서 기다리는 동안 전조등을 야간 주행등으로 바꾸어 습관적으로 어둡게 한다. 이 두 가지는 앞 차에 있는 사람들의 눈을 보호하고, 고속 도로용 전조등을 올림으로써 신호등의 변화에 대해 그들에게 경고를 보내는 것으로, 녹색불에 차가 출발하도록 사람들에게 알려 주려는 외국의 경적 소리와 유사하다.

　한국과 영어권 국가에서 운전의 일반적인 차이점은, 한국 운전자들은 계속적인 교통 체증에 처했을 때 비교적 공격적으로, 그리고 같은 상황의 외국인 운전자들보다 좀 더 급하게 운전한다는 것이다. 한국 운전자들은 운전을 하든 주차를 하든 교통을 용이하게 하고 교통 체증을 피하기 위한 차선 준수에 대해 외국인들보다 덜 훈련된 것 같다. 이런 차이점은 한국 운전자들이 비교적 경험이 적기 때문이고 새 차가 신규 운전자를 의미하며, 운전이나 주차를 할 공간이 보통 공사 중이기 때문인 복합적인 결과이다. 한국인들의 참을성은 외국인들에 비하면 아주 희박해서 외국인들에게 항상 교통을 복잡하게 하거나 끼어들도록 한다는 인상을 준다. 외국에서 운전하는 한국인들은 보통 외국 도로상의 빈 공간이 비교적 초원처럼 넓어서 기뻐할 것이다. 이런 사실들은 한국이 교통사고 사망률과 부상률 세계 3위라는 결과를 가져왔다.

　한국의 택시 기사들은 흔히 차가 비어 있을 때에도 요금을 더 벌고자 차를 세우지 않고, 같은 방향으로 간다면 다른 사람을 태워 추가 운임을 받기도 한다. 외국의 택시는 그들이 다른 손님의 부름을 받고 가는 경우가 아니라면 그냥 지나쳐 가는 일이 거의 없고, 추가 운임을 받는 경우도 희박하다. 외국 택시의 문제점은 그들이 한국에 비해 수가 적고 거리가 멀며 아주 비싸다는 것인데, 한국에는 상대적으로 택시가 많고 비싸지 않으며, 종종 두 사람이 타면 버스보다 택시가 더 싼 경우도 있다.

한국의 트럭이나 버스들은 그 크기와 시끄러운 경적을 무기로 삼아 앞질러 가려는 생각을 한다. 반면, 외국의 트럭과 버스는 전형적으로 더 제한적이고 법을 준수해서 보통 자동차 운전자들보다도 더 준법 정신이 강하다. 그들은 일반 운전자들보다 차선을 더 잘 엄수하며 교통체증 중에는 괜히 겁주는 일을 하지 않는 듯하다.

확연한 대조를 보이는 것은 한국에서는 특히 일요일 저녁이나 출퇴근 시간대쯤에 도시로 다시 들어오는 차들로 교통체증이 자주 발생한다는 것이다. 이런 체증이 외국에서는 거의 알려지지 않았지만 대도시 중심부에서나 그런 일이 있는 반면, 한국에서는 모든 중소형 도시에, 그리고 간선도로 시스템을 가진 큰 도로에 영향을 미치는 듯하다. 또 다른 놀랄 만한 차이점은 한국 도로상의 모든 차가 10년 정도 되었거나 그보다 덜 되었다는 것인데 외국에서는 그보다 더 오래 된 골동품 차도 가끔 보인다. 한국에서는 단지 몇 개의 트럭만 오래되어 녹슬고 낡아 보이지만 그것도 많지는 않다. 이것은 한국인들이 외양을 중시하는 것과 한국에 차가 들어온 지 얼마 되지 않은 데 기인한 듯하다. 한국의 차 수량은 1984년과 1997년 사이에 1,100만 대로 두 배가 되어 보급률이 거의 4명당 차 한 대의 비율이 되었다. 외국에서는 오래된 차뿐 아니라 상당수의 녹슬고 낡은 차도 보이지만 한국에서 그런 차를 보기는 힘든 일이다. 작은 차이점으로는 더운 날씨에는 거의 모든 한국 차가 에어컨이 있든 없든 대나무나 구슬로 만든 시트 커버를 하고 있다는 것이다.

도로가 복잡한 것과 속력 이외에 한국과 영어권 국가의 교통 수단에는 큰 차이가 없다. 가장 큰 복잡함은 앞서 언급되었듯이 주로 서울과 부산의 지하철과 도로상에서일 것이다. 속도의 차이는 시내 버스들에서 주목할 만하다. 보통 외국의 시내 버스는 승용차보다 천천히 운행하지만, 한국 버스는 마치 바람처럼 달리고 너무 짧은 시간 정차해서 사람들을 내리게 하고, 아무런 재앙도 발생하지 않은 것같이 보여도 규칙적인 사고가 있을 것이다. 한국 버스는 사람들이 하차할 수 있도록 정류장마다 정차를 하더라도 그들이 시간에 쫓기고 있는 경우에는 모든 정거장에 멈추지 않는 것으로 악명 높은데, 차를 타지 못해 성난 외국인보다는 급정차로 정류장에 떨어뜨려진 사람이 보다 더 큰 위협으로 쩔쩔매고 있으리라는 것은 의심할 여지가 없다.

외국 도시의 버스와 택시는 한 종류만 있는 경우가 많지만, 한국의 버스와 택시는 각기 다른 비용으로 이용할 수 있는 여러 종류가 있는데, 이것은 일반적인 외국의 평등주의와 대중 교통에서까지 나타나는 일반적인 한국의 계층주의를 보여 주는 작은 예가 된다. 한국에서 도시간 운행하는 버스는 속속 도착해서 편리하며 한국의 모든 대중 교통비는 상당히 저렴하다. 택시 가격은 버스 가격보다 그렇게 많이 비싸지 않아서 외국의 택시에 비해 훨씬 수도 많고 흔하게 이용된다.

III. 환경 언어

15장 환경

<< 엉망진창으로 만들지 마세요!

이번 15장은 비언어적 의사 소통의 세 번째 부분이자 마지막에 해당된다. 환경 주제의 이런 양상은 소품에서 부터 계속되어 우리가 이야기할 세 번째 피부인 자동차에서 끝났는데, 우리의 네 번째와 다섯 번째 '피부'인 작업장에서 집까지, 이제 우리는 어느 정도 스스로 선택하고 그것을 통해 표현하게 될 최종적이며 가장 큰 부분에 이르게 되었다. 모든 사항을 고려하지 않더라도 한 사람의 선택은 자발적으로든 강제적으로든 그 사람을 표현하고 설명해 준다. 이것은 마치 그 사람의 말과 글 그리고 모든 다른 형태의 표현들이 설명해 주는 것과 같은 이치이다. 그러나 환경이라는 것은 우리에게 속한 환경 너머로까지 확대되어 우리가 선택적으로 속하지만 우리도 그에 어느 정도는 속하게 되는 환경까지를 포함한다. 건축물 너머에는 인간, 대지, 기후, 식물군과 동물군 같은 물리적인 환경뿐 아니라

언어, 가족, 국가 그리고 민족성과 같은 사회적 환경도 있고, 미신, 윤리, 종교 같은 정신적인 환경도 있으며, 우리가 그에 속해 있기 때문에 우리에게 속하게 된 환경도 있다. 우리를 소유함으로써 끝이 나는 이러한 소유들이 바로 우리가 마지막으로 논의할 주제이다.

사람들

한국인들과 영어권 사람들이 서로의 환경에서 주목하는 환경적인 첫 번째 차이는 아마 사람일 것이다. 한국인들은 외국에서 꽤 친숙한 공항 환경을 떠나자마자 수송 수단만이 눈에 보이고 사람들이 없다는 것에 대해 강한 인상을 받는 것 같다. 영어권 사람들은 아마 공항을 떠나기 전부터 운송 수단의 교통량이 똑같거나 약간 더 복잡하더라도 인구의 조밀도에 대해 강한 인상을 받는 것 같다. 인구나 운송 수단의 조밀도가 도심부에서는 상당히 비슷하더라도 차이는 한 사람이 그 중심지 밖을 빠져 나옴에 따라 증가한다. 한국은 1평방 마일마다 약 800명의 인구가 있는 반면, 영어권에서는 평균적으로 같은 면적에 30명 미만을 수용하고 있다. 그러나 이것은 차이점을 설명하기 위한 시작에 불과하다. 한국 국토의 70%에서 80% 정도는 산이며, 그 산을 개발하는 것은 엄격히 통제되어 있지만 평야나 큰 강 유역에서는 대체로 농업을 한다. 그 결과 대부분의 개발은 집, 고속 도로에 편중되어 있으며 산업지구는 평야와 산이 만나는 다소 좁고 긴 땅으로 집중되는 경향이 있다. 그래서 이미 아주 조밀한 인구가 한 곳에 집중되는 현상이 생긴다. 반면에 산에는 상대적으로 인구가 적어서 신당이나 사찰의 고향이 되고 있지만, 도시의 한국인 등산객들이 무리 지어 운동하고 자연과 접하며 도시의 압박과 사람들의 압박으로부터 탈출하고자 일요일마다 산길은 등산객들로 붐빈다.

풍경

한국의 고속도로와 기차는 필수적으로 여러 터널과 다리 그리고 횡단로를 요구하는데, 산쪽으로 도로가 많이 나서 벽이나 그물에 이어 옥석을 지탱하게 한다. 흔히 바다를 간척해 산과 수평을 맞춰 국토를 만들기도 한다. 한국인들은 쓸 만한 평평한 토지를 늘리기 위해 산을 낮춰 바다를 채우느라 엄청난 고생을 한다. 국토를 개발하는 이와 같은 영웅적인 행위는 영어권 국가에는 알려지지 않은, 한국의 놀랄 만큼 특색 있는 산업이다. 한국의 경치는 전형적인 영어권 국가들의 경치와 대조를 이루는데, 평야를 덮고 있는 강 유역의 계단식으로 된 논, 그리고 길고 낮으며 아치형으로 비닐 덮개가 있는 온실들이 그 예인데, 여기서는 일 년 내내 사용 가능한 모든 꽃, 과일 그리고 야채를 재배한다. 영어권 나라들을 여행하는 한국인들은 산과 평야의 단위가 훨씬 큰 것에서 차이를 느낄 수 있는데, 쌀 이외에도 밀, 옥수수 그리고 콩과 같은 곡물들이 거의 편재되어 있다.

한국인들과 달리 외국인들은 가장자리에 초원을 갖고 있어 꽤 풍성하게 퍼져나갈 수 있도록 해 주고, 다차선 고속도로에서 곧바로 양질의 농업용 토지로 차를 몰고 갈 수 있으며, 도시의 스프롤 현상에 빠져 풍성한 공간을 만끽하며 살아갈 것이다. 외국의 시골 풍경을 바라보는 한국인들은 비교적 인구가 적고 가끔은 어떤 재앙이 이 곳에 있던 사람들을 다 쓸어가 버렸음이 틀림없다고 생각할지도 모르겠다. 한국의 풍경을 바라보는 외국인들은 어디에나 존재하는 사람들에 주목할 것이고 자연 가운에 홀로 있는 특별함의 감각을 그리워할 수도 있다. 외국인들의 휴가 광고는 전형적으로 어떤 상상 속의 넓고 텅 빈 해변에서 한 부부가 있는 모습을 그린다. 한국인들의 휴가 광고는 전형적으로 해변이나 카지노, 디스코장에서 사람들로 둘러싸여 있는 유사한 어느 부부의 그림을 보여 준다. 두 문화 모두 이제 너무 도시화되어서 인구의 90% 이상이 도시에 살고, 그래서 일반적인 차이점들은 국가 전체 인구의 도시화로 더욱 악화되고 있다. 한국에서 도시화는 도시들을 가장 급한 산 쪽으로 몰아가고 그 평균 높이는 외국 도시들의 평균보다 더 높아서 매년 아파트의 담이 점점 더 높아지고 있다. 외국인들은 대체로 도시의 스프롤 현상을 탐닉하는 반면 한국의 팽창은 대체로 위쪽 방향으로 진행된다.

한국에서의 이와 같은 압박은 농업에 이용 가능한 토지를 최대한으로 만들기 위해 주변 산을 올라가며 계단식 대지를 형성하게 한다. 산을 점점 침범하는 도시에는 장마철에 산에서 흘러내리는 빗물을 조절하기 위해 큰 배수용 수로가 더해지는데, 이것은 LA를 연상시키지만 사실 한국에서는 일반화된 것이다. 나무와 전화기와 전봇대를 인도와 차도에 심고, 인도는 길 가장자리 부분에 색을 칠해서 보행자와 이동 중이거나 주차하는 차, 그리고 노점으로 구분을 지어 정말 의좋게 여러 목적을 행할 수 있는 공간으로 만든다.

반면, 전형적인 외국의 거리는 넓은 차도로 측면에 인도나 가끔 자전거용 도로가 구분되어 있기는 한데, 이것은 도시에서조차 공간에 훨씬 적은 부담을 기힌다.

물론 어떤 곳은 고향집의 풍경을 떠올리게 할 것이다. 한국인들은 뉴잉글랜드나 스코틀랜드나 아일랜드를 방문할 때, 땅을 깨끗이 하기 위해 어디에서나 벽에 돌을 쌓아둔 것을 보고 제주도를 연상할 것이다. 캘리포니아와 플로리다가 오렌지를 연상시키듯, 하와이는 제주도의 화산돌을 떠올리게 할 수 있다. 제주도에서 유명한 세 가지인 돌, 바람 그리고 해녀 중 바람과 여자를 떠올리게 하는 곳으로는 바람의 도시인 시카고와 텍사스와 사우스웨스트의 카우걸을 이야기할 수 있을 것이다. 그렇지만 바람에 견디기 위해 밧줄로 둘러친 제주도의 초가지붕은 거의 유일한 것으로 남아 있다. 고층의 대도시 중심지는 온화한 산과 완만한 경치가 유사할 것이다. 가장 차이가 나는 점은 사막, 산, 평야의 크기가 상당히 크다는 점일 것이다. 식물군과 동물군은 호주를 제외한다면 최소한의 차이점을 보일 것이고, 아마 기후는 적어도 모두 다르겠지만 한국인들은 사계절이 마치 한국에만 독특한 것인 듯 사계절에 대해서 이야기를 자주 하는 경향이 있다.

📋 **물리적 환경**

　한국은 인구 밀도가 너무 높아서 물리적 환경이 위협적일 정도로 불결할 것이라는 생각을 한다. 이것은 마루 문화를 가진 가정에서 신발을 신지 않는 관습에 반영되는데, 아마 어느 정도로 사람들이 땅에 침을 뱉거나, 혹은 틀림없이 손이 깨끗하지 않을 것이기 때문에 손가락 빠는 것을 금하는지도 모르겠다. 확대하자면, 모든 과일의 껍질을 까는 것이나 양상추를 소독하는 것은 한국에서의 일반적인 예방 조치이다. 영어권 국가들은 훨씬 적은 인구를 갖고 있어서 물리적인 환경이라고 하면, 물론 도심지, 기차역, 공항, 그 외 사람이 많이 몰리는 장소를 예외로 하고, 더럽기보다는 깨끗한 이미지를 떠올리게 된다. 외국인들은 집에서, 심지어는 소파나 침대에서도 신발을 신고, 손으로 음식을 집어 먹거나 손가락을 핥기도 하고, 연필을 입에 물고, 과일 껍질을 먹으며 양상추를 소독하지 않고 먹기 때문에 한국인들을 놀라게 한다. 이러한 관습의 차이는 두 문화를 고려할 때 간단하고 합리적인 자기 방위 방식으로 건강을 유지하기 위해서는 필수적이기 때문이다.

　한국의 물리적 환경에 대한 일반적인 느낌 가운데 하나는 이 나라에 전시 조직의 체제가 남아 있다는 것이다. 기관총 요새가, 지방의 아주 멋진 한국 정원을 따라 위치한 정부기관의 잔디밭에서 발견된다. 망대가 주요 산업공장들의 주변을 내려다보고 있다. 보초가 철교의 끝부분에 배치되어 있다. 공항의 경비는 외국 공항보다 특히 삼엄하다. 외국 거리에서보다 한국 거리에서 군복을 더 쉽게 볼 수 있는 것도 아니며, 군사적인 경계태세의 다양한 양상이 특히 훼방을 놓는 것도 아니지만, 이런 환경 요소들은 외국의 경우 거의 찾아볼 수 없는 것이어서 특히 대조를 이룬다.

풍수지리

외국에서는 실제로 알려지지 않았지만 한국에서는 고대의 풍수지리 또는 흙점, 혹은 건물이나 묘자리를 택하기 위해 길한 땅을 택했던 흙점술이 아직도 꽤 존재하고 건재한다. 아마 흙점을 보러 오는 이와 가장 유사한 외국인들의 경우는 호텔이나 병원에 13층이 없으며, 산업 공장의 바람을 거스르는 곳에 살고자 하거나, 성직자들을 불러 새 건물이나 배, 때로는 태양열 주택이나 건물 같은 구조물들을 축복해 달라고 하는 것일 것이다. 그렇지만 한국에서의 흙점은 실용적이라 할 만큼 널리 퍼져 있으며, 특히 조상들의 묘자리를 찾기 위해서는 꽤 중요하게 여겨진다. 이상적인 장소는 왼쪽, 오른쪽과 뒷부분에 산을 끼고 앞쪽에는 물이 흐르는 남쪽을 향한 곳이다. 물론 모든 묘자리를 이런 장소에 맞춰 쓰는 것이 어렵겠지만 이런 이상적인 위치에 좀 더 근접시키려는 노력을 한다. 조상들이 편하면 자손들의 삶에도 계속 영향을 미친다고 여겨, 후손들은 가끔 사업의 위협이나 가정 생활의 어려움 같은 개인사를 바로 잡으려는 마음에서 조상들의 무덤을 이장하는 경우도 있다.

한국의 흙점은 따뜻한 남쪽을 향했던 원래 사찰이나 집이 있던 장소와 같은 환경에 많은 표시를 남긴다. 한국에서 풍수지리가 중요함을 나타내주는 명확한 증거는 최근 서울의 국립 박물관을 갖고 있던 건물을 부숴버린 것이다. 그 건물에는 원래 일본 식민지의 조선총독부가 있었고, 왕이 있던 곳과 조선 총독부의 중심가까지는 일본인에 의해 풍수지리적으로 도심에서 왕궁에 이르는 길의 흐름과 번영을 차단하기 위해 의도적으로 세워졌던 것이었다. 이런 기념비적인 구조물을 파괴하는 것에 대해 상당한 논쟁이 있었지만, 어쨌든 이것은 부숴졌다. 어떤 사람은 언제 다시 그 불길한, 일본인들이 지은 식민주의적 모양을 한 시청이 선례를 따를 것인지 궁금해한다.

제거하기는 좀 더 어렵겠지만 이와 비슷한 표시로 일본인들이 남긴 것으로는 해군 기지 도시인 진해의 도로 계획인데, 이것은 일장기를 꽤 명확하게 본 따 큰 중앙로에 떠오르는 태양 원형의 군수 물자 저장소가 있다.

풍수지리의 영향을 받은 또 다른 특이한 것으로는 금을 그어 건물의 북동쪽 모퉁이를 피해 다니는 것, 넓은 거리와 마주보게 집을 짓지 않고 무덤 위에 집을 짓지 않으며, 고지대의 노출된 장소나 다른 많은 장소를 피해 집을 짓는 것 등이 있다.

도시 구획

한국의 오래된 도시들은 도시 계획이 잘 안 되어 있지만 외국 도시에서는 일반적으로 잘 되어 있다. 주택, 상업 그리고 다양한 산업들은 한국 도시들의 꽉 찬 제한된 공간을 함께 사용하고 있지만 외국에서는 산업, 상업, 주택이 비교적 주의 깊게 구분되어 있는 경향이 있다. 도시 구획이 부족한 것은 한국의 부동산에만 한정된 것이 아니며 한국 전통 거리 시장들이 최고라 할 수 있는데, 여기서 옷과 생선은 융당 인접한 공간에서 팔린다. 관광객들의 주의를 끄는 것은 난잡하고 무분별하게, 사람들이 사고 싶어하는 상상할 수 있는 모든 것을 풍성하게 늘어 놓고 판다는 것이다.

거리

한국의 거리는 외국에 비해 인도가 너무 좁고 사람, 차, 자전거, 수레, 노점상 등이 공간을 차지하느라 서로 다투는데, 인도는 흔히 색이 칠해져 있지만 걸을 수 있을 만큼 도로가 충분하지 않다. 한국 건물들은 주로 광고용 포스터가 붙어 있다는 점에서 외국 건물들과 다른데, 광고는 벽뿐 아니라 건물의 높은 유리창 위에도 붙어 있다. 그 결과 건물의 모든 가능한 공간에는 낙서가 되어 있고, 이것은 지난 세기말 영국과 러시아의 상업 건물들을 상기시킨다. 이렇게 복잡한 도로는 종종 현수막, 풍선 그리고 꽃으로 장식되어 개업이나 특별 세일을 기념한다. 작은 거리에 있는 상점들은 그곳에서 세일 중인 품목들을 진열하느라 페인트칠된 인도 위로 앞 문에서부터 쏟아져 나와 있다는 인상을 준다.

반면, 외국 거리에서는 보통 인도가 자동차가 다니는 길과 구분되어 있고 다양한 법적 저항들로써 통행자들의 보행을 명확히 해 준다. 식품이나 과일 가게는 가끔 가게 앞에 상품을 진열하지만 인도를 막지는 않는다. 신문을 파는 가판대가 거리 모퉁이에 종종 있지만, 이것도 인도를 침범하지는 않는다. 차와 자전거는 인도 위를 달리지도 않으며 도로의 인도를 따라 주차를 하긴 해도 인도 위에는 주차하지 않아 통행을 방해하지 않는다.

주소

한국인들은 대부분의 영어권 도시들에서 주소 찾기가 쉽다는 사실을 알 텐데, 몇몇 현대 한국의 도시처럼 격자 무늬식으로 되어 있어 거리 표지판이 많고 일직선으로 건물마다 번호가 매겨져 있다. 외국인들은 한국의 오래된 대부분의 도시에서 주소 찾기가 어렵다는 것을 알게 될 것인데, 격자 무늬식으로 되어 있지 않고 거리 표지도 거의 없으며, 일직선 순서이기보다는 건축 순서에 따라 건물 번호가 매겨져 있다. 외국 거리의 주소를 가진 한국 사람들은 보통 그것을 들고 곧바로 집을 찾아 거의 타인의 도움을 받을 필요가 없다. 예를 들어 주소를 갖고 있으면 택시 기사는 아무에게도 물을 필요 없이 곧바로 그 주소로 찾아갈 수 있다. 외국인들은 비록 한국의 거리 주소와 택시 운전기사로 단단히 무장됐다 하더라도 대체로 중요한 건물이나 기념물 같은 경계표의 도움을 받아 주변을 찾고, 그런 다음 그 주소의 지역에 대해 물어봐야 한다. 왜냐하면 격자 무늬의 장소에서 한국인들은 구, 구역, 동 혹은 이웃에 상응하는 동심원 시스템을 사용하기 때문에 그 지역 사람들이나 집배원들만 어느 특정한 집의 번지수를 알 것이기 때문이다. 사실 한국의 주요 도시에서 주소는 건물 이름과 지역의 지하철 정거장 이름으로 되어 있는 경우가 많은데, 지하철역은 주요 건물들 안에 비교적 상세하게 100미터, 200미터 그리고 300미터의 동심원으로 이루어진 지도로 표시되어 있다. 외국인들이 한국의 시스템에 대해 불평하는 만큼이나 한국인들도 불만을 호소하고 그 탓을 일본인들에게 돌린다. 그러나 어떤 한국인들은 그것이 일본에서 빌려와 한국에서 만들어낸 방법이어서 한국에 그 탓을 돌리기도 한다.

집

개개인이 선택할 수 있는 주요 환경과, 그것으로부터 필수적으로 자신을 표현하게 되는 것은 대체로 집과 작업장이다. 〈영역〉에서 언급한 바와 같이 사람들은 일반적으로 더 많은 공간을 원하고, 그들이 점유한 공간은 자신의 집과 사무실을 만들기에 충분한 비용으로 한정시키는 것 같다. 물론 자신이 선택한 집을 통해 자신을 표현하는 방식을 제한하는 요소는 수입이다. 그러나 사실 한 개인이 소유한 집이 얼마나 크고, 어느 정도 수입의 제한을 받는가와 무관하게 한 개인이 어디서 사느냐는 신중한 선택을 요한다. 개인적인 선택권이 주어진 후에도 만들어진 선택에 의해 스스로 표현하려는 큰 영역이 여전히 남아 있다.

한국과 외국에서 아주 부유한 사람들은 넓은 개인 소유지에 독립된 집이나 큰 도심의 아파트에서 사는 경향이 있다. 최고위층의 아주 부유한 사람들은 광대한 넓이의 부동산을 사서 자신들을 다른 사람들과 고립시키고 건강, 미적 정서, 이웃이 모두 최고인 장소를 골라 주문된 집을 짓는다. 아주 부유한 재산을 소유한 사람의 대표적인 예로는 서울 외곽에 땅을 소유한 삼성의 고(故) 이병철 회장을 들 수 있다. 외국에서 이와 비슷한 예를 찾는다면 허드슨에 있는 루즈벨트(Roosevelt)의 사유지인 하이드 파크(Hyde Park)를 들 수 있을 것이다. 약간 수수하지만 그래도 여전히 강한 인상을 주는 곳은 창원에 있는 안 씨의 집인데, 이 집은 생활, 연구, 수면, 요리를 위한 건물들을 각기 따로 만들어 전체 약 7개의 건물로 이루어져 있다. 19세기 후반의 '벼락부자' 들의 사유지인 뉴포트(Newport)에 있는 '작은 별장들' 도 그 예가 될 것이다. 도심지의 고급스러우며 우뚝 솟은 아파트 건물에 있는 펜트하우스들도 이런 집단의 거주지이다.

앞에서 명확히 제시된 바와 같이 상류층의 생활은 문화의 차이가 거의 없고 따라서 거의 흥미가 없을 텐데, 이것은 이 사람들이 수적으로 매주 적고 쉽게 접근할 수도 없으며 여기서 그들의 행동 양식을 다룰 것은 아니기 때문이다. 한 나라를 소유하지만 그것을 경영하지는 않는 사람들이 있는 반면, 여기서 우리의 주된 관심은 나라를 소유하고 있지는 않지만 그것을 경영하기는 하는 사람들의 행동인데, 교양 있고 전문적인 계층이며 그들의 돈이 그런 경영에 유통될 만큼 그렇게 부유하지는 않아서 수입이 어떻든 간에 돈을 벌 필요가 있는 사람들인 것이다.

중산층은 매우 다양한 크기의 단독 주택이나 대개는 서로의 꼭대기에 산더미처럼 쌓여 있는 아파트에서 산다. 이 중에서도 높은 부류는 산 중턱 쪽으로 나 있는 한국의 단독주택들이며, 그들보다 좀 덜 부유하다고 할 수 있는 곳이 고층 아파트이고 낮은 쪽 위로 뻗어 있는데, 오래된 구획에는 훨씬 더 부유하지 못한 사람들이 한국 도시 가운데 지나치게 밀집된 오랜 건물들에서 산다. 최하층은 복잡한 공동 주택이나 주택의 한 방에 다섯 명 이상의 가난한 사람들이 함께 산다.

외국의 주택과 현저히 다른 점은 우선 한국인들의 경우에는 공간의 압박이 꽤 크다는 것이다. 거의 차이점을 찾을 수 없는 도심지가 아니라면 외국에서 작용하는 압박은 훨씬 적다. 한국인들보다는 외국인들이 단독주택에서 더 살고자 하며, 많은 한국인들은 주택을 2층이나 3층 혹은 지하실을 세 주려 할 때에만 단독주택에 살고자 한다. 한국의 단독주택은 지역마다 대단히 다르지만 콘크리트로 아주 강하게 지어져 외부에는 벽돌이나 돌로 꾸미고, 그들의 토지 구획을 주장하고 가끔은 내키는 대로 하는 듯하지만, 아마 습관적으로 해 온 풍수지리에 따라 정하는 듯하다. 정원으로 쓰려고 구분 지어 놓은 작은 모퉁이는 대체로 형식적인 곳으로 꽃밭이라기보다는 돌이 종종 더 많다. 이런 집들은 보통 3층이며 지하실을 갖고 있다.

외국의 단독 주택들은 좀 더 가벼운 구조로서 목재를 많이 사용하고 뜰로 둘러싸여 있는데, 보통 옆쪽보다는 앞쪽과 뒤쪽이 더 깊다. 대개 토지가 더 싸서 주택은 도심지를 제외하고는 그들의 구획을 표시하는 일이 드물다. 이들 집들은 2층을 넘는 경우가 드물다.

한국 도시의 스카이 라인을 보면 주택의 지붕에 놓인 푸른색과 노란색의 물탱크가 눈에 띄는데, 물을 데우고 집과 아파트까지 데우기도 하는 태양열 장치를 널리 사용함을 알 수 있다. 한국의 아파트 건물들은 엘리베이터 장치를 보유하기 위해 꼭대기에 작은 집이 놓여있는 것이 두드러져 보인다. 이 작은 집들은 흔히 작은 헛간이나 스위스 농가와 닮아서 이 건물에 약간은 포스트 모던적인 효과를 준다. 한국의 주택과 건물들은 아주 흔하게 약간 장식적인 타일을 보유하고 있는데 전체가 타일로 된 지붕은 아니라도 그런 식으로 집과 건물에 최소한으로라도 전통적인 한국의 건축 양식을 담고 있다. 외국의 집과 건물과의 주된 차이점은 외국에서는 그런 타일이나 비슷한 무엇을 갖고 있지 않고 고대의 전통적인 스타일을 모방했다는 점일 것이다.

한국 주택의 큰 특색은 영혼을 모시는 집이나 조상의 집이 있다는 것이다. 대체로 이들은 아주 광범위하고 우아하게 지어진 전통 한국 주택으로서 특히 조상들의 영을 기리고자 지어졌다. 이것은 특히 전통적인 스타일로 지붕에 기와를 얹어 곡선을 이루고 광택이 나는 통나무를 사용한 집들이다. 의식이 있는 날이나 선조들을 특별히 기념하는 기간 이외에는 산 사람이 여기 거주하는 일은 없다. 한국 방문객들의 눈길을 끄는 외국 주택 중에 특별한 형태로는 이동주택 주차 구역으로, 이것은 비교적 영구적으로 주차된 이동식 주택으로 구성된 지역을 의미한다. 이렇게 보통은 움직이지 않는 이동식 수택은 공장에서 대량 생산되고 휴가를 받은 사람들이 차나 트럭을 몰고 고속도로에서 이리저리 끌고 다니겠지만, 흔히 너무 커서 이동식 주택보디는 불편하다. 이것은 공장에서 생산되기 때문에 가장 저렴하며 쓸 만한 주택 가운데 가장 효과적인 형태를 하고 있다. 이동 주택 주차 구역은 대부분 아주 크고, 별로 크지 않은 집들을 수백 채 포함하며 전기, 수도, 가스, 전화, 하수도 서비스와 연계되어 있다.

아파트

아파트는 단독주택보다 차이가 훨씬 적지만 크기 면에서는 현저한 차이를 보인다. 한국의 아파트는 외국인들이 보기에 상대적으로 작고 여러 가구로 복잡하다는 인상을 줄 것이다. 외국 아파트들은 한국인들이 보기에 비교적 크고 건물이 드문드문 있다는 인상을 줄 것이다.

한국 아파트의 가장 특이한 점은 아파트 밖에 보이는 작은 목재 구조물이다. 20층 이상이 하늘로 치솟아 있는 아파트 단지 마당에 자리잡은 작은 나무 지붕의 한층 높은 평상을 볼 수 있는데, 아마 15평방 피트에 1 또는 2피트 높이로, 모든 연령대의 한국인들이 쉬며 담배 피우고, 신문을 읽으며 이야기를 나누고, 아기를 돌보고, 카드나 장기, 체스 등의 게임을 즐기며 교제를 나누는 곳이다. 이런 장소는 음식과 음료, 식료품을 파는 작은 소매상의 주변에도 있다. 이것은 마루 문화를 외부로 확장시킨 것이며 사람들은 신을 벗고 대체로 다리를 꼬고 앉거나 그 위에서 쉰다. 아마 외부인에게는 다채로운 색의 눈길을 끄는 노점상으로 보일 수 있겠다. 이것은 마을에서의 생활보다 비록 육체적으로는 편안해도 정신적으로는 여전히 덜 편안한, 새롭고 덜 공동체적인 생활을 하는 상당수의 도시 한국인들에게 인간적인 접촉과 친밀감을 위해 가장 현대적인 도시 상황에 도입한 마을 생활로, 그리움의 잔재이다. 날씨가 좋을 때나 아주 덥거나 비 오는 날에도 평상은 사람들로 붐비지만 겨울에는 버려지고 유기된다.

공교롭게도 이런 장소에 알맞은, 유쾌하고 친밀한 교제를 나눌 장소가 외국에는 없는 것 같다. 가장 유사한 것이라면 공원이나 몇몇 아파트 단지에 있는 공공 장소를 들 수 있겠다. 물론 외국의 술집이나 선술집이 유사한 기능을 하기는 하지만 아이들과 흔히 여성들, 그리고 물론 신선한 공기도 없다는 점에서는 차이가 난다.

📑 인테리어

일단 주택과 아파트의 내부로 들어서면 차이는 현저히 커진다. 한국 단독 주택은 전형적으로 다소 무거운 느낌의 벽으로 둘러 싸여 있고, 문은 홑문 형식으로 되어 있는데, 이것이 보통 입구이며 겹문이 있긴 하지만 이것은 의식을 위해서나 큰 가구를 들일 때 주로 이용된다. 이 정교한 문은 요새를 연상시키는 작은 '경비실'과 비슷할 수도 있다. 외국의 집은 보통 담으로 둘러싸여 있지 않고 울타리로 되이 있으며 문이 달린 경우도 있다. 아파트의 입구에는 바깥쪽 문이 한국에서는 안쪽으로 열리지만 외국에서는 거의 모든 경우 밖으로 열린다는 것 이외에 큰 차이는 없다. 한국의 주택은 바깥의 담 때문에 사람들로부터 집을 잘 보호할 수 있을 것 같아 보이지만, 집 내부에서는 대체로 담이나 사적인 공간을 최소화한 반면, 외국의 주택은 보통 외부의 담이나 울타리로 거의 외부인들로부터 보호되지 못하지만 안쪽은 사적인 공간들로 철저히 나뉘어져 있다. 이것은 한국인들의 가족 중시 사상과 대중에 대한 역사적인 불신을 반영하고, 외국의 경우는 개인주의와 대중에 대한 신뢰를 반영한다.

함께/따로의 대조를 보이는 또 다른 예는 한국인들의 방은 하루 중 여러 시간마다 다양한 용도로 사용되지만, 외국에서는 하루의 여러 활동에 따라 방이 구분된다는 점이다. 그렇지만 이런 차이점은 한국의 아파트와 주택이 점점 더 서양식 주택 양식을 닮아감에 따라 변화하고 있는 듯하며, 그 예로 서양식 옷장을 들 수 있다.

한국 주택과 아파트의 대문 바로 안에는 신을 갈아 신을 수 있는 공간이 있고 여기서부터 몇 인치 높은 곳에 내부 마루가 있어서 슬리퍼를 신거나 스타킹 혹은 맨발로 집 내부를 둘러보게 된다. 외국에서는 집 바로 안쪽에 로비가 있어 겨울 신발, 우산, 두터운 코트를 벗을 수 있지만, 길에서 신는 신발을 벗고 집안에서는 슬리퍼를 신기를 기대하는 외국인은 거의 없다. 한국의 마루바닥 표면은 흔히 주요 방의 청소를 용이하게 하고자 특수 광택제로 덮은 리놀륨, 타일 혹은 마루로 되어 있다. 외국 가정의 바닥은 나무로 되어 있고 부분적으로 깔개를 깔거나 카펫을 마루 전체에 깐다. 한국 바닥은 온풍이나 온수가 바닥 아래의 관을 통해 순환하면서 난방이 된다. 이러한 난방 시스템을 '온돌'이라고 하는데 한국에서는 보편적이지만 외국에서는 거의 사용되지 않는다. 외국 가정은 전형적으로 바닥 가까이 설치된 온풍 조절 장치에 의해 난방이 이루어진다.

한국과 외국 가정의 가장 현저한 차이점은 욕실로서, 한국에서는 방수되는 타일 바닥에서 목욕을 하고 바닥으로 그 물이 빠져나가게 되어 있는데, 여기서 한국인들은 공중 목욕탕에서처럼 목욕하고, 비누질하고, 작은 의자에 앉아 피부를 문지를 수 있고, 욕조에 들어가지 않고 샤워도 할 수 있다. 좀 오래된 집은 외국인들의 경우 조심해서 일을 봐야 하는 재래식 변기도 있다. 외국인들의 욕실은 보통 건조형으로, 욕조에서 샤워나 목욕을 하는 것 외에는 준비된 것이 없고, 전형적으로 좌변기가 있어 한국인들은 또 나름대로 조심을 하게 된다. 외국인들은 한국 욕실에 보통 샤워 커튼이 없다는 것을 발견하게 될텐데, 이것은 샤워 중에 물이 바닥으로 튀어도 아무 상관이 없기 때문임을 알게 될 것이다. 그러나 한국인들은, 방수되지 않는 바닥에 물이 떨어지는 것을 막으려면 외국 욕조 안에 샤워커튼을 두어야 한다는 데 주의해야 한다. 외국 욕실 바닥에 물이 쏟아지면 바닥으로 흘러 방이나 아래층 아파트로 회반죽을 흘러내리게 할지도 모른다. 한국 욕실 바닥은 방수가 되어 흔히 젖은 채로 두고 욕실은 보통 화장실도 같이 있어 특수 고무 슬리퍼를 두는데, 사람들은 집안에서 신는 슬리퍼와 욕실용을 구분한다. 욕실 슬리퍼 대신 집안에서 신던 슬리퍼를 그냥 신고 욕실에 들어가는 것은 외국인들이 흔히 저지르는 실수이다. 샤워 커튼을 밖으로 빼 두어서 바닥을 젖게 하는 것은 한국인들이 흔히 저지르는 실수이다.

    집 내부 생활은 다들 알겠지만 바닥문화/의자문화의 차이를 제외하고는 거의 없다. 여기서도 우리가 관심을 갖는 계층의 많은 한국인들은 서구식 침대에서 자고 서구식 식탁에서 식사하며, 서구 스타일의 푹신푹신한 가구에 앉고, 전자레인지로 요리하며, 비디오 달린 TV를 시청한다. 부엌에서 발견되는 유일한 차이점이라면 외국 부엌에 있는 오븐, 설거지 기계, 찌꺼기 처리장치, 쓰레기 분쇄기가 한국인들의 부엌에는 없다는 것이고, 외국 부엌에는 한국인들이라면 으레 갖고 있을 중국식 튀김 팬, 밥솥 등이 없다.

반면에 한국인들은 우리가 설명하고 있는 계층의 사람들까지도 거실에서는 소파보다 바닥에 앉는 편을 택하는데, 특히 그들이 가깝고 친밀하고 사적인 관계라면 의자나 소파에 다리를 올리고 앉는 것처럼 바닥에서도 그런 식으로 앉는다.

작업장

작업장도 아파트와 같이 거의 차이점이 없는데, 사무실에서 공장까지의 기본적인 장치가 국제적인 것들이기 때문이다. 한국에서의 공간 유용성은 외국보다 제한적이어서 한국의 공간 비용은 외국보다 비싼 경향이 있지만, 이 경우 도심지에서도 그 차이점은 극히 적다. 외국 사무실에서 일하는 사람들은 사무실을 분리하겠지만 한국인들은 대개 개인용 공간을 만든다. 외국인들이 개인용 공간을 만든다면 한국인들은 구분이 없는 테이블을 함께 쓸 것이다. 외국인들이 이런 테이블을 함께 사용한다면 한국인들은 한 책상의 반대편에서 일할 것이다. 이러한 예들은 모두 함께/따로의 차이를 반영한다. 외국에 있는 한국인들은 편안하고 어디에도 소속되지 않고 고립되었다고까지 느낄 것이다. 반면 한국에 있는 외국인들은 육체적으로나 심리적으로 압박감을 느낄 것이다.

교통 수단

교통 수단은 작업장과 아파트에 공히 차이가 없다. 승용차, 택시, 버스, 기차 그리고 비행기는 모두 친숙한 것들이다. 차이가 난다면 한국의 택시와 버스는 승용차, 기차, 비행기처럼 등급이 나누어져 있다는 점이며, 외국에서 택시와 버스는 보통 한 종류로 되어 있다는 점이다. 한국에서 흔한 택시는 수도 많고 싼데, 호화판 택시는 일반 택시보다 거의 세 배가 비싸서 일반 지역에서보다는 택시 승강장에서 탈 수 있고 차체가 훨씬 크고 편안하다. 이와 유사하게 일반 버스는 호화판 버스보다 싸고 덜 편안하지만, 후자는 좀 더 편안하고 앉을 수 있는 소수의 사람만을 태운다. 비용은 일반 버스의 거의 두 배 정도이다.

외국에서 택시는 대개 드물고 또 비싸지만 한국 택시는 많고 비교적 저렴하다. 어떤 경우는 두 사람이 택시를 타는 것이 각자 버스를 타는 것보다 절반 정도 비용을 절약할 수 있다. 외국 택시는 전화를 해서 기다려야 하지만 한국에는 택시가 많아서 전화를 하고 기다릴 필요가 없다. 반면 한국 택시는 비어 있는 경우에도 승객을 거부하기도 하고 같은 장소에 가면서도 운임을 더 받기도 하지만, 외국 택시들은 빈 차라면 승객을 거부하지 않고 도중에 다른 승객을 태우지도 않는데, 이것은 함께/따로라는 문화적 차이를 보이는 또 다른 예일 것이다.

도심지에서는 버스와 지하철 모두 출퇴근 시간에는 복잡하지만 별 큰 차이는 없다. 외국인들은 아마 부산 지하철 좌석이 천으로 덮여 있는 것을 보고 영어권에서는 유일한 영국지하철을 상기할 것이다. 다른 곳은 서울 지하철처럼 금속제로 되어 있다.

공항과 비행기의 경우, 한국의 공항이 약간 더 깨끗하다는 사실을 제외하면 거의 차이가 없다. 비행기 내부의 유일한 차이는 한국 비행기에서는 사람들의 자세에서 차이가 나고 김치 냄새가 난다는 것이다. 요즘은 모든 비행기에 사람을 거의 꽉 채우고 비행하는 것 같다.

참을성

한국인들은 공간에 대한 부담감 때문에 앉고, 걷고, 자전거 타고, 운전하는 것에 대한 참을성이 거의 측은할 정도로 부족하다. 넓은 아량에 익숙한 한국에 있는 외국인들은 사람이 매우 많다고 느끼겠지만, 외국에 있는 한국인들은 한가해서 외롭기까지 하다고 생각한다. 한국 주택은 서로 너무 가까이 붙어 있고 차도 여유 공간 없이 주차되어 있어 넣고 빼기가 불편하다. 계속해서 외국인들은 옆에 있는 차나 버스에 부딪힐까 움찔하는데 외국에서는 충돌할 때를 제외하고는 거의 일어나지 않는 일이라서 너무 가까이 차를 대면 차끼리 충돌할까봐 염려한다. 대중교통을 이용하면서도 외국인들은 의자가 좁게 만들어져 사람들끼리 가까이 붙어 있어야 하는 것 때문에 혼잡하다고 여길 것이다.

그렇게 가까이 있는데 익숙해진 한국인들은 외국에서는 외롭고, 버림 받고, 때로는 공간과 구분이 너무 많아 두렵기까지 할 수 있다. 한국을 처음 방문한 외국인들은 너무 많은 사람들이 너무 가까이 있어 떠밀리고 붐벼서 질려버리기 쉽다. 한국에서 가장 긴 직선도로나 고속도로는 10킬로미터, 즉 6.5마일이고 신계획도시 창원은 8차선 도로인데 비해, 미국 서부와 호주 중부지방의 도로는 굽은 도로 없이 말 그대로 100마일이나 된다.

외국인들은 한국의 버스나 비행기, 책상에 앉으면 앞자리를 무릎으로 치기 쉽다. 다행히 한국인들은 외국의 의자나 책상에 부딪힐 일은 없지만 흔히 의자에 앉아 편안히 다리를 내려 놓기에는 의자가 너무 높다는 사실을 알게 될 것이다.

시간

한국과 영어권 나라들은 공적, 사적인 일들을 거의 모두 태양력에 따라 진행시키지만, 한국에서 추석과 같이 가장 중요한 명절에는 전통적인 음력으로 날짜를 따진다는 것은 흥미로우며, 이것은 외국에서 아마 두 번째로 중요한 명절로 여겨지는 부활절을 기념하는 방식과 유사하다. 성탄절이 12월 25일인 것과 달리 부활절은 일정하지 않은 명절로서 매년 다른 날로 정해진다. 한국인들은 설날을 일 년에 두 번 기념하는 특권을 갖고 있는데, 아마 많은 한국인들이 그렇게 할 것이다.

한국과 외국의 시간 관념에서 대조를 이루는 것은 첫째로 서로의 상황에서 시간 준수의 개념이 다르다는 점일 것이다. 한국인들은 시간보다 늦게 도착하고, 외국인들은 약속시간보다 일찍 도착한다. 이 명확한 단순함을 복잡하게 만드는 것은 한국인들이 비교적 계층적인 구조를 이루고 있고 외국인들은 사람들을 비교적 공평하게 생각하기 때문이다. 한국인들은 솔직히 어떤 사람들의 시간이 다른 어떤 사람들의 시간보다 나이, 직업, 수입 그리고 그가 다녔던 학교에 따라 더 중요하다고 생각할 것이다. 반면 외국인들은 계속 기다리는 동안 모든 사람들이 똑같이 고통 받는다고 생각하는 경향이 있다. 물론 덜 지각하는 사람들이 더 기다리고, 더 지각하는 사람들은 덜 기다려 주기 쉽다. 한국인들은 약속 장소에 늦게 나타나는 것이 어떤 우월감에 걸맞는 행동이라고까지 여기며, 제시간에 가는 것은 연장자의 바람직한 태도가 아니라고 생각할 때도 있다. 그러나 외국인들은 약속 시간 엄수를 권력 구조와 상관없이 상대방에 대한 배려이자 예의의 표시로 여긴다. 한국인들에게 좋지 않은 인상을 주더라도 그들은 시간을 효율적으로 사용하는 편을 택할 것이다.

여기서 생기는 문제점은 일반적인 상황에서 시간에 대한 태도가 반대의 행동을 야기할 수 있고 무례한 의도가 없더라도 무례하게 보일 수 있다는 것이다. 한국인과 외국인 모두는 시간을 준수하고 기다리는 것에 대한 일상의 기대를 저버린다고 생각할 것이다. 한국 사람들의 규율은 좀 더 자유롭고 외국에 비해 좀 더 덜 형식적인데, 외국의 경우가 한국인들이 보기에는 상대적으로 사업적이거나 강압적으로 보일 수도 있다. 외국인들이 보기에 한국인들은 남을 기다리게 할 만큼 남을 배려할 줄 모르고 자기 멋대로라고 생각하기 쉬운 것이, 그들은 일반적으로 엄격한 규칙을 갖고 있기 때문에 비슷한 상황에서 한국인들이 느끼는 것보다 더 학대 받는 것으로 느끼기 쉽다. 한국인들은 사회적 지위에 따라 시간 준수의 의무를 따지는 경향이 있는 반면, 외국 사람들은 보통 사람들의 지위보다는 시간 엄수에 더 관심을 갖는다. 이것은 한국 문화에 확실히 계층적인 구조가 존재한다는 또 다른 양상을 보여 주는 것이며, 따라서 사람들을 다소 동등하게 여긴다는 아마 위선적인 외국인들의 확신이나 적어도 그들이 남을 존중하는 척하는 점에서는 차이가 난다. 계급이 알려지면 대체로 존중을 받겠지만, 행동양식은 이상이나 평등을 추구하는 경향이 있다.

반면 영어권 사람들은 너무 일찍 도착해서 당황하고 한국 사람들을 불편하게 만드는 때가 있고, 그렇게 되면 스스로 당황하거나 참을성이 없는 사람으로 보이기도 한다.

외국의 시간준수는 상대적으로 엄격하지만 한국의 시간준수는 다소 느긋한 감이 있다는 사실로 시작해서, 어느 쪽의 일반적인 시간 규칙으로든 다른 상황은 다른 규칙을 요구한다는 점에 주목할 필요가 있다. 사업상의 약속이나 만찬 약속, 교통 수단은 어느 문화에서나 꽤 정확하다. 가족을 방문하는 약속, 칵테일 파티, 부페, 피로연 같이 사람들이 일찍 오거나 늦게 오거나 남들에게 피해를 끼치지 않을 법한 경우에는 두 문화에서 모두 비교적 느긋하지만 여기서도 한국인들보다는 외국인들이 좀 더 시간을 잘 지키는 경향이 있다. 만약 즉시 앉아서 하는 만찬이 계획된 것이 아니라면 외국인의 사교적 초대는 손님들이 15분 정도 늦게 도착할 것으로 기대하는 것이 일반적이다. 정시에 도착하거나 30분 정도 약속에 늦는 것은 너무 빠르거나 너무 늦은 것 같다. 이런 차이가 직업 생활과 사회 생활을 구분 지어 준다. 사업상의 모임이라면 정시에 도착하거나 5-10분 정도 일찍 가는 것이 좋고, 특히 많은 사람이 모여 있는 경우라면 더욱 그렇다.

한국이나 외국의 시간에 관한 기본 원칙은 너무 일찍 도착하거나 너무 늦게 도착하여 기다리게 해서 사람들에게 불편을 끼치지 않는 것이다. 경우에 따라 달라질 수 있지만 간과해서는 안 될 사항이다. 아마 한국인들이 보기에 외국인들은 참을성 없고 과민하며 작은 일로 너무 쉽게 흥분하는 사람들로 보이겠지만 사실 그것은 그들의 능률의 기본가치와 맞먹는 것이다. 외국인들이 보기에 한국인들은 아주 끈기 있고 참을성이 있다고 생각되겠지만, 이것은 인간애를 기본 가치로 중시하는 그들의 입장을 반영하는 것이다.

두 번째로 시간과 연관된 차이점은 외국에서나 한국에서나 외국인들은 한국인이 보기에 비교적 느리다는 점일 것이다. 이것은 외국인들이 식사할 때 먹으면서 말하는 양이 한국인이 먹는 속도나 식사 중에 말이 없다는 것과 비교할 때 사실이다. 한국인들은 그들의 먹는 속도가 빠른 것에 대해 밥이 식기 전에 먹으려 하거나 조용히 먹는 즐거움을 방해하고 싶지 않거나 혹은 단순히 음식이 없어지기 전에 열심히 먹어 두고자 하는 데에 따른 것이라는 다양한 설명을 한다. 외국인들은 그들이 느릿느릿 식사하는 것은 음식보다는 대화가 더 중요한 것이기 때문이라고 설명한다. 한국인들은 식사를, 이야기하면서 마시고 간식을 먹는 것처럼 주로 밤에 행해지는 일과 구분하는 경향이 있다. 외국인들은 적어도 식사와 사회적인 일들에서 대화가 근본이고 음식은 부차적인 것임을 내세운다. 이런 관점에서 실제로 먹는 음식의 양에 상관없이 외국인들의 식사가 한국인들에게는 식사보다는 음료나 간식 정도밖에 되지 않는다.

 빠르기와 관련된 또 다른 예는 시내 버스이다. 한국 버스는 일반 교통 흐름에 따라 빨리 달리고 정거장마다 서는 식이리시, 흔히 교동이 원활한 곳에서는 시속 50마일 정도로까지 달린다. 이와 반대로 외국의 버스는 주위 차들의 속력을 따르거나 그 속력을 절대 넘지 않게 배회하는 것 같다. 한국 버스들은 사람들이 승하차할 때도 최소한의 시간만 허락하는 듯한데, 정말이지 맨 마지막의 결승점에 이르기까지 계속해서 달려야 하는 듯한 압박을 받는다는 인상을 준다. 이런 압박의 일부로 한국 버스는 전형적으로 정류장에 있는 사람들이 버스가 멈추기를 원하는지 보려고 경적을 울리기도 하는데 반해 외국 버스들은 사람들이 굳이 없더라도 서기로 되어 있는 정류장에는 모두 정차한다. 한국과 외국의 버스는 크기와 편안함 면에서, 그리고 버스 바깥에는 손잡이가 없다는 점에서 서로 닮았다.

📧 사회환경

　사회 환경의 가장 기본적인 차이는 아마 한국의 전통적인 집단주의와 영어권의 전통적인 개인주의일 것이다. 두 문화의 일체성과 개별성 간의 차이는 개개인에게 제공된 법의 보호 차이와 전통적인 공간의 차이로 가장 잘 설명할 수 있다. 한국 사회는 전통적으로 개인적 관계에 기초해온 반면, 외국 사회는 전통적으로 법에 기초를 두어왔다. 결과적으로 한국의 개개인들은 예로부터 가정에서 가장 안전할 수 있었고, 외국인들은 법의 보호를 받았다. 두 경우 모두 반사회적인 이기주의는 비난하지만 사회 전체를 위해 개인을 희생시키는 것에 대한 기대는 상당히 다르다. 둘 다 개인과 사회의 의무를 조화시키려고 할 것이나, 한국인들은 사회적 의무를 좀 더 중시하는 반면 외국인들은 개인의 의무를 좀 더 중시한다. 두 문화 모두 참을성을 자신들에게 필요한 미덕으로 삼았고 그런 필요에 친숙해져 그것이 관습이 되었다. 한국과 외국의 휴가 광고를 비교해 보면 일체성과 개별성 간의 차이가 나타난다. 한국인들은 디스코장이나 카지노, 운동을 즐기는 사람들과 함께 무리를 지어 논다고 한다면, 외국의 부부들은 가공의 해변에 홀로 앉아 있다고 하겠다.
　사회 환경의 중심에는 가정과 결혼이 있다. 거의 모든 외국 가정이 그렇듯 한국 가정은 점점 핵가족화되지만 여전히 대가족이 존재하고, 물론 조상을 모신다. 비록 남성과 여성이 좀 더 자주 방황을 하기도 하지만 한국의 결혼은 아주 결합력이 있다. 이혼율은 극히 낮고 경제적 제재를 놓고 이혼하는 부부에게는 사회적인 치욕이 주어지는데, 특히 결혼해 자녀가 있는 경우는 더욱 그렇다. 경제적 제재나 치욕은 여느 때와 같이 남성보다는 여성에게 부과되는데, 남성이 이혼의 근본적인 원인 제공자다. 결혼에 대한 태도는 보수적인데 아이들, 특히 아들들은 집안의 성씨와 조상을 모셔야 하는 의무가 있다.

외국의 결혼은 자녀가 있건 없건 훨씬 더 깨지기 쉽다. 가족의 성을 이어나가는 것에 대해서는 거의 혹은 전혀 관심이 없어 보이며 조상 숭배에 대해서는 물론 더하다. 종종 보도되는 것처럼 외국인은 결혼한 절반이 이혼한다고 하지만, 조사 결과는 거의 20%에 가까운 비율이 이혼하는 것으로 나타난다. 대부분의 이혼 남성들과 절반 가량의 이혼 여성들이 재혼을 하고, 그들 중 소수는 세 번째 결혼을 다시 하기도 한다. 이혼율이 더 높은 외국에서는 여성과 아이들을 위한 안정책이 좀 더 마련되어 있고, 이혼이 비교적 혹은 흔하게 심각한 가난을 남편, 아내, 아이들에게 유발시키기도 한다. 한국에서와 같이 외국의 이혼도 보통 남성들에 의해 유발되거나 확실히 남성의 탓이기도 하다. 두 경우 모두 젊은 시절의 아내를 버리고 새로 얻은, 거의 모든 경우에 훨씬 더 어린 젊은 아내로 바꾸는 경향을 보인다. 외국인들은 전형적으로 한국인들보다 자녀에 관해 책임이나 진지함이 덜한 듯하며 한국은 기본적으로 신유교주의적인 가치관에서 다르다 하겠다.

다양한 안정책이 외국의 이혼을 증가시키지만 그들은 자기 주장을 중요시한다. 한국인의 좋은 태도는 자신이나 아내 혹은 아이들의 자랑을 금하는 것이고, 관대함이나 친절한 접대로 다른 사람들에게서 칭찬을 받았더라도 뽐내지 않는 것이다. 법적으로 그리고 실제로도 권리가 보호된다면 전혀 문제가 없지는 않겠지만 일단 자기 과시는 당연히 안전성을 획득한다. 다른 방법이 많더라도 여전히 재치가 필요하다.

아마 지나친 비유일 수도 있겠지만 흔히 한국 사회는 군복이나 계급 표시가 없을 뿐이지 근본적으로 군대식이고 독재적으로 보인다. 즉, 계급제가 널리 퍼진 분위기라서 사람들은 그것을 굉장히 의식하고 또 존중한다. 예를 들어 나이는 수직 구조에서 아주 강력히 작용하는 듯하다. 젊은 어머니들은 어른들이나 부모 앞에서 자식에게 사랑을 표현할 수 없다. 군복이나 계급장도 필요 없다. 한국인들은 개인적으로 나이의 맹습을 거부하지만 전체적인 문화는 여전히 젊은이들보다는 어른을, 아름다움보다는 경험을, 신체보다는 정신을 중시하고, 머리보다는 마음을 존중한다. 외국 문화는 거의 반대인데, 나이가 순전히 재앙으로 여겨지는 청소년 문화, 경험보다는 아름다움이 더 중요하고 마음보다는 머리가 중요하며, 점차적으로 정신보다는 육체가 더 중시되고 있다.

직업사회의 계층이 한국에서는 꽤 팽배한 것 같다. 옷차림은 꽤 확실한 계층 구분을 이룬다. 일반적인 분위기는 공공연하게 수직화된 사회 구조이다. 외국의 사회 분위기는 영국, 미국, 호주에 이르기까지 상당히 차이가 나지만 모든 경우에 군대식이거나 독재적이기보다는 좀 더 시민적이고 민주주의적인 색채가 짙다. 그들은 좀 더 수평 구조를 가지고 그

것이 남성이 여성을 대하는 것이든, 상관이 직원을 대하는 것이든, 웃어른이 젊은 사람들을 대하는 경우든 모두 동일하다. 이런 차이점은 부분적으로는 한국이 여전히 문자상으로는 다른 나라들과 달리 전쟁 중이고 전시 상태이기 때문일 것이지만, 북한의 위협보다는 신유교주의적인 영향 때문일 것 같다.

인종주의와 자민족 중심주의

세상의 모든 사람들이 인종적으로나 민족적으로, 언어적으로 다른 사람들보다는 자신과 같은 종류의 사람들을 더 편하게 대하고, 그래서 적어도 아예 다른 사람과 비교하여 어느 정도 호의를 가진다고는 해도, 인종에 대한 편애나 부당한 인종 차별을 공공연하게 나타내는 것은 한국과 영어권 나라들 모두에서 발견된다. 거의 동족으로 구성되어 있고 일본이나 중국보다도 더 그런 성향이 강하기 때문에 한국은, 이런 문제를 다루는 법이나 인종 차별이나 선입견 같은 좋지 못한 사건이 생기기 쉬운, 점차적으로 다인종, 다문화적으로 되어가는 영어권 국가들과의 차이를 보인다. 한국인들의 일체감 표시는 그들이 우리 한국인, 우리 어떤 것, 우리 남편, 우리 아내라고 하는 말과 같은 표현 사용이 자유롭다는 점에서 나타난다. 한국인들과 영어권 사람들 모두 반잡혼주의자들이지만, 한국인들은 특히 더 심하다. 어느 쪽이든 인종적으로 결합된 부부는 같은 인종끼리의 결혼에서보다 부정적인 반응을 일으키기 쉽다. 안내

책자에서 설명하는 바와 같이 만일 다른 인종으로 결합된 부부가 공공장소에서 손을 잡는다든지 애정을 표현하는 것 같은 확실한 표현도 피할 수 있다면 최선일 것이다. 〈신체 접촉〉에서 보았듯이 한국인들은 상대적으로 애정을 표현하는 것에 익숙치 않아서 영어권 사람들이 역이나 공항, 심지어는 길에서 안고 키스하는 것을 보면 충격을 받는다. 외국 남성과 현지 여성은 아주 강한 반응, 대체로 남성들의 반응을 불러일으키기는 하겠지만, 인종과 성을 따지지 않은 잡혼으로 점점 더 강하고 빠르게 변화하고 있다.

한국인들은 자신을 몽골 사람과 동일시하지만, 사실은 중앙 아시아나 시베리아인과 기원이 같아 보인다. 최근 연구는 '몽골 사람들'과 같은 특성들이 극히 피상적이고, 사실상 한국인들은 중국이나 몽골인들보다는 일본과 유럽인들에 더 가깝다는 결과가 나왔다. 영어권 사람들은 흔히 자신을 누구와 동일시하는 것을 싫어하고, 백인이지만 백인이든 백인이 아니든 다양하게 인종적으로 민족적으로 섞이는 경향이 있다. 민족간의 잡혼은 오랜 기간 동안 아주 흔하게 이루어져 왔는데, 인종간의 잡혼은 빈번하게 일어나고 있는 중이라서 영어권 정부에서 시민권이나 무차별 등을 위한 목적으로 인종적인 구분을 사용하는 것이 필요한지 의문이 든다.

한국 학교의 외국인이나 혼혈아들은 종종 놀림을 받고 친구들이나 선생님께도 차별을 받는다. 물론 외국에서도 동일한 행동이 나타나지만 한국의 학교 문화는 일반적으로 외국보다 더 거칠다고 할 수 있다. 한국 아이들까지도 흔히 대단히 골탕을 먹이는데 특히 명석하거나 예민하거나 다른 식으로 눈에 띄는 아이들에게 그렇다. 솟아 있는 못은 망치로 낮춰야 한다. 이런 행동은 미국 학교에서는 아주 궁핍한 지역과 대도시 중심부의 저소득층 거주 지역, 혹은 영국 사회에서는 사립 학교들에 나타날 법한데, 한국에서는 고위층 학교들에서도 흔한 일이다.

한국말은 알타이의 퉁구스 어족에 속해서 일본어와 연관되기도 하고, 지역적으로는 몽골어, 멀리는 디키어, 헝가리어, 핀란드어와도 연관될 수 있다. 영어는 네덜란드어, 독일어, 스칸디나비아어와 연관되고 궁극적으로는 인도-유럽어 족에 속한다. 한국어는 중국어와 일본어에 상당한 영향을 받은 반면 영어는 노르웨이어, 프랑스어, 라틴어와 그리스어의 영향을 상당히 받았다.

미신

한국의 미신은 죽음과 연관되는 것이 많지만 영어권의 미신은 성과에 관련된 것이 많다. 한국 호텔이나 병원에는 4층이 없는데, '4'나 '죽음'을 나타내는 말이 동음이의어이기 때문이다. 경우에 따라 한국에 9층이 없는 이유는 수수께끼로 남아 있다. 때때로 외국인 영어 선생님이 한국에서 빨간색으로 글씨를 쓸 테지만 한국인들은 빨간색으로 글씨 쓰는 것을 꺼리는데, 이것은 사자 명부에 죽은 사람의 이름을 빨간 색으로 적어 두기 때문이다. 앞서 보았듯이 젓가락을 밥그릇에 수직으로 꽂아 두는 것은 제사 때 피우는 향을 연상시키는 것이라서 무례하고, 밥을 국의 오른쪽에 두는 것도 제사 때 하는 방식이기 때문에 꺼리는 것이다.

한국인들이 숫자 4를 사용하지 않는 것처럼 영어권에서는 그리스도의 사도 중 하나였던 유다의 반역으로 금요일에 죽임을 당하셨기 때문에 특히 금요일에 연관된 13일을 꺼려한다. 따라서 영어권 사람들은 식사 시간에 13번째 좌석에는 앉으려고 하지 않고, 몇몇은 특히 비행기를 타는 경우 13일의 금요일이면 긴장하기도 하며 많은 건물에 13층이 없다.

한국인들의 대다수는 여전히 별자리, 12궁도의 여러 표시들 중 출생의 중요성이 미치는 영향과 점쟁이의 말을 믿는데, 이것은 영어권의 많은 사람들이 여전히 점성술과 점을 믿는 것과 같다. 외국의 신문은 운세 컬럼을 규칙적으로 실어 12궁도에 따른 하루나 한 주, 한 달의 운세를 점친다. 적어도 날씨가 좋은 때는 한국의 거리에서 점집을 발견할 수 있는데, 외국에서는 TV에서 광고를 하고 전화로도 이용이 가능하다. 교양 있는 한국인들이나 외국인들이 아직도 이런 것을 마치 중국 쿠키에 있는 운세놀이 그 이상으로 믿고 있다는 것이 참 이상한 일이지만 외국인들보다는 한국인들이 이것을 더 많이 믿고, 일반적으로 서구 사람들보다는 아시아인들이 더 많이 믿는 것이 사실이다. 그러나 미신은 위험한 직업에 연관된 모든 사람들에게 신념을 주기 때문에 많은 사람들은 동쪽에 살까 서쪽에 살까 하는 문제도 어려운 문제로 여기고 점집을 찾고자 한다. 고위 관리들도 위험에 처해서는 심심찮게 점집에 들러 편안함을 찾는다. 레이건 대통령이나 레이건 여사는 이런 것을 너무 좋아했고, 클린턴 여사는 루즈벨트 여사와 이런 이야기를 해 보았다고 알려져 있다. 한국이나 다른 아시아 지도자들은 중요한 모임을 계획하고는 '길일'에 실행하고, 흉조가 있다고 판단되는 날은 피한다.

한국에 있는 좀 덜 '고상한' 계층인 외국 소비자들은 한국 상점의 주민들이 그날의 처음 손님이 물건을 사느냐 마느냐에 따라 그날 축복을 받거나 저주를 받는다고 생각한다는 사실을 알 필요가 있다. 그래서 쇼핑을 하려면 늦게 하는 것이 좋고, 혹은 그날의 첫 번째 손님이 되고 싶다면 아무리 작은 것이라도 꼭 하나는 사 주어야 한다. 외국에 있는 한국인들은 소금을 뿌리고, 그릇을 깨고, 사다리 밑을 지나고, 검은 고양이가 있는 길을 지나고, 혹은 13일의 금요일에 이탈리아로 가는 비행기를 예약하는 것 같은 일은 피해야 할 것이다. 한국인들은 꿈을 꾸고 나서 아침에 그 꿈에 대해 이야기하지 않는데, 그것이 불운을 가져온다고 믿기 때문이다. 그렇지만 그 꿈에 대해 나중에 이야기하는 것은 괜찮다.

기분과 체면 손상

사회 조화에 관한 한국인들의 신유교주의적인 이상은, 다름을 표현하고 필요하다면 투표로 결정하고자 하는 외국의 경향과 직접적으로 다르다. 한국어의 '기분'이란 말은 자기 자신이나 물리적, 사회적 환경과 조화로운 상태이다. 한국인들은 다른 사람의 기분을 상하게 하지 않으려고 상당히 노력하므로 외국인들도 한국인을 대할 때 기분을 상하지 않도록 주의하기 바란다. 한국인들을 항복시킨다거나 잘못을 인정하게 하는 확실한 행동은 그 사람과 그 문제에 대해 모르는 다른 사람들의 기분을 상하게 하기에 충분하다. 이런 이유에서 한국인들은 직접적으로 대립하는 것과 직접적으로 적대감을 표하는 것을 피하고자 한다. 종종 한국인들은 조용히 있거나 나쁜 소식에 반응하지 않음으로써 불쾌함을 피한다. 외국인들은 체면 손상과 항복시키는 의미를 모르는 것은 아니지만 한국인들보다는 평화적이지 못한 느낌을 표현하는 데는 꽤 제대로 준비되어 있는 것 같다. 외국인들은 한국인들과 논쟁할 때는 습관적인 얼굴 표정과 특히 언성을 높이는 것을 조절하는 데 특별한 노력을 해야 하는데, 이런 행동은 사실상 당신을 지게 만들기 때문이다.

이견을 참는 근본적인 차이점은 한국인들의 비교적 남성 우월적인 의식이나 계층적인 의식으로 심화되며, 이것은 외국인들이 종종 거론하는 성의 평등과 평등권에 갈등을 일으킨다. 외국인들과 한국인들 간의 주된 갈등이 이러한 요소와 관련이 있는 듯한데, 한국에서의 가장 좋은 해결책은 권리를 포기하고 한국인들의 계급적 우월감을 당연한 것으로 받아들이며 윗사람들의 우월성에 맞추어 주는 것이다. 외국인들을 다루는 데 있어 한국인들은 공민권에 평등한 자세를 갖고 동등하면서 관습적이지는 않은 솔직함과 공명정대함으로 논쟁해야 한다. 어떤 경우에도 적대감을 공공연히 나타내거나 언성을 높이거나 이름을 부르거나 하는 행동으로는 좋은 결과를 얻어내기 힘들다.

체면을 손상시키거나 당황하지 않기 위한 깊은 감정적인 확신의 문제도 언급되어야 한다. '나는 내 동생을 음탕한 계집이라고 부를 수 있지만, 당신은 그렇게 부를 수 없소'라는 식의 원리로 한국인과 외국인 모두 그들 사이에서는 그들의 정부, 국가, 시민, 관습 등을 가차 없이 비판할 수 있을 것이나, 그 나라에 손님으로 있는 외국인들이 같은 행위를 한다면 결국 깊은 상처를 남기게 될 것이다. 이런 금기 사항 중의 몇몇은 거의 신화나 미신에 가깝지만 정당하고 이성적으로 사용되더라도 외국인들에게 위선적이거나 미신적이거나 부정직하거나 단순하고 어리석다는 비난을 받는다면 상당히 격앙될 것이다. 예를 들어, 영어권 사람들은 '나는 미 합중국의 국기와 하나님 아래에서 한 국기이며, 분리될 수 없으며 그를 의미하는 공화국 앞에, 모두를 위한 자유와 정의로 충성을 맹세합니다'라는 충성 맹세보다는 구체적인 소망에 더 집착한다. 누구든지 이것이 사실보다는 바람에 가깝다는 것을 알지만 공화국, 단체, 유신론, 불가분성, 자유 혹은 모두의 정의라는 사상에 도전하는 것이 지적으로는 정직하다 해도 사회적으로는 비생산적이라고 하기 쉽다. 또한, 유명한 노래 (혹은 기도)가 있다. '아메리카, 아메리카, 하나님은 그대에게 은혜를 내리셨으니 …… 바다에서 빛나는 바다까지' 그리고 이렇게 끝난다, '자유로운 자들의 땅이며 용기 있는 자들의 고향.' 그 반대의 증거를 찾는 것도 어렵지는 않은데, 교육을 받았건 덜 받았건 대부분의 영어권 사람들의 환영은 받지 못할 것이다. 영국인들이 다 같이 그들의 왕족을 찬양하는 것은 아니지만 외국인들은 그 문제에 끼어들려고 해서는 안 될 것이다.

15장 환경

이와 유사하게 한국에 대한 한국인들이 갖는 신념이 많은데, 이것도 역시 민감한 부분이다. 한국은 좀 더 강력한 나라들인 중국과 일본 사이에서 항상 불편하게 있었는데, 이들은 역사를 통틀어 한국을 치는 데 주저하지 않았고, 외국 군대가 주둔하는 것은 물론이요 초강대국들의 침략을 받고 국토가 분단되기까지 해서 최근의 한국 역사는 순탄하지가 않았다. 특히 한국의 외국 군대는 한국 여성들을 짓밟고 문화를 경멸하는 등의 문제를 일으켜 한국에 있는 외국인들은 한국인들의 민감성에 특히 주의할 필요가 있다. 프랑스인들이 영국, 미국, 캐나다, 호주, 아일랜드, 뉴질랜드 그리고 남아프리카를 묘사하듯, 영어 사용권자는 이제 단일 언어로서 유일한 초강대국임이 너무 확실해졌고, 소비에트 연방 붕괴 이후 두 번째 가는 초강대국은 없어져서 영어권 사람들은 예전보다 훨씬 더 주의를 기울여야 한다. 논쟁의 가능성은 있지만 한국인들의 확고한 생각으로는 한국에는 동성 연애자가 없고 한국의 글자 체계인 한글이 세계 최고의 글자 체계라는 것, 혹은 민족의 기원이 하늘로부터 내려진 것이라는 신념들이 있다. 교양 있는 한국인들이 이런 것을 믿을 것 같지는 않지만, 그것이 교양 없는 한국인들도 그런 말을 듣고 화내지 않을 것이라는 사실을 의미하지는 않는다. 따라서 당신이 그들의 기분을 살려 주고 사회적인 조화를 이루고자 한다면 그들에게 도전하지 않는 것이 최선이다.

남성 우월주의

위험한 상태에서 도전 받는 믿음 가운데 한국 남성들은 한국 혹은 다른 나라의 여성들보다 우월하다고 여기는 것이다. 남성 우월주의는 한국에서 특이하게 확실히 나타나는 국가적 규율이다. 일본처럼 남녀 간에 평등한 척하는 태도도 없고 그들의 불평등과 문화에 스며든 남성 우월주의는 명확히 드러난다. 한국 남성들에게 모든 외국 남성들은 공처가이며 뭔가 변변치 않은 사람들로 여겨지는데, 이것은 그들이 '성평등'을 위한다고 하지만 완전한 위선 행위 이상이 아닌, 보통 무력한 인사에 그친다는 생각 때문이다. 그럼에도 불구하고 외국 남성들이 일반적으로 여성들을 한국 남성보다 더 평등한 사람들로 대우하는 태도는 어떤 긴장이나 문제점을 야기시킬 수 있다. 남성 우월주의가 팽배하지 않았다고 가정한다면 당신은 한국 남성들에게 인기 있는 사람이 될 수 없다. 이것은 거의 3,000년 정도 된 모순적인 근본 신념 체계라서, 사실상 다이어트보다는 빨리 변하고 있긴 하지만 금방 바뀔 수는 없어 보인다.

한국에서 일하는 외국 여성들이 한국인 상사를 두고 있다면, 특히 이런 어려움을 크게 느낄 수 있다. 만약 그들이 대충 비슷한 근본적인 이유, 즉 아래에서 다룰 신유교주의 때문에 그들도 똑같이 어려운 일이 있긴 하겠지만, 외국 남성들은 그 제도에 도전하지 않으면 된다. 외국 여성들, 특히 급진적인 페미니스트들은 한국 상사들 밑에서 불쾌해 할 것이고, 이것은 한국 여성들이 같은 상관 아래에서 흔히 불쾌해 하는 것과 같다. 그렇지만 인생이 공평하다고 누가 말을 했던가? 직원들이 동등함을 주장하며 상관의 기분을 상하게 한다면, 외국 여성이 한국 상관과의 사이에서 평등의 문제를 겪을 때 훨씬 기분이 상할 것은 자명하다. 그러니 그렇게 되지 않으려면 비록 당신이 당신 앞에 겹겹이 쌓여 있는 벽들을 발견한다 하더라도 선한 싸움을 하고 집으로 가라.

　외국인들이 생각하는, 적어도 법 아래에서의 사회적 동의에 의한 평등에 위배되는 이런 근본적인 차이는 한국 사회의 여전히 다소 엄격히 계층화된 권력 관계, 즉 솔직히 권력 계층을 나누자면 우월한 사람과 권력이 별로 없는 사람, 물론 어떤 경우에는 여성에 군림하는 남성 등 이런 것이 한국인이 외국 문화와 비교할 때 쉽게 찾을 수 있는 핵심적인 순응 장치라고 할 수 있다. 만약 그들이 그들의 권력 앞에 놓인 어떤 한계에도 익숙해지지 않아 외국인들이 완전히 짜증나고 치욕스럽다고 해도 결국 당신이 어느 쪽을 언급하든 그것이 그들 자신의 나라라는 점을 명심해야 한다.

　한국에서 남성 우월주의는 좀 더 확연하다. 남성들은 사회 생활을 하고 술을 많이 마시며 남성적인 사회화를 이루려 한다. 여성들은 사적인 공간에 머물러 술을 마시거나 사교적인 모임에 많이 참석하지 않는다. 여성들은 가계를 돌보고 남성은 집에 돈을 벌어와야 한다. 공공 장소에서 돈을 지불하는 것은 남성이고 회비를 각자 부담하는 일은 없다. 돈을 나누기보다는 저녁이나 술자리를 제안한 사람이 그 모임을 대신해 식비를 부담하지만 여성들은 이런 요청을 거의 하지 않는다. 한국 아내들은 집안일의 도움 외에는 거의 요청 받는 일이 없고 역사적으로 그들의 상황은 오늘날보다 훨씬 더 나빴다. 비록 요즘은 아주 빠르게 상황이 변하고 있다고 보도되고는 있으나 오래된 습관과 태도는 아주 천천히 변한다. 술에 취한 남편이 아내를 구타하는 것은 외국보다는 한국에서 더 많이 일어나는데, 어떤 경우이든 너무 빈번하고 아내들은 법, 경찰, 이웃, 혹은 독립적인 수입의 보호를 덜 받는다. 마지막으로 혼전 순결에 대한 한국인들의 선입견이 여전히 남아 있어서 성관계를 맺은 여성에 대해서는 관심이 없는 반면, 한국 남편들은 상당히 많은 수가 정부를 두거나 매춘부를 만난다.

  이 모든 행위들은 영어권 사람들의 경우에도 찾아 볼 수 있다. 남성 우월이 있다는 것은 부인할 수 없지만 남성 우월주의는 한국만큼 심하지 않다. 영어권 국가들도 남성 우월주의에 있어서는 우위를 차지할 수 있을 것이다. 영국인들은 가장 진화되어 평등하고, 혹은 여성화된 것 같다. 스코틀랜드나 아일랜드 사람들은 훨씬 덜하다. 캐나다인들은 그보다 덜하고 미국인은 그보다도 덜하다. 호주 남성들은 아마 가장 평등주의가 발달하지 못한 곳일 텐데, 영어권 국가들 중에서 가장 남성 우월주의가 심한 곳이다. 아내 구타는 이들에게도 흔하지만 한국인들의 경우보다는 적다. 공공연하게 남성의 우월을 주장하는 일은 가끔 일어나는 일이지만 일반적으로 영어권 나라에서는 받아들여지지 않는데 한국에서는 거의 아무런 반발도 없다. 한국 남성들이 현재의 매우 행복한 상태에 헌신하는 노력은, 일들이 좀 더 평등하게 이루어지고 있다고 말하는 데서 쉽게 발견될 수 있다. 반론은 자연법에 호소하는 것에서부터 현재의 안락함에 대한 격렬한 방어에까지 펼쳐진다. 물론 한국이든 외국이든 가정의 사생활에서 벌어지는 일은 단언하기 힘들다. 가정에서의 권력 구조는 공개적으로나 토론에서 보이는 것보다 훨씬 균형이 잡혀 있을 것이다. 여전히 체면에 대한 한국 남성들의 고민은 영어권 문화가 요구하는 것보다 더, 심지어 호주에서보다 더 크고 더 확실하게 아내의 순종을 요구하는 것으로 보인다.

윤리적 환경

한국은 세계에서 가장 유교적인 국가이며 유교주의가 비롯된 중국보다도 더 유교적인데, 공자는 딸, 소녀, 여성보다는 아들, 소년, 남성을 더 좋아했던 성 차별주의자였다. 그는 가장이었고 부권 사회를 좋아했다. 더 정확하게는, 한국은 세계에서 가장 신유교적인 국가이다. 유교주의는 명확한 계층주의와 서열에 기초한 보수적인 안정을 통해 일반적인 사회의 조화를 추구했다. 기본적인 계층은 왕/신하, 주인/종, 아버지/아들, 남편/아내, 어른/아이였다. 기대되는 미덕으로는 서열의 아래에서 위의 계층으로 충성, 순종, 자식으로서의 도리, 복종, 공경을 다하는 것이었다. 모든 사람들은 그의 위치를 알고 안정과 질서가 가져오는 결과를 알지만 반드시 정의를 아는 것은 아니다. 그것은 중요한 것이 정의로운 법보다 알려진 법이라는 사실을 암시하는 제도이다. 이 계급주의는 권위주의, 부권 사회, 성 차별주의 그리고 많은 다른 학대를 함축하며 지금 외국인들에게는 큰 부정행위로 보이는 것들이다. 이런 계층 구조는 부식되고는 있지만 전통주의자들에게는 너무 빠르게, 진보주의자들에게는 너무 느리게 부식되고 있다.

   이조(1394-1910)의 국교(國敎)로 받아들여진 신유교주의는 기본적인 유교 계층에 남성의 장자 상속권과 여러 부차적 조항을 가신 조상숭배 항목을 덧붙였다. 장자 상속권과 조상 숭배는 가족 전체의 힘든 책임을 도맡은 장자에게 즉시 부담을 지우면서 아들 계승과 조상 공경에 대한 조항들이 더 많아졌다. 자식으로서의 도리는 살아 있는 아버지에 대한 복종과 나이 든 부모를 봉양하는 것뿐 아니라 죽은 후까지도 아버지를 받드는 것이 포함되는데, 이로 인해 조상을 숭배하고 가계를 계승할 수 있는 아들을 얻는 것은 중요한 것이 되었다. 사실상 어떤 한국인도 가계 소멸에 대해서 관심을 가지지 않는 사람은 없었다. 가정의 조상숭배는 여전히 아주 건재하고 한국인들이 집에 돌아가 기일이나 추석, 단오, 설날 등 해마다 있는 명절에 조상의 무덤을 방문하는 것에서 잘 나타난다. 이것으로부터 아들 선호사상이 생겨나 현재 한국인 남성 112명 당 여성은 약 100명 정도가 되었다. 여성들은 아주 최근까지도 결혼하여 아들을 생산해 내는 것이 목적이었고 임신을 못할 때에는 이혼을 해야 했다. 그들은 결혼 후에도 결혼 전의 성을 사용하지만 서구 여성들이 그들의 독립성을 주장하기 위해서 결혼하기 전의 성을 계속 사용한다. 그러나 그것은 그들이 정말 남편의 가정에 동참하기 위한 것이 아니라 그들의 혈족 구성원으로 남아 있기 위함이다.

 가계를 존속시키고 부와 지위를 가정을 위해 축적하는 것은 전형적인 삶의 목표이며, 장수, 다산, 부를 빌며 결혼 때 축배를 하는 데서 이것이 잘 반영됨을 볼 수 있다. 남성과 여성의 성생활에 관한 기본적인 이중 표준은 별도로 하고서라도 아들을 낳지 못하는 것은 이혼의 사유가 되었을 뿐 아니라 여성은 임신을 할 수 없는 사람으로 여겨졌고 필요한 아들을 얻기 위해서 혼외 관계를 맺기까지 했는데, 과거에 이어 현대에도 아내가 아들을 낳지 못한 경우 남성들 사이에서 아직도 흔히 볼 수 있는 일이다. 아들이 없는 결혼 생활은 단순히 목적을 상실한 것으로 여겨졌다. 아이를 갖지 못하는 것는 아내가 시부모에게 복종하기를 거절하는 것 다음으로 전통적으로 합당한 이혼 사유였다. 다른 이유들로는 불치병, (아내의) 부정, 도둑질이 있었다. 딸을 낳더라도 아들을 낳지 못하는 무능력이 이혼 사유가 되었다.

 신유교주의의 또 다른 파생물은 문화를 통해 발견되는 나이에 따른 공경인데, 이것은 근본적으로 또 전통적으로 장수가 비교적 드물고, 비교적 변화가 없는 사회에서 축적된 경험이 높은 평가를 받았기 때문이다. 그것은 언어에도 깊이 심어져 있고 사실상 삶의 모든 면에서 그에 대한 정보를 얻을 수 있다. 한국인들은 전형적으로 나이를 승리로 여기고 어른들을 예의, 존중, 공경으로 대한다. 처음부터 자매들과 형제들은 단순한 형제 자매가 아니라 손위누이나 형제, 혹은 손아래누이나 형제에 따라 현저히 다른 대우를 했다. 형제 간의 우애와 수직적인 복종은 나이가 들어도 유지된다. 나이는 사업이나 다른 사회적 조직에서 능력이나 생산성이나 지성을 앞서는데, 이것은 나이의 서열에 따라 부과되는 질서를 통해 조화를 찾고자 했기 때문이다.

정직함과 범죄

윤리적인 또 다른 양상은, 남성 우월주의와 달리, 한국인들에게서 훨씬 더 좋은 면모를, 외국인들에게서는 훨씬 더 부정적인 면모를 반영한다. 영어권의 범죄율은 남성 우월주의와는 상충되어 영국이 최악이고 스코틀랜드, 웨일즈, 캐나다, 호주 그리고 미국 순으로, 미국이 최하위로 나타났다. 이 순서는 또한 일반적인 정직성과 신뢰감의 순서이기도 하지만 어느 편도 한국만큼 정직하지는 않아 보인다. 서울 중심에 있는 남대문 시장에서는 한 켤레의 신발 두 짝을 모두 진열해 두고, 버스를 타는 사람들은 거스름돈을 가져갈 때 동전이 꽉 찬 박스에서 스스로 거스름돈을 꺼내가도록 되어 있으며, 거스름돈을 덜 돌려 주었을 경우 점원은 거리까지 쫓아 나와서 손님에게 덜 준 거스름돈을 돌려 준다. 한국인들은 돈에 대해서는 극도로 정직하고 조심스러우며, 외국인들의 관점에서는 지나칠 정도이다. 그러나 이렇게 유쾌할 정도로 정직한 환경에서조차도 건물의 창문은 일층, 이층까지도 강도에 대비해 철조망을 친다. 한국의 젊은이는 어른들보다는 덜 정직할 것이다. 한국의 가장 좋은 서점에서 강도를 대비해 전자 장치를 부착한 유일한 부분은 유행가 CD 이다.

반면, 한국인들은 영어권 나라에서 강도와 사기가 판을 친다는 점에 대해 경각심을 가져야 한다. 누군가 미국을 끊임없는 강도 집단으로 빈정대듯 정의한 적이 있다. 한국 사람들은 또 현금을 많이 갖고 다니며 비교적 쉽게 속는 사람들로 알려져 있다. 이런 말을 하는 것은 유감이지만 영어권에서 당연한 일인데, 무엇보다도 그들이 자신의 주변에 대해 잘 알기 전이나 친구가 생기기 전에는 200달러라 해도 현금만 갖고 다니는 것은 대부분의 강도를 만족시키는 것이므로 거래, 특히 돈 거래를 하는 모든 사람들을 경계해야 할 것이다.

한국에 있는 외국인들은 10살짜리 소녀가 방과후 아주 컴컴한 10시에, 다른 사람들에 대해 어떤 염려도 없이 혼자서 집에 돌아오는 것을 보고 대경실색하는데, 반대로 외국인들은 집에서 일어나는 공포스러운 일을 추측하고 영어권에서 하던 무모한 행동들을 한다. 대도시에서 일반적인 안전에 관한 이런 확실한 감각은 50년대의 영어권 사람들을 떠올리게 한다. 그러나 60년대 이후로는 거의 그런 모습이 사라졌다.

우정

윤리적인 차이점에 대한 흥미로운 면은 우정에 관한 입장의 차이에서도 나타난다. 대략적으로 말하자면, 한국인들의 우정이 더 깊고 끈끈

하지만 그러기 위해서는 큰 노력이 요구된다. 영어권의 우정은 다소 쉽고 덜 깊으며 덜 끈끈한 반면 적은 노력을 요한다. 한국인들의 우정은 비교적 무조건적이고 친구의 요구라면 모든 규율도 무시할 수 있다. 외국의 경우는 항상 선행에 대해 조건적이고 거의 요구하는 경우가 없으며 어떤 규율도 무시될 수 없다고 생각한다. 한국인의 시각으로 본다면 외국의 우정은 사실 그냥 아는 사이의 경우와 비슷할 뿐이다. 외국인의 시각으로 본다면 한국의 우정은 친구의 요구사항에 대해 사실상 노예인 셈이다.

젊은 어머니들이 어른이나 부모 앞에서 자신이 아이에 대한 사랑을 표현하는 것을 금하는 한국인들의 겸손에 관한 숭배는 자신과 아들, 아내, 남편의 다른 것을 칭찬하는 것까지 포함해 모든 형태의 자랑을 금하는가 하면 환대나 관용으로 다른 사람을 칭찬하는 것까지도 금하는데, 이것은 외국 사람들이 길 모퉁이에서 자선 기부금을 내고 자화자찬하는 경향이 점차적으로 늘고 있는 경향과 확연한 대조를 이룬다. 영어권 사람들은 자신이 자화자찬하지 않으면 어느 누구도 칭찬해 주지 않는다고 생각하는 반면에 한국인들은 그런 자화자찬은 해서는 안 되는 것이라고 생각하는 것 같다. 물론 반사적인 칭찬은 별개의 문제다.

직업 윤리

한국의 수직 질서가 확실히 더 명확한 부분은 직업 윤리인데, 이것을 많은 사람들은 가장 다루기 어렵고 가장 잘 다루어지지 않는 것이라 한다. 한국인들의 작업 속도, 일에 바치는 긴장, 노력, 시간은 외국인들이 보기에는 참을 수 없을 지경인데, 그것이 일반적인 차이점의 가장 확실한 증거일 것이다. 또한 직업 윤리는 영국에서 캐나다, 미국, 호주에 이르기까지 영어권 국가 간에도 상이하지만 어느 나라에서도 한국에서만큼 강하지는 않다. 차이가 나는 이유가 부분적으로는 작업장의 요구사항, 긴 휴가, 그리고 노동이 더 조직적이라는 것, 그리고 영어권 국가들에서는 좀 더 안전망이 존재한다는 것과 한국인들 사이에는 승진에 대한 경쟁력이 높고 심지어는 일을 계속할 수 있는지에 대해서도 경쟁적이어서 그 차이는 의심할 여지가 없다. 자세히 보면, 대다수의 한국인이 단지 대부분의 외국인보다 더 열심히 사는 것일 뿐이다. 그들은 더 열심히 더 빨리 뛰고, 더 열심히 파티를 열며, 더 적게 자지만 작업장에 정시에 출근하거나 더 빨리 일어나 건축 일을 위한 깨끗한 작업복이든 다려 입는 재킷이든 사무실에서 일하며 입을 블라우스이든 옷을 잘 차려 입고 일할 자세를 갖춘다. 대체로 외국인들은 속도를 맞추는 것에 꽤 어려워한다.

종교

한국인의 절반 가량은 종교적 회의론자라고 알려져 있지만, 영어권에서는 60%가 계속해서 교회에 나가지 않더라도 거의 90%가 하나님을 믿으며 어려운 일이 있을 때에는 70%가 자신을 신교도라고 기입할 것이다. 한국의 종교는 4개의 주된 종교로 나뉘는데 샤머니즘, 불교, 유교 그리고 기독교이며 극히 적은 수의 도교도 있는데 두 개 이상의 종교를 혼합한 혼합주의적인 종교도 많고, 전형적으로는 크리스천보다는 불교나 유교주의자들이 많다. 한국의 불교신자는 1/4 정도, 신교도가 3/4이고 구교도가 1/4로, 전체 크리스천은 약 1/5, 그리고 유교주의자들은 기껏해야 2% 정도이다. 이것은 놀랄 만한 수치인데, 왜냐하면 유교주의자로 알려진 수는 그렇게 낮아도 유교는 이런 신념 체계들 가운데 한국 문화에 가장 큰 영향을 미치는 부분이기 때문이다. 샤머니즘은 수를 매기기가 어려운 것이, 부동산과 교리서를 가진 조직화된 종교가 아니기 때문이며, 샤머니즘 성직자인 무당이 그리 많은 걸 보면 샤머니즘 신자는 한국인들 중 상당한 비율을 차지하고 있음이 분명한데, 아마 불교 신도들보다 더 많을 것이다. 외국의 신자들 중에는 크리스천이 압도적으로 많고 대부분이 신교도이지만 그 중 다수는 로마 카톨릭 교도들이고 소수만이 유대인들이다.

  한국에서 가장 오래된 종교는 샤머니즘 혹은 애니미즘으로 비록 시골과 하류층 그리고 여성들에게 다소 제한되는 경향이 있기는 하지만 아직도 활발히 성행한다. 그러나 많은 교양 있는 한국인들은 오래된 종교에 대한 경멸감을 가지고 있지만, 4만 정도로 추정되는 공식적인 무당, 즉 샤머니즘의 사제와 대부분의 여사제 외에도 공식적으로 등록되지 않은 사제들에게서 사람들은 그들의 종교적 의식인 굿으로 안정을 찾는다.

한국에서 가장 유명한 종교는 대승 불교지만 역사적으로 초기 샤머니즘에 상당한 영향을 주었다. 전형적인 불교 사찰은 주요 사당의 약간 뒤쪽과 오른쪽에 보통 작은 샤머니즘 사당을 갖고 있어 한국 종교에서 여러 종교를 통합했던 역사적인 경향을 보여 준다.

비록 유교주의자라고 주장하는 한국인들은 아주 드물지만, 한국은 일반적으로 세계에서 가장 유교적인 국가로 인정 받는다. 좀 더 정확히 말하자면 한국은 세계에서 가장 신유교주의적인 국가인데, 신유교주의는 고전적인 유교에 조상 숭배(제사), 웃어른과 상관에 대한 과장된 존경, 오륜으로 알려진 군신유의, 부자유친, 부부유별, 장유유서, 붕우유신과 관련된 서열에 대한 공경을 좀 더 엄격히 해석하는 것과 같은 공자의 윤리를 더한 것이다. 이와 같이 좀더 엄격하게 준수된 계층 구조는 사회의 질서를 바로잡고 사회의 조화를 이루기 위한 것으로 여겨졌으며, 이것이 조직의 가장 큰 목표이다. 어떤 조직도 화합을 보장하지는 않겠지만 상당한 부분 선택권의 분배는 나이에 있다고 하겠다. 그렇지만 한국인들의 삶에서 수직구조가 우세한 것은, 모든 인간이 평등하게 창조되었다는 두말할 필요가 없는, 법의 평등한 보호를 받는 영어권 사람들의 열망을 크게 억압한다. 신유교주의는 현대의 정치 사회 흐름에 크게 반하기는 하지만 그것은 한국인들의 행동을 더 잘 설명하고 다른 어떤 입장보다도 그 문화에 대해 더 날카롭게 지적해 준다.

영어권의 신교도는 비영국국교도와 분파된 비국교도들이 상당히 독립적인 입장을 주장해 왔음에도 불구하고 16세기 초 이래 시민 의식의 분파가 되어 왔다. 카톨릭교는 신교도보다는 덜 국수주의적인 경향이 있었고 겉보기에 우주적이지는 않지만 전지구적이다. 신교와 구교 간의 전통적인 긴장은 사실상 그들이 함께 진보하는 세속주의에 맞서는 위협적인 소수집단이 됨에 따라 사라졌다. 현재 종교의 영향은, 점차 증가하고 있는 무신론주의에 반해 사회적으로나 정치적으로 보수적으로 비추어져서, 하나님을 두려워하는 사람들과 단순히 경찰을 두려워하는 사람 간의 흥미로운 차이가 생겨나고 있다. 이것은 일반적으로 영어권 사람들이 삶을 자포자기적으로 살아가고 있음을 확신하게 해 준다. 정직, 신뢰, 진리 존중, 그리고 자식에게, 부모에게, 배우자에게, 나라에 혹은 삶에 대한 각기 다른 충성심이 현저히 줄어들고 부도덕한 이기주의가 셀 수 없이 증가하는 현실은 한탄스럽기만 하다.

한국 사회의 기본적 가치가 집단주의와 신유교주의의 일체감에서 온 것이라면, 영어권 사회의 기본 가치는 기독교와 민주주의 가치체계로 개인주의, 독립심, 생존권, 자유, 행복추구권, 그리고 적어도 하나님과 법 앞에서의 평등이라는 제퍼슨의 사상에서 기인했다. 사회 조직에서 이보다 더 기본적으로 차이가 나는 가치들을 생각하기는 힘들다. 우리는 동구는 동구이고 서구는 서구라는 식의 의견을 이해할 수 있으며, 이 둘이 반드시 만나야 하는 것은 아니다. 그러나 사람들간의 완전한 차이점 가운데서도 유사점들은 그 차이점을 작아 보이게 한다. 그렇지 않다면 인간 사회의 이해나 의사 소통이란 존재할 수 없을 것이다.